I0814992

CORPVS SCRIPTORVM ECCLESIASTICORVM LATINORVM

EDITVM CONSILIO ET IMPENSIS

ACADEMIAE LITTERARVM VINDOBONENSIS.

VOL. LXIX:

QVINTI SEPTIMI FLORENTIS

TERTVLLIANI APOLOGETICVM

EX RECENSIONE

HENRICI HOPPE.

TERTVLLIANI EDITIONIS
PARTIS II. VOLVMEN PRIVS.

VINDOBONAE
HOELDER-PICHLER-TEMPSKY A. G.

LIPSIAE.
AKADEMISCHE VERLAGS-GESELLSCHAFT M. B. H.

MCMXXXIX.

Reprinted with the permission of the original publishers

JOHNSON REPRINT CORPORATION

NEW YORK and LONDON

QVINTI SEPTIMI FLORENTIS

TERTVLLIANI APOLOGETICVM

SECVNDVM VTRAMQVE LIBRI RECENSIONEM

EDIDIT

HENRICVS HOPPE.

TERTVLLIANI EDITIONIS
PARTIS II. VOLVMEN PRIVS.

VINDOBONAE.
HOELDER-PICHLER-
TEMPSKY A. G.

LIPSIAE.
AKADEMISCHE VERLAGS-
GESELLSCHAFT M. B. H.

MCMXXXIX.

Reprinted with the permission of the original publishers

JOHNSON REPRINT CORPORATION

NEW YORK and LONDON

First reprinting, 1964, Johnson Reprint Corporation

Printed in Germany

Lessing-Druckerei — Wiesbaden

PRAEFATIO.

Habuit sua fata haec editio, olim promissa, saepe et per satis longa tempora intermissa, nunc denique ad finem perducta. Iam enim anno fere 1863. Ritschelio auctore Augustus Reifferscheid cum aliis Tertulliani libris Apologeticum edendum susceperat et qua erat cura et diligentia multa, quae ad eam rem opus erant, diu praeparaverat. Nam postquam nonnullos codices (*Π M Q*) ipse excussit et alios excudendos curavit, sepositis deterioribus ex solis duobus optimis libris, Parisino 1623 (*Π*) et Fuldensi amisso (*Φ*), bis recensionem Apologetici tentavit, ita tamen, ut in altera inclinaret in illum, in altera in hunc. Cuius viri docti post praematurum obitum (a. 1887.) successit in opus imperfectum Georgius Wissowa, quo qui rem conficeret propter peritiam, diligentiam, doctrinam vix quisquam esset magis idoneus. Et effecit quod erat difficillimum: fundamenta novae recensionis posuit congestis omnibus, quae tum de libris mss. palam facta erant, et ipsis illis libris in usum vocatis et, quid valerent, aestimatis. Cuius collectionibus amplis ut fundamento firmo atque inconcusso tota haec editio nitetur. Officii igitur honorisque causa hic primum nomino magistrum meum illum, cuius munus quam difficile fuerit intellegere poterit, qui perlustrabit magnum numerum codicum, qui diversis in terris etiam tum delitescebant et praeter paucos explorati non erant. Quorum partem (*Tγ* Erfort. *κ L Y Z*) ipse tantum contulit, ut perspiceretur, quantum quisque valeret, reliquos per alios viros doctos examinandos curavit. Et cum haec peracta essent, ex perfecto iam et pleno capitum 7—16, quae speciminis causa excussa erant, apparatu fieri poterat, ut, qualis esset condicio codicum inter se et pretium uniuscuiusque, cognosceretur. Iam autem, ut difficillimam hanc quaestionem quantum fieri potest solveret, prope erat, cum iniqua valetudine atque aegritudine conflictatus et insuper aliis negotiis oppressus desperavit summam manum operi se imponere posse, ut ad rem ipsam, recensionem scriptoris, accederet. Ita factum est, ut Wissowa aestate anni 1909. mihi persuaderet, ut munus operis perficiendi capesserem. Ego vero tum minime suspicabar rem tam prolixam me suscipere et hanc editionem post sex fere lustra demum prodituram esse. Ac primis quidem annis quod Wissowa ingressus erat, ut stirpes codicum discernerentur et definirentur, perfeci. Simul autem magis magisque intellexi ad scriptorem recensendum totam multitudinem codicum recentium depravatorum nullius fere momenti esse et qualiter inter se cohaereant et alii ex aliis pendeant, ad inquirenda verba illius genuina non multum interesse. Atque in editione perficienda, quam ter temptavi, postquam primo lectiones partis deteriorum librorum commemoravi, longius mihi progredienti in dies magis patuit nec opus esse nec utile totam lectionum silvam adferri, qualem Oehleri apparatus sane satis infidus exhibet, praesertim cum constet omnes codices praeter Fuldensem ad unam eandemque recensionem Apologetici, quae nunc Vulgata vocari solet, recedere. Satis igitur habendum censui solos duos illos codices nominare, quibus Vulgata nititur, ex deterioribus autem illa tantummodo addere, quae memoratu digna viderentur. Multo vero maioris momenti et caput fere totius operae erat inquirere, quid valeret Fuldensis et quae esset condicio inter illum et Vulgatam. De qua re infra (p. XXXVII sqq.) accuratius disputabo, sed iam hic me non semper idem sensisse libenter fateor, cum aliquando putarem quacumque ratione Fuldensem sequendum esse, tum vero, cum mihi persuasissem hoc fieri non posse, conarer, id quod omnes editores fecerunt, ex altera utra recensione quae viderentur meliora esse repetere. Sed opportune factum est, ut mea eiusmodi editio non prodiret propter bellum et luctuosissima post illud tempora prolata. Quoniam vero

G. Thörnell a. 1926. evicisse videtur utramque recensionem Apologetici, cuius alteram Fuldensis, alteram Vulgata repraesentaret, ad scriptorem ipsum redire, editoris negotium desiit desperandum esse, sed non ita, ut ei liceret utriusque recensionis verba simpliciter reddere. Nam utrobique sive errata sive menda librariorum supererant corrigenda, et in hac quoque quaestione fieri non poterat, quin animus modo huc, modo illuc fluctuaret. Sed iam ea ratione Apologeticum prodibit, qua exhiberi illum multi huius rei periti dudum desideraverant, ut verba utriusque recensionis proponerentur ita, ut Vulgatae recensioni subiungeretur Fuldensis varia lectio. Cuius facti omnes viri docti gratiam habebunt curatoribus editionis Vindobonensis scriptorum ecclesiasticorum maximeque ego gratiam debeo illi, qui imprimis eos curat et hunc quoque librum tam egregie exhibendum humaniter consensit, Edmundo Hauler. Accedit, quod ille indefesso labore summaque diligentia quae equidem confeceram limavit et, dum prelum reliquerunt. correxit et emendavit. Plagulis denique corrigendis ultro et liberaliter se obtulit Aemilius Kroymann et qua est sagacitate et acumine multa egregie aut ipse correxit aut corrigenda indicavit. Cuius humanitati uberes gratias germano adfectu ago.

Restat, ut uno verbo exponam, cur eam formam operi elegerim, qua Vulgatam exprimerem, non alteram et priorem recensionem. Cuius rei causam, dum plura addam, iam hic adfero hanc: utraque libri recensio depravata, hic illic etiam interpolata ad nos pervenit, id quod infra docebo. Quoniam autem quae Vulgata vocatur, quam Ω littera signo, emendatior est, hanc perspicuitatis causa, etsi posterior est, primo loco ponam, cui ex altera, quam signo Φ, eas solas lectiones agglutinabo, quas scriptoris esse credibile videtur (sunt sescentae quadraginta fere vel paulo plures) ceteris in apparatum criticum relegatis. Incertissimum denique illum testem, quem nomino (Φ), nusquam sequar solum.

Indices iam per multos annos a me praeparatos ad omnia Tertulliani scripta (non solum ad huius partis II. volumen prius, sed etiam ad partes I. et III. in voluminibus XX. et XLVII. huius Corporis publicatas et II 2 atque IV. publicandas) ultimo (IV.) huius editionis tomo, si tam diu vita salusque mihi suppetet, addere in animo habeo.

Dabam Monasterii Guestfalorum mense Augusto a. 1937., retractabam mense Augusto 1938.

Henricus Hoppe.

DE CODICIBVS APOLOGETICI.

Apologeticum[1]) Tertulliani, quoniam et propter causam Christianorum sagaciter ibi tractatam et propter admirabilem artem scientiamque scriptoris omnibus eius libris plus legebatur et propagabatur, ceteris saepius traditum est. Atque illis quoque temporibus, quibus haec scripta, quae casu[2]) quodam ad nos pervenisse constat, in eo erat, ut perirent, Apologeticum sine periculo iacturae in saecula perduravit. Nam cum illa Tertulliani scripta inde ab Augustini temporibus magis magisque reprobarentur utpote de falsis doctrinis suspecta, hoc ita apud omnes omnibusque temporibus in honore fuit, ut potissimum cum Cypriani, Hieronymi, Lactantii libris traderetur. Ita factum est, ut Apologeticum non modo multo latius sive coniunctum cum illis sive seorsum propagaretur, sed etiam prorsus alia via litteris custodiretur. Cetera enim scripta Tertulliani media aetate copulata inter se duobus corporibus continebantur, ad quorum unum codex *Agobardinus* (s. IX.) pertinebat, alterum corpus *Cluniacense* erat (Kroymanni Praef. VI sqq.). In neutro Apologeticum tradebatur, et quod nunc in codice Montepessulano inest, id ab alia posteriore manu additum esse constat (ibid. VIII). Nec tamen, quamvis mira Apologetici oreretur copia librorum

---

[1]) Formam 'Apologeticus' (*i.e.* liber) pro adiectivo praebet Hieron. Epist. 70, 5, qui de libris apologeticis hac sola forma uti solet (Epist. 70, 4. 80, 2. 84, 11); redit inscriptio 'Apologeticus' in aliquot codd. deterioribus (cf. Oehleri *ed. mai.* p. 111). Sed non solum optimi libri exhibent 'apologyticum' (*S Π*) vel 'apologiticum' (*M Q*), quae formae aperte corruptae sunt ex genuina scriptura 'Apologeticum', sed etiam Lact. Inst. V 4, 3 et Isid. Orig. VI 8, 6 libro titulum attribuunt 'Apologeticum'.

[2]) A. Harnack, Gesch. d. altchristl. Lit. I LV.

manu scriptorum, inde iis fides aucta est. Nam ex codicibus Vulgatae quae vocatur recensionis (sunt omnes praeter codicem Fuldensem eiusque cognatos), quotquot adhuc innotuerunt, non plus tres fundamentum editionis esse possunt, et si demas Montepessulanum, quem etiam deterioribus non iniuria adsignare possumus, duo, Sangermanensis nuper in lucem prolatus et quem editores dudum secuti sunt Parisinus Lat. 1623 (olim Claudii Puteani). Qui tamen cum inter se in omnibus fere concordent, ipsi quoque unum tantum fontem repraesentant. Certe evincitur omnes illos codices, quamvis inter se differant, ad unum eundemque archetypum redire, id quod confirmatur non solum ex iis, quae communiter praebent, sed etiam ex iis, quae omittunt. Prorsus autem diversa sunt, quae ex codice Fuldensi nunc amisso et qui cum eo faciunt duobus testibus prolata sunt. Plus enim nongentis locis a Vulgata recensione discrepant nec ita, ut solent libri variorum temporum inter se distare, singulis tantum vocabulis, sed etiam totis sententiis. Inde de pretio utriusque classis librorum controversia inter viros doctos nostra potissimum aetate orta est, de qua infra referam. Nunc vero primum omnes libros temporum ordinem secutus enumerabo, deinde, quid singuli valeant et unde pendeant, inquiram.

I. Codices superstites.

S 1. Cod. *Petropolitanus*[3]) auct. Lat. I Q. v. 40, membr. saec. IX. exeunt., olim Sangermanensis, antea Corbeiensis, nunc in bibliotheca olim imperiali Petropolitana (hodie Leningradensi) 61 fol. est 205 × 170 mm. 2 laterc. 21 v. Solum Apol. continet. Habeo imaginem eius luce repraesentatam.

---

[3]) v. A. Staerk, *Les Manuscrits Latins du Ve aux XIIIe Siècle conservés à la Bibliothèque Impériale de Saint-Pétersbourg* (Petropoli 1910) I 130. II 57.

2. Cod. *Parisinus* 1623 membr. saec. X. (*Catal. bibl. reg.* Π
III 160) in bibliotheca nationali Parisina adservatur, unum Apol. continens.[4]) Contulit in usum huius editionis A. Reifferscheid, ad suas editiones G. Rauschen et I. P. Waltzing.[5]) Concordat in plerisque lectionibus cum *S*, cuius fons idem est, atque manebit fundamentum Vulgatae recensionis.

3. Cod. *Montepessulanus* H 54 membr. saec. XI.[6]) Passim **M**
lectiones eius iam adnotavit Rigaltius (ed. 1634.). Contulit ad hanc editionem A. Reifferscheid, ad suas contulerunt Rauschen et Waltzing. Hunc librum deterioris notae esse infra demonstrabitur.

4. Cod. *Luganensis* membr. saec. XI. exeuntis formis **λ**
pulchris Carolinis exaratus solum Apol. praebet.[7])

[4]) In prima pagina libri pulcherrime exarati legitur: *Claudii Puteanj* (*i e. Claude Dupuy* † 1594), unde Puteaneus vocatur. Titulus est: *Apologyticum Tertulliani de ignorantia in Christo Iesu.* Verba *de ignorantia*, quae erant titulus primi capitis, quibus addidit aliquis *in Christo Iesu*, in multis libris scriptis cum titulo libri coniuncta sunt.

[5]) *Les trois principaux manuscrits de l'Apologétique de Tertullien* (*Mus. Belg.* 1912 p. 181—240). Ubi a nostris lectionibus discrepat, illum errasse scito.

[6]) In 1213 laterculis exaratus post sex alios Tertulliani libros (De patientia, De carne Christi, De carnis resurrectione, Adv. Praxean, Adv. Valentinianos, Adv. Marcionem) in laterc. 1119—1213 continet Apolog. usque ad capitis 39, 3 verba: *spem erigimus.* Iudicio Aemilii Kroymann (Praef. XIV sq.) Apolog. ab alia posteriore manu (fortasse XII. s.) exaratum est, quae in titulo adiecit: *Post sex superiores adpositus est elegantissimus liber Apologeticus de ignorantia dei in christo iesu qui perhibetur adversus gentes.* In prima pagina codicis legitur infra: *Tertulliani opera ex libris collegii Oratorii Trecensis*, in ultima *P. Pithoei.* Erat igitur Petri Pithoei (unde olim etiam Pithoeanus nominabatur); post cuius mortem (1596) transiit in bibliothecam Montepessulanam.

[7]) Testibus A. Mancini et G. Pasquali manus secunda saec. XII. elegantior textum correxit aliaque ecclesiastica addidit. Tertia manus fortasse saeculi XIII. erat. Invenit hunc librum nuper Iosephus Martini Luccae natus, qui excutiendum permisit Georgio Pasquali; et hic accuratissime de eo egit. Suspicatur autem originem duxisse librum ex Britannia, certe alteram eius manum scriptorio Cantabrigiensi adscribit I. Martini. Quae sententia mihi inde confirmari videtur, quod cum aliis libris in Britannia scriptis in multis mendis consentit, ipse deterioris notae.

I 5. Cod. *musei Britannici* Reg. 5 F XVIII. membr. saec. XI.—XII.[8]) Praesto mihi erant collationes, quas confecerunt ad cap. 7—16 I. P. Gilson, ad cap. 16—20 I. Preibisch.

Q 6. Cod. *Parisinus* 1656 A membr. saec. XII. (Colbertinus; *Catal. bibl. reg.* IV 503).[9]) Contulit totum Apol. A. Reifferscheid.

T 7. Cod. *Leidensis*[10]) Vossianus fol. 108 membr. saec. XII. (*Catal. bibl. publ. Lugd.-Batav.* p. 376). Excussit cap. 7—16 G. Wissowa.

K 8. Cod. *Alenconiensis*[11]) 2 (olim S. Ebrulphi) membr. saec. XII. fol. 120. Varias lectiones capitum 5—18 H. Lebègue speciminis causa transmisit.

W 9. Cod. *Admontensis*[12]) 136 membr. saec. XII. Totum Apol. excussit E. Vetter.

O^b 10. Cod. *Oxoniensis* Add. C 284 membr. saec. XII.[13]) (olim Maffeianus[14]). Praesto mihi est imago, quae dicitur photographica.

---

[8]) Harnack l. l. I 676 hunc librum saec. X. adsignat, posteriori saeculo I. P. Gilson (per litteras). Desunt prima tria folia, fol. 4 incipit a verbis cap. 2, 14 *vos adversus formam.* Desunt cap. 7, 12 *aemulationis* — 9, 20 *perspiceretis.* Finis Apologetici est in fol. 32^r. Sequitur in fol. 32^v—35^v sermo Methodii.

[9]) Antecedit Apologeticum Cyprianus, excipiunt varia aliorum.

[10]) Oehleri *ed. mai.* I p. XII, Van der Vliet, Mnemos. XVIII 57. Praeter Apol., quod est in fol. 28—54, liber continet varia aliorum. Indicem in primo folio praemisit P. Petavius. Primus S. Havercamp (ed. 1718. Praef. p. 6) hunc codicem videtur inspexisse.

[11]) Harnack l. l. I 676. *Catal. génér. Depart.* II (1888) 476. Apologeticum succedit Hieronymo.

[12]) Cf. Caspari, Kirchenhist. Anekdota I 143^5. Apologeticum praecedunt vita Hieronymi et locus ex epistula ad Magnum sumptus, sequuntur Cypriani opera.

[13]) Van der Vliet, Mnemos. XVIII (1890), 52: *Catalogus addicit librum saeculo XI., catalogus vero librorum anterioris cuiusdam possessoris modestius et veri similius saeculo XIII. vel XIV. scriptum esse suspicatur.* Contra priori saeculi XII. parti attribuit librum Nicholson.

[14]) E libris Maffei Veronensis in Britanniam venit, cf. Van der Vliet l. l. 53.

11. Cod. *Romanus*[15]) S. Isidori 208 membr. saec. XII.—XIII., unum Apol. continens. Specimen collationis (capitum 7—16) dedit C. Mras. ρ

12. Cod. *Parisinus* 1689 (Colbertinus) membr. saec. XIII. (*Catal. bibl. reg.* III 172). Totius Apol.[16]) collationem confecit Zechmeister. U

13. Cod. *Ambrosianus* S 51 membr. saec. XIV., unum Apol. continens. Totum contulit Kroymann.[17]) ψ

14. Cod. *Gothanus*[18]) I 55 membr. saec. XIV.—XV. Speciminis causa excussit cap. 7—16 Wissowa. γ

15. Cod. *Erfortensis*[19]) Amplon. fol. 87 membr. saec. XIV. exeuntis. Hunc ex Gothano descriptum esse vidit Wissowa, cum examinaret cap. 7—16.

16. Cod. *Sandanielinus*[20]) 228 (195) membr. saec. XIV.—XV. Excussit cap. 7—16 C. Mras. Δ

17. Cod. *Sandanielinus*[21]) 19 membr. saec. XV. solum Apol. continens. Contulit cap. 7—16 C. Mras. d

18. Cod. *Cusanus*[22]) 42 (olim C 10) chart. miscellaneus saec. XV. Excussit cap. 7—16 Wissowa. κ

19. Cod. Florentinus *Magliabechianus*[23]) VI 9 chart. saec. XV. Apologetici lectiones debeo Kroymanno.[24]) N

---

15) H. Boehmer, Theol. Lit.-Zeit. 1903, 645.

16) Antecedunt varia aliorum.

17) Idem I 33 sq. hunc librum adumbravit et recte monuit eum differre a ceteris manuscr. Italicis.

18) Continet 279 folia, Apologeticum in fol. 197ᵛ—214ʳ. Antecedit Lactantius, sequuntur varia aliorum. In margine eadem, ut videtur, manus addidit adnotationes et varias lectiones (interdum inter versus). Cf. E. Klussmann, Z. f. wiss. Theol. III (1860) 98; Harnack I 676; S. Brandt, *Lact. ed.* I p. LII; Helm, *Fulgent. ed.* p. XIII.

19) W. Schum, Beschr. Verzeich. d. Amplon. Hss.-Samml. 1887, 64.

20) Mazzatinti III 142. Apologeticum subsequuntur alia. Lectiones huius codicis videtur habuisse Nic. le Nourry (Oehleri *ed. mai.* III 79 sqq.).

21) Mazzatinti III 111.

22) F. X. Kraus, Serapeum XXV (1864), 364. Apologeticum continetur fol. 162ʳ—193ᵛ. Antecedunt et succedunt varia aliorum.

23) Continet 22 scripta Tertulliani (Oehleri *ed. mai.* I p. VIII 9).

24) Idem I 12 sqq. docuit *N* totum pendere ex *M*.

20. Cod. *Vaticanus* 193 saec. XV. totum corpus continens ex *N* fluxit.[25])

21. Cod. *Mediceus* Faesul. 60 saec. XV. cum toto corpore ex eodem fonte *N* fluxit.[26])

22. Cod. *Laurentianus* XXVI 13 membr. saec. XV. ex eodem fonte *N* manavit.[27])

σ 23. Cod. *Vaticanus* 194 membr. saec. XV.[28]) solum Apol. praebet, cuius cap. 7—16 W. T. Semple recognovit.

β 24. Cod. *Bononianus* S. Salvat. 2844 membr. saec. XV. solum Apol. continens, ex quo cap. 1—6 Kroymann[29]) contulit.

ω 25. Cod. *Taurinensis*[30]) XXXI d. III 36 (bibl. Nat. IV 1) membr. saec. XV. Excussit totum Apol. Kroymann.[31])

V 26. Cod. *Neapolitanus* VI C 36 chart. saec. XV., quem alteram partem codicis Vindobonensis 4194 esse[32]) docuit Kroymann I 6, qui Apol. alia manu aliis Tertulliani scriptis additum contulit.

L 27. Cod. *Leidensis* 2 membr. saec. XV., quem[33]) arte cum *V* cohaerere et ex Italia provenisse probavit Kroymann I 26 sqq., II 2. Lectiones capitum 2 et 7—16 Wissowae debeo.

28. Cod. *Vaticanus* Urbin. 64 saec. XV. Apol. in hoc totum cum *L* consentire vidit Kroymann I 24 sqq.

---

25) Kroymann I 23 sq.

26) Kroymann I 24.

27) Idem I 11.

28) Scriptus est sub Quinto Nicolao Papa (1447—1455), cf. Kroymann I 33; M. Vattasso et P. Franchi de' Cavalieri, *Cod. Vatic. Lat.* I 150.

29) Idem I 33.

30) Pasini, *Catal. codd. Bibl. Regiae Taurin.* II p. 1401.

31) Idem I 34. Apologeticum sequuntur scripta Vegetii et Lactantii. Subscriptum est: *·Michael de Verlatis curiae nobilis Vincentinus Petri filius rescripsit anno M°CCCC°LII°·.*

32) Pendere eum ex *M* infra demonstrabimus.

33) Continet eadem 22 Tertulliani scripta quae *N*; quatenus autem pendeat ex *M*, infra docebitur. In usum Apologetici vocaverat hunc codicem iam Oehler (*ed. mai.* I p. VII 4).

29. Cod. *Marcianus* (Venetus) XIX 2 (olim VIII 11) membr. saec. XV. solum Apol. continet, quod Kroymann[34]) recognovit. *v*

30. Cod. *Salisburgensis* S. Petri abbat. a VII 39 membr. saec. XV. exeuntis.[35]) Totum Apol. contulit H. Hackl. *S*

31. Cod. *Oxoniensis*[36]) Balliol. 79 membr. saec. XV. O[a]

32. Cod. *Volaterranus*[37]) 298 (5404) saec. XV. Excussit cap. 7—16 W. T. Semple. τ

33. Cod. *Vindobonensis*[38]) 3120 [Rec. 1670] chart. saec. XV. Excussit cap. 7—16 Wissowa. Y

34. Cod. *Erlangensis*[39]) 225 (olim Heilsbronnensis) membr. saec. XV. (scriptus a. 1469.). Eadem cap. 7—16 inspexit Wissowa. Z

35. Cod. *mus. Brit.*[40]) addit. ms. 21187 chart. saec. XV. De cap. 7—16 edoctus sum per I. P. Gilson. μ

---

[34]) I 33 sq.

[35]) Subscriptio praebet annum 1499. (aut 1455?). Altera aequalis fere manus ex alio libro in margine varias lectiones adiecit. Hunc codicem cum *W* saepe concordare infra videbimus. Periit alius c. Salisburgensis S. Petri a VIII 3 s. XII., qui sex scripta continebat, primum Apologeticum.

[36]) Coxe, *Catal. cod. mss. qui in collegiis aulisque Oxon. asserv.* I Balliol. p. 22. Van der Vliet, Mnemos. XVIII 53[2]. Post Lactantii opera solum Apol. exstat, quod sequitur Index Lactantii (fol. 220). Collatio, qua Oehler (*ed. mai.* I p. X) usus est, inesse dicitur in exemplari editionis D. Heraldi a. 1603., quod olim in bibliotheca Gottingensi fuit; ubi nunc sit, nescio.

[37]) Mazzatinti II 239. Expressum hunc esse in editione Gelenii (1550) infra ostendam.

[38]) *Tabulae codd. mss.* II p. 201, apud Oehlerum I p. X n. 294. Apologeticum, quod foliis 181[a]—214[a] continetur, praecedunt et sequuntur varia aliorum.

[39]) Irmischer, Handschriftenkatalog der kgl. Univ.-Bibl. zu Erlangen (1852) 54. Apol. in foliis 154[r]—181[r] inter alia aliorum traditum est. Hunc librum, quamvis infidus esset, constanter in usum vocavit Oehler.

[40]) Ex Italia hic liber originem ducit. *Catal. addit. mss.* 1854—1860 (1875) p. 336: Quinti Septimii Florentis Tertulliani Apollogeticus contra Gentes. At the beginning is a note: 'Est Tristani Chalci proprie manus scriptura comparatus anno 1486. Mediolani. Ex duobus mutilatis codicibus uno Georgii Merule Alexandrini, altero Angeli Politiani Florentini, integer

Γ 36. Cod. *Parisinus*[41]) 2616 (Faurianus) saec. XV. (*Catal. bibl. reg.* III 304). Exaratus est a. 1492. Mediolani manu Hieronymi Varadaei. Apol. excussit Zechmeister.

II. Codices amissi, ex quibus lectiones innotuerunt.

Φ 1. Cod. *Fuldensis* eiusque adfines; de his v. infra p. XXXII sqq.

G 2. Cod. *Gorciensis*,[42]) quem R(hen.)[3] (a. 1539.) primus in usum vocavit.

3. Codices, quos *Pamelius*[43]) (ed. Paris. 1579.) adhibuit: tres Vaticani, Coloniensis,[44]) tres Belgici: Elnonensis S. Amandi, Gandavensis S. Bavonis, Leodinensis. De his infra p. XXXI sq.

4. Cod. Iacobi *Bongarsii*, quem usurpavit *D. Heraldus* (ed. Paris. 1603.); v. p. XXXII.

III. Codices amissi, ex quibus adhuc nihil novi innotuit.

1. Cod. *Murbacensis*[45]) saec. minimum IX.

2. Cod. *Murbacensis*[46]) saec. XI.—XII. membr., cuius lectionibus se usum esse testatur *Nicolaus le Nourry* (Oehleri *ed mai.* III 119).

---

factus et emendatus'; and at the end a letter 'Angelus Politianus Tristano Chalco, Florentiae pridie Id. Ianuar. 1490'. Paper. From the Piazzoni library at Brescia. Folio.

41) Kroymann I 33 ex Italicis libris cum hoc facere σ β υ ω docuit. Nimium huic codici tribuit Oehler (*ed. mai.* I p. X).

42) Hunc ex *M* fluxisse et ipsum fuisse fontem codicis *N* Kroymann Mus. Rhen. 1913, 135 collegit; v. infra p. XXVII.

43) Oehleri *ed. mai.* I p. XI.

44) De Coloniensi v. infra p. XXXI.

45) In Breviario librorum Isghteri abbatis (qui vixit medio s. IX.), quod adservatur in ms. anni 1464., ultimo loco (no. 83) nominatur Tertullianus. Commemoratur c. Murbacensis a. 1696. a Ruinarto: *alii codices optimae notae . . ab annis 800, quos singulatim recensere longius esset. In his Tertulliani apologeticum,* cf. H. Bloch, Straßb. Festschr. z. 46. Phil.-Vers. (1901) 274. 278.

46) Montfaucon, Bibl. bibl. II 1177 D.

3. Cod. *Achillis Harlei*, quem saec. XI. attribuit idem Le Nourry[47]) *ibid.*

4. Cod. *Iusti Fontanini* (Romanus), cuius varias lectiones Le Nourry (*ibid.* 119 sq.) habuit.

5. Cod. *Bruxellensis*[48]) 1766 saec. XII.

6. Duo codd. *Beccenses*[49]) (monasterii B. M. de Becco), qui solum Apol. continebant.

7. Cod. monasterii S. *Ebrulphi*[50]) Uticensis, qui solum Apol. habebat.

8. Cod. *Corbeiensis*[51]) Apologetici fortasse saec. XII.

9. Codd., quibus vetustissimae editiones nituntur; de his v. infra XXIX sqq. Quos praeterea commemorat Oehler I p. XII, repetere supersedeo.

De stirpibus codicum Vulgatae recensionis.

Omnes codd., quos Ω littera signamus praeter Fuldensem eiusque adfines, ex communi fonte manavisse constat. **Ω**
Quorum qualis indoles singulorum sit et quae ratio inter eos intercedat, primum quaerendum est. Agmen autem ducat vetustissimus codex *Petropolitanus* olim *Sangermanensis*, **S**
antea Corbeiensis nuper[52]) demum in lucem prolatus. Qui

[47]) Si fides illi habenda est, hic liber saepius faciebat cum Π; ceterum v. infra p. XXXII.

[48]) Nominatur ille quidem in vetusto catalogo, omittitur autem in recenti ab I. van den Gheyn confecto nec iam exstat testante per litteras v. d. Cumont.

[49]) In altero deerat initium usque ad c. 25, in altero c. primum (Montfaucon l. l. II p. 1250 D, 48. 49).

[50]) Montfaucon l. l. II p. 1269 C.

[51]) Adferuntur in vetere Catal. bibl. Corbeiensis in R. Naumanni Serapeo a. 1841. p. 111 et apud Ang. Maium, *Spicil. Rom.* V 207, cf. Kroymann, Mus. Rhen. 1915, 361 sqq.

[52]) Esse Apologetici codicem Petropoli sane iam Oehler (I p. XII) monuerat et descripserat a. 1910. una pagina photographice reddita A. Staerk l. l. Ex eo constabat hunc librum Apologetici vetustissimum omnium esse recteque ex illo exemplo quamvis exiguo E. Löfstedt, Tert. Apol. II 14 sqq. suspicatus erat esse illum inter codices vulgatae recensionis bonae notae et praeter ceteros idoneum ad Vulgatam cognoscendam, sed

ab initio usque ad finem unius amanuensis manu litteris semiuncialibus optime et aequaliter exaratus est tanta diligentia, ut pauca librarius omiserit, quae tamen ipse in margine addidit, nec in multis a fonte suo discesserit errore. Quis autem fons sit vel obiter perscrutanti statim apparet: est idem, ex quo *Π* fluxit. Primum enim capitum tituli plane consentiunt in utroque[53]), tum Graeca (cf. c. 9, 16. 16, 12) et nomina propria permulta eodem modo mendose ab his solis redduntur[54]), denique in aliis mendis[55]) mirum in modum congruunt.

Multa menda, quae librarius codicis *Π* commisit, ipse correxit (*Π*¹), secunda autem manus (*Π*²) mutavit sive in melius sive in deterius.[56]) *S* cum prima manu saepissime concordat.[57]) Non raro, quae falso in fonte scripta erant, *Π*¹

---

tum in bibliotheca publica Leningradensi (olim Caesarea Petropolitana) in oblivione et inexploratus iacebat utpote in capite imperii motibus aestuantis. Tandem Edm. Hauler, postquam diu frustra operam dedit, nec labori nec sumptibus parcens mandatu Academiae Vindobonensis impetravit, ut exemplar photographicum huius manuscripti conficeretur et ad me mitteretur. Quod accuratissime et dilucide verba reddens facultatem dat certo de hoc codice iudicandi, ut vix ullus scrupulus de eius lectionibus maneat.

53) Unum leve mendum in *S* commissum reperis: in titulo capitis 8. *incestis* pro *incesti*.

54) Cf. 9, 9 *catillina*. 10, 1 Oenotriam] *enotriam*. 12, 4 Cybele] *chybele*. 21, 10 Cleanthes] *chleantes*. 24, 8 Casiniensium] *casianiensium*. 24, 8 Hostia] *norcia*. 39, 14 Megarenses] *megrenses*. 40, 8 Vulsinios] *ulscinios*.

55) Pauca (etiam orthographica, quae postea magnam partem neglegam) adferre liceat: 2, 6 *provintiam* (sic semper fere). 5, 6 palam] *pallam*. 9, 9 *faederi* (39, 1 *faedere*). 9, 17 *luxoriae* (sic semper). 12, 2 iisdem] *hisdem*. 14, 2 *rappere*. 14, 3 *pene* (sic semper). 18, 5 *sugestu*. 21, 14 *adoliscit*. 22, 2 exsecramenti] *exsacramenti*. 25, 6 *dyplomata*. 32, 3 *degerare* (46, 4). 33, 2 (bis) *postolo*. 39, 21 *pernitiem*. 46, 8 *phisicorum*; multa similia.

56) De utraque manu v. infra p. XXI.

57) e. g. 3, 6 Epicurei] *epicurii* (*epicuri* falso *Π*²). 9, 15 negandi] *necandi* falso *Π*²). 11, 5 secundum] *secundurum* (corr. *Π*²). 11, 8 frugis] *fruges* (corr. *Π*²). 13, 2 quos] *om.* (*quem* *Π*²). 14, 3 *subantem* (falso *cubantem* *Π*²). 18, 8 *hebraicis* (falso *hebraicis litteris* *Π*²). 21, 30 *qua* (falso

ipse correxit, non *S*.[58]) Aliis locis *S* rectas lectiones servavit, *Π* falsas corrigendo induxit.[59])

Quae differentiae cum prae congruentibus lectionibus leves videantur, quaestio oritur, an *Π* ex *S*, si per tempus inter eos interiectum fieri potuit, descriptus sit. At obstant huic opinioni aliae discrepantiae,[60]) quae unde sint ortae intellegere non possumus, nisi cum utrumque ex eodem quidem fonte fluxisse conicimus, non vero alterum ex altero. Nonnulla enim *S* sive solus sive cum aliis mendose exhibet, *Π* autem sine correctione recte.[61])

Pauca *S* cum Π^2 genuina[62]) tradit, sed talia sunt, qualia Π^2 ipse facile corrigere potuit. Plus autem tribuendum est lectionibus, quae in *S* sunt, non ita sane multis a *Π* etiam correcto differentibus, quae aut vera aut aeque

---

quo Π^2). 28, 3 *quilibet* (falso *cuilibet* Π^2). 35, 13 Caesaris] *caesariis* (corr. Π^2). 39, 2 *statu* (falso *natu* Π^2). 48, 11 *destinata distincta* (*destinata et distincta* Π^2). 50, 5 Aetnaeis] *atheneis* (*aethneis* Π^2). Alia omitto.

[58]) cf. 4, 3 tutoribus] *tuturibus*. 6, 6 osculum] *oculum*. 7, 14 iactavit] *iatavit*. 16, 11 eis] *eius*. 37, 5 occidere] *occideret*. 38, 1 inlicitis] *inlicitas*. 39, 10 nulla] *nulli*. 50, 6 aiebat] *agebat*.

[59]) e. g. 15, 6 quis] *qui*. 22, 3 corruptis] *corruptos*. 25, 14 sacerdotum] *sacerdotem*. 32, 2 suspicimus] *suscipimus*. 35, 11 celebrarent] *celebrabant*. 38, 4 quas] *qua*. 39, 6 naufragis] *naufragiis*. 40, 3 orbem] *urbem*. 40, 7 si qua] *quasi*. 40, 14 aquilicia] *aquicilia*. 44, 1 nullus] *nullis*. 46, 3 pares] *patres*. 47, 10 aliquanto] *aliquando*.

[60]) Non nimium pondus fortasse habere videntur orthographicae differentiae, quae tamen in tali quaestione prorsus neglegi non possunt, praesertim cum tantus sit earum numerus, velut 3, 4 *patiens S*, *paciens Π*. 5, 4 *domitianus Π*, *domicianus S*. 6, 8 *cynocephalo Π*, *cynocefalo S*. 9, 2 *militia Π*, *milicia S*. 9, 14 *pecoris Π*, *peccoris S* (14, 4 *peccoribus*). 16, 2 *superficiem S*, *superfitiem Π*. 18, 5 *philadelphum S*, *filadelphum Π*. 21, 22 *scelus Π*, *scaelus S*. 28, 4 *citius Π*, *cicius S*. 41, 5 *fiduciam S*, *fidutiam Π*. 46, 18 *greciae S* (pro more), *gretiae Π*, et permulta. Talia menda utrobique oriri potuisse, cum verba scriptoris librariis dictarentur, cogitari potest.

[61]) e. g. 13, 6 agri] *agi*. 16, 2 is enim] *ut is enim*. 20, 1 antiquitas] *antiquas*. 23, 3 et alia] *talia*. 39, 14 quam] *et quam*. 47, 4 et si qua] *et qua*.

[62]) 2, 20 *nullius*. 7, 8 *qua*; ibid. *mendax*. 41, 6 *mala*. 47, 10 *aliquanto*.

bona praebent.[63]) Quibus omnibus id quod dixeram confirmatur *Π* non ipsum ex *S*, sed utrumque ex eodem fonte[64]) derivatum esse.

Ceterum in universum aestimanti exspectatio, quae fama vetusti illius libri tam diu incogniti mota erat, destituta est, cum admodum pauci scriptoris loci ex illo corrigi possint et manuscripti fatum[65]) plus fere allicere videatur quam pretium.

Π De codice *Parisino* 1623 (Puteaneo) iis, quae supra (p. XI) exposui, multa addere opus non est, utpote qui dudum notus[66]) fuerit, nec de eius manibus duabus diversis ambigatur.

---

[63]) 1, 8 *hoc ipso* (*hoc modo Π*). 4, 9 *proscriptio* (*prescriptio Π*). 4, 11 *infanticida* (*-ia Π*). 6, 2 *dignitatum* (*-em Π*). 8, 7 *tibi* (*ti Π*). 16, 1 *nam ut et quidam* (*nam ut quidam* $Π^1$, *nam et ut quidam* $Π^2$). 20, 5 *praefanti* (*-andi Π* falso). 21, 27 *transfert* (ex *transferet*; *transferret Π* falso). 23, 3 *dementire* (*-are* ex *-ire Π*). 36, 3 *sub* (*sed Π* falso). 37, 4 *vindices* (*iudices Π*). 39, 12 *patientissime* (*-ae Π*). 45, 2 *disciplinae* (*o disciplinae Π*). 50, 4 *atque perditio* (*et perditio Π*). 50, 9 *flagellis* (*fagellis Π*).

[64]) In sequentibus ubi nomino *Π*, intellego *S Π* consentientes.

[65]) Oriundus est liber ex bibliotheca abbatiae Corbeiensis, unde a. 1638. cum 400 mss. pervenit in bibliothecam monasterii S. Germani a Pratis (nunc *S. Germain des Près*), v. L. Delisle, *Recherches sur l'ancienne bibliothèque de Corbie* (in *Mémoires de l'académie des inscriptions et belles-lettres*), Parisiis 1861, 319. (In Catalogo, quem idem in p. 330. dubitanter a. 1200. adsignat, Apol. numerum 140 habebat). Inde Petropolim eum transportavisse et imperatori Russorum donasse traditur Petrus Dubrowsky, a secretis legati Russici, a. 1805. una cum aliis pretiosis manuscriptis (v. Dombart-Kalb, Augustin. Civ. Praef. IV sq. et P. Knöll, CSEL. XXXVI Praef. I sq.), postquam ei a. 1791. contigit, ut inter turbas rei publicae Francogallorum commutatae vetustos illos libros exitio eriperet sibi vindicando. Etiam a. 1910. in bibliotheca olim imperatoria Petropolitana quinquaginta fere codices Sangermanenses erant, qui originem secundum Staerkii, quem supra (p. X) commemoravi, librum ducebant ex Corbeia. In quibus manuscriptis, ut certe adhuc in codice *S*, exaratum legitur: *Ex Museo Petri Dubrowsky.*

[66]) Oehleri adnotationes criticas de hoc libro, quae nituntur collationibus Stephani Baluzii (insunt etiam in exemplari editionis

Quae vero ratio sit inter alias eorum codicum stirpes, qui aut Π^1 aut Π^2 reddebant, cum inquirerem, vidi aliquot libros (velut *QTU*, fortasse etiam *W𝕾*) propius accedere ad Π^1, multos autem ceterorum deteriorum magis pendere ex Π^2, illos igitur descriptos esse, antequam manus secunda correxisset, hos postea. De aliis velut de O^b, qui fluctuat inter Π^1 et Π^2, nihil certi statui potest.

De codicibus vetustioribus (saec. XI./XII.), qui ex *Π* (*S*) potissimum pendent.

Cod. *Luganensis*, quantum iudicari potest, aliquotiens cum *I* facit, qui eiusdem fere aetatis eiusdemque originis videtur esse.[67]) Ad quem interdum accedit Oxoniensis O^b, qui ipse ad eandem fere aetatem pertinet et saepius cum Π^2 facit,[68]) cui deteriores aliquot — sed varii — se adiungunt.[69]) λ

Ex deterioribus posteriorum temporum codicibus imprimis Gothanus (γ) eadem menda[70]) praebet et ita,[71]) γ

alterius Rigaltianae a. 1641., quod vidi in bibliotheca olim regia Monacensi) et G. F. Hildebrandi, ubi a nostris lectionibus discrepant, non rectas esse adfirmaverim.

[67]) Ad Britanniam λ delegari, unde in Italiam venit, supra (p. XI) commemoravi. Cum solo *I* nonnulla saltem menda praebet velut 11, 2 necesse est concedatis] *concedatis necesse est.* 12, 2 mutantes] *mutuantes.*

[68]) e. g. 10, 9 quorum] *quosum*, 11, 4 dignius] *dignus*, alia v. p. XXII[77]), contra quae discrepant p. XXII[76]).

[69]) 9, 15 negandi] *necandi.* 11, 9 allegendae] *allegandae.* 14, 3 subantem] *cubantem.* 37, 10 tamen, sed potius] *sed potius tamen.*

[70]) Ceterum codicem γ non ipsum ex λ, sed ex eodem apographo fluxisse monet Pasquali 27 sq. Quibuscum deteriorum faciat, infra p. XXIII[79]) docebo.

[71]) e. g. 9, 2 crucibus] *cervicibus* $\lambda^1 \gamma^1$ (utraque manus secunda addit *vel crucibus*). 29, 3 toti] *tuti* $\lambda^2 \gamma^2$. 35, 9 faucibus] *fascibus* $\lambda^1 \gamma^1$, *faucibus* $\lambda^2 \gamma^2$. 46, 12 alia] *alta* $\lambda^2 \gamma^2$. 46, 13 aedilitatem] *civilitatem.* 47, 3 ad nostra] *auram.* 47, 8 de animae statu] *deam maiestatem.* 50, 15 accessit] *accedit* $\lambda^1 \gamma^1$, *accessit* $\lambda^2 \gamma^2$. Ad Gothanum accedit O^a 32, 1 in titulo: *de eadem re*; cf. quae de huius libri consensu iudicat Pasquali 25 sq.

ut γ^1 conveniat cum λ^1, γ^2 autem cum λ^2; quocum etiam Erlangensis (*Z*) saepius facit[72]) nec minus cum γ Parisinus Γ.[73])

In universum autem aestimanti non opus videtur esse, quomodo hic codex cum aliis deteriorum, quos quo posteriores aetate sunt, eo magis mendis scatent, congruat, accuratius inquirere, praesertim cum ad scriptorem recensendum non plus quam reliqui deteriores conferat.

I Cod. *Musei Britannici* (*I*) hic illic cum *Π* (inprimis Π^2) facere[74]) videtur, saepius cum aliis[75]) deterioribus,[76]) unde concludi potest eum ex iam depravato fonte fluxisse.

K Idem adfirmari posse videtur de codice *Alenconiensi*, etsi in nonnullis cum *Π* consentit.[77])

---

[72]) e.g. 23, 18 fidentiam] *fiduciam.* 33, 4 quia non vere diceretur] *om.* Cum *Z* titulum habet λ 23, 1 *de fantasmatibus tragicis et demoniis.* Cum hoc saepe etiam concordat Vindobonensis *Y* (v. p. XXVIII et Pasquali 27). Saepius tamen hi codices (et maxime *Z*) discordant a λ.

[73]) 21, 19 arcanis] *archivis* (sic etiam *L*); supra scripsit λ^2 *vel arcanis*, unde apparet — quod aliis quoque exemplis probatur — hanc manum ex meliore libro verba correxisse. 33, 4 quia non vere diceretur] *om.* 49, 4 inrisui] *irrisioni.*

[74]) Specimina tantum collati libri habemus; praeterea verba codicis a cap. 7, 12 *aemulationis* usque ad 9, 20 *perspiceretis* perierunt. Certe non modo in titulis omnino cum *Π* facere videtur, sed etiam eadem menda (cum aliis) aliquotiens praebet velut 7, 10 aiunt] *aut.* 15, 5 Pessinunte] *pessinunta.* 16, 1 ut] *et ut* (Π^2).

[75]) Solus exhibet 11, 9 allegendae] *alligande.* 16, 9 verisimilius] *verisimilis.*

[76]) e.g. cum O^b 10, 9 ex inopinato] *ex opinato.* 11, 13 vos talibus] *talibus nos.* De consensu codicis λ p. XXI. Accedunt non raro recentiores, qui iam plures exhibent lectiones depravatas velut familiae $\varrho \varkappa \sigma$, $\omega v \Delta$, $\Delta \mu \Gamma \gamma^1$.

[77]) In titulis capitum cum *Π* concordare fere videtur atque etiam in scripturis memorabilioribus e.g. 9, 16 *e ΔΔΥΝe dicebant εισ τ ΗΝ α ΔΙΓΕΡΔ.* 10, 4 infitias ierit] *inficia si erit.* 11, 2 possidebat] *possedebat* (cum solis *Π* O^b). Contra discordat a *Π* aliis locis; ut praetermittam verborum transpositiones, omisit e.g. 13, 4 *de Saturno* (cum λ *I* O^b et multis); 18, 3 *et iugem* (cum λ O^a al.).

Certius quam de illo iudicari potest de *Oxoniensi* O^b, quem adfinem[78]) esse codicis *Π* iam observavit van der Vliet l. l. 57. Sed cum satis multa in eo reperiantur menda, quae non in *Π*, sed in recentioribus[79]) depravatis (partim iam in *λ I K*) redeant, apparet hunc librum non ex *Π* ipso manasse, ut ex diversitate temporum efficitur, sed ex fonte iam depravato. Certe ubi a *Π* recedit, non maiore fide dignus est quam aut *λ* aut *I* aut *K* aut alius recentiorum. O^b

Ex posterioris aetatis deterioribus libris quoquomodo ex *Π* pendentibus maxime inter se cohaerent codices *Cusanus* (*κ*) et *Vaticanus* 194 (*σ*) uterque saeculi XV. Iam enim ex titulis capitum[80]) evincitur adfinitatis vinculo illos coniunctos esse; accedit magnus numerus communium errorum,[81]) qui- **κ σ**

---

[78]) Non solum in inscriptione et subscriptione libri et in titulis capitum, qui in minutissimis tantum rebus inter se differunt, sed etiam in lectionibus saepe consentiunt, cuius rei exempla adferre supersedeo.

[79]) Sunt familiae velut *ϱ κ σ*, *ω υ Δ*, *d μ Γ γ* al. Certe non solum *γ*, id quod van der Vliet l. l. 56 coniecerat, eiusdem originis est, sed etiam magnus numerus aliorum. Ex ipso autem O^b nullus eorum descriptus videtur, cum ille non paucos errores praebeat alibi non repertos.

[80]) Sola capita 7—16 respici hic possunt. Tituli ab omnibus fere aliis diversi sunt, velut capitis 7, quod incipit nunc 7, 7 post *metuunt*, titulus in utroque legitur *inanis est fama, quae christianis obicitur* (alibi *de infanticidio*). Titulus capitis 8 (alibi *De fama incesti*) est: *Flagitia, quibus christiani infamantur, nedum* (*necdum σ*) *falsa sunt* (*sunt* om. *κ*), *sed incredibilia*; capitis 9 (= 10, 1—6 *agitis*), quod vulgo inscribitur *De non colendo idolo*: *Quid si christiani deos non colunt: ratione tali id agunt: quali et gentiles ipsos necesse est assentire, sed magis ex hoc imperatoribus prosunt*; capitis 10 (= 10, 6 *ante Saturnum* — 11, 16; vulgo *De Saturno et Iove*): *Quod Saturnus, Iuppiter et alii dii fuerunt homines et non vere dii.* Et tales titulos ubique in his libris reperimus a reliquis plane diversos, nisi quod Vaticani, quos Pamelius adfert, partim similes praebent. Certe enim alterum eorum ex *κ* vel *σ* manasse credibile est.

[81]) Velut uterque 9, 16 verba Graeca cum lacuna omisit. Atque etiam menda nonnulla hi soli communia praebent e.g. 7, 1 procurent] *procuremus.* 9, 18 tunc deinde] *tunc demum.* 12, 6 aliquem] *aliquando.* 15, 8 in quo] *etiam quo.* 16, 11 diem] *divinae* (bis). 16, 12 ὀνοχοίτης. Is erat] *onochorsitis erat.*

bus gemellos[82]) vel maxime propinquos esse hos libros probatur.

Ad hos familiaritate pertinet etiam illis vetustior *Ro-*
ρ *manus* (ϱ); nam omnes tres (ϱϰσ) inter se non raro consentiunt,[83]) quo consensu adducimur, ut ϰσ originem ex ϱ duxisse nobis persuadeamus.

β Deinde cod. *Bononiensis*[84]) (β) cum ϱ coniungendus est. Nam nonnulla communia habent,[85]) non paucas autem etiam discrepantias,[86]) ex quibus conici potest hos libros non artissimo societatis vinculo inter se coniunctos esse, etsi ad eandem stirpem redire videntur.

---

[82]) Vix alter ex altero descriptus est. Nam e.g. 11, 6 ϰ recte praebet *homini*, contra σ *bonum*. Praeterea ϰ multas transpositiones solus exhibet.

[83]) Satis habeo pauca adferre: 9, 13 quoque] *om.* 9, 14 botulos] *vetulos.* 10, 8 inde] *in.* 14, 1 eripitis] *recipitis.* Quod si quis conicere velit ϰσ descriptos esse ex ϱ, nonnulla huic opinioni obstant: primum, quod ϱ titulos illos capitum satis notabiles non praebet, tum quod intercedunt discrepantiae aliquot velut hae: 9, 16 ἤλαυνε] *enne* ϱ, *om.* ϰσ cum lacuna. 10, 1 desperat] *disparet* ϱ, *desperet* σϰ. Maxime autem memorabile est 10, 4 infitias ierit] *inficias erit* ϱ, *inscitia si erit* σ, *iustitia si erit* ϰ. Quae depravatio optime explicatur, cum σϰ non ex ipso ϱ ut parente, sed ex prognato aliquo ortos esse ut nepotes existimatur. Haec igitur cognationis forma fingenda videtur

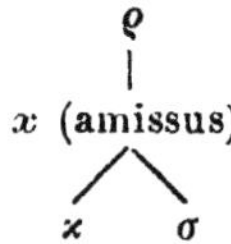

[84]) Kroymann I 33. Qui cum prima sola sex capita excusserit, equidem certe de hoc libro iudicare non ausim.

[85]) Eligo ex cap. 2: 2, 1 aliter] *om.* 2, 1 noxae] *nosse.* 2, 5 iactatur] *iactaret.* 2, 8 homo] *hic.* 2, 9 sed quia non requirendus inventus est] *om.* 2, 11 cogitis tormentis de confessione] *om.* 2, 18 quod quaedam] *quaedam.*

[86]) e.g. 2, 3 veritatem] β, *vitare* ϱ. 2, 6 tunc] β, *om.* ϱ. 2, 10 vero] β, *om.* ϱ. 2, 11 utique] β, *om.* ϱ. Maxime memorabile est 2, 8 omnis homo] *omnis hic* β, *hic* ϱ. Haud dubie fons codicis β iam exhibebat *omnis*, quod in ϱ deerat.

Ex Italicis libris praeter illos arte inter se cohaerent[87]) *Taurinensis* (ω) et ***Marcianus*** (υ). **ω υ**

Eiusdem familiae est cod. *Sandanielinus* 228 (Δ) paulo vetustior quam ω υ, ipse quoque titulis vacans. In solis enim Δ ω υ inveniuntur omissiones[88]) quaedam et menda[89]) communia. **Δ**

Alter cod. *Sandanielinus* 19 (*d*) eiusdem stirpis est atque *Britannicus* (μ), quem Mediolani scriptum correctumque[90]) esse commemoravi in p. XV[40]). Errores enim aliquot exhibent alibi non obvenientes.[91]) **d** **μ**

Cum μ (imprimis μ^2) saepissime facit cod. *Parisinus* 2616 (Γ), cuius lectiones nimis multas expressit Oehler, quae tamen pleraeque typis indignae sunt.[92]) **Γ**

---

[87]) Kroymann I 33sq. Tituli capitum in utroque (sicut etiam in β) desiderantur. Praeterea hisce ex mendis, quae alibi non reperiuntur, illos maxime propinquos esse evincitur: 7, 1 et post] *est post.* 9, 11 alvei] *alveum.* 11, 1 fuisse] *om.* 11, 12 adulteri] *adulterii.* 13, 7 simpulo] *simplo.* 15, 2 elogia] *elegia*, alia. Ceterum gemellos ω υ fuisse probabile non est, immo inter communem archetypum codicum et ipsos codices medium quendam librum fuisse.

[88]) e.g. 10, 6 *quod.* 12, 2 *ipsos.*

[89]) velut 9, 19 diligentissima] *dignissima.* 12, 5 solet] *soli.* 13, 7 epulo] *exulo.* Nota inprimis 10, 9 quis enim] *quis ex consuetudine humana enim*, ubi addita verba ex sequente versu iam in fontem communem irrepsisse in propatulo est.

[90]) Secunda manus (μ^2) magis facit cum $\Gamma \tau R^1$, cum prima (μ) propior sit codici *d*.

[91]) e.g. 10, 7 exceptus ab Iano] *ex Abiano d*, *ex ab Iano* μ^1. 12, 7 laudem] *laudis.* 15, 1 Cetera] *Vetera.*

[92]) De huius libri Italicis propinquis v. Kroymann I 33. Nonnulla cum cum λ habere vidimus p. XXII. Soli μ Γ menda exhibent huiuscemodi: 7, 1 inde] *Iudae.* 7, 6 debeatur] *adhibeatur.* 9, 16 ἤλαυνε] *emene.* 11, 13 adscivit μ^1] *abstruit* μ^2 *Γ.* Multa autem Γ solus omisit, multa transposuit, plura librarius mutasse videtur, velut 8, 4 possunt] *volunt.* 9, 7 optaverit] *exoptaverit.* Solus praeterea proprios capitum titulos nonnullos exhibet e.g. capitis 21 *De Christo et quid Christiani differant ab Hebraeis et de divinis personis*; capitis 43 (= 42) *Contra eos qui infructuosos dicebant Christianos.*

τ μΓτ Cum his non raro concordat cod. *Volaterranus* (*τ*), ut fiat concentus codicum *μ Γ τ*.[93])

γ Quomodo autem et hae et aliae deteriorum familiae similes inter se concordent, exponere desino, ne taedium lectori oriatur. Adiungendus autem illis est *Gothanus* (*γ*), quamquam paulo aliam originem habere videtur nec iam accurate dici potest, ex quo fonte ipse manaverit,[94]) idque eo minus, quod plures libros librario praesto fuisse ipse testis est.[95])

Huius apographon[96]) est *Erfortensis* 87, id quod, cum conferret, vidit Wissowa.

O^a Cum *γ* arte cohaeret *Oxoniensis* Balliol. 79 (O^a), quem hic illic etiam cum *λ* facere[97]) supra (p. XXI) monui. Aliquotiens ad alias deteriorum huius generis familias[98]) accedit.

---

[93]) e.g. 9, 10 et usui] *et suis*; ibid. signat] *signati*. 9, 15 oportebat ut foculum ut acerram] *ut foculum ut acerram oportebat* (μ^2). 10, 4 infitias ierit] *inficias si ierit* (μ^2). 10, 8 depalaverat] *debellaverat* (μ^2). 16, 5 improbamur] *improbandum*. 16, 8 incultas et nudas] *nudas et incultas*.

[94]) Saepius *γ* facere cum *λ*, maxime γ^2 cum λ^2 supra (p. XXI sq.) ostendi. Ceterum imprimis consentit cum stirpibus *ϱ ϰ σ* et *ω υ Δ*.

[95]) Ad cap. 10, 9 addidit in marg. *in omnibus libris*.

[96]) Praeterquam quod ubivis eadem fere exhibet uterque, in *γ* legitur 10, 9 ad verba *quo sum* (sic det. pro *quorum*) in marg.: *vel quorum, tamen 'quo sum' scribitur in omnibus libris*. Quae verba insulsus librarius codicis Erfortensis descripsit et scriptoris verbis inseruit. Item 13, 3 ad verba *ut supra praestrinximus* in *γ* librarius *supra* explicavit verbis (s. v.) *in principio*. Qua explicatione recepta nunc ibi legitur: *ut supra c. V in principio praestrinximus*. Plura adferre supervacaneum esse puto.

[97]) Ceterum sat multis propriis mendis inquinatus est, qualia per saeculorum cursum in apographa inrepere solent. Ad hoc probandum liceat mihi pauca adferre, quae ex Oehleri apparatu critico repetita sunt, quamquam non nescio illum non nimiam fidem mereri. Solus O^a omisisse videtur 5, 2 *ipsius*. 46, 1 *qui(s)*. 46, 8 *Croeso*; ibid. *certum*. 46, 9 *in omnes*. 49, 2 *nullo titulo*. Solus depravavit (vel ipse mutavit) 8, 8 sustinent] *cernunt*. 13, 4 caccabulum] *tactabulum*. 14, 7 destruebat] *destruxit*. 16, 12 ὀνοχοίτης. Is erat] *Onochoili erat*. Fortasse casu factum est, ut semel cum *Φ* faceret 22, 2 adsunt] *adserunt*.

[98]) Sunt *ϱ ϰ σ*, *ω υ Δ*, *d μ Γ*.

De codicibus ex *Π* (= *S*) non ipso pendentibus.

Optimus horum (etsi ipse non nimii pretii) est Montepessulanus (*M*), cuius progeniem et adfinitatem Kroymann[99]) cognovit. Etiam quod ad Apol. attinet, quem librum ibi a posteriore manu additum esse supra (p. XI[6]) commemoravi, ad eandem familiam pertinent cum *Neapolitanus* (*V*) et *Leidensis* (*L*), qui fratres germani putandi sunt, tum *Magliabechianus* (*N*). Omnes enim tres mire inter se consentiunt,[100]) qui ipsi ex *M* fluxerunt,[101]) etsi fortasse non ex ipso,[102]) sed per codicem quendam ex *M* descriptum. Certe ad recensendum scriptorem *NVL* adhibendi non sunt nisi inde a cap. 39, 3, ubi a *M* destituimur. **M** **NVL** **MNVL**

Ex amissis libris iam hic nominandus est *Gorciensis*, qui certe ad eandem stirpem[103]) pertinuit atque *M*, etsi, quae Rhenanus (in editione tertia) de eo profert, non raro coniecturae ipsius videntur esse ideoque fide carere. **G**

Ad unam eandemque familiam quovis modo cum *M* cohaerentem pertinent codices *Parisinus* 1656 A (*Q*), *Vossianus* 108 (*T*), *Parisinus* 1689 (*U*), ex quibus artius inter **QTU**

---

[99]) II 2sqq.; Praef. XIV sqq.

[100]) Pauca eligo: 7, 1 procurent] *occurrent.* 8, 5 qui — Christianus] *om.* 12, 7 quos certi sumus] *qui cernimus.* 15, 2 litterae] *om.* — Sed quod in *VL* eaedem voces saepius omissae sunt, cum *N* verba integra praebeat, qui in universum accuratius et melius scriptus est, sequitur, ut *VL* non ex *N* descripti sint. Qualiter autem hic pendeat ex *M*, exposuit Kroymann II 4sqq.

[101]) Consensionis codicum *MNVL* ex ingenti copia perpauca propono exempla: 7, 9 quid quod] *om.* 9, 2 proconsulatum] *proculatum.* 9, 4 differt] *offert.* 9, 19 tuti sumus. Quidam] *tutissimus quam.* 11, 5 factumve — ordinatum] *om.* 11, 8 vitem] *autem.* 12, 3 dei vestri] *domini.* 12, 7 certi sumus] *cernimus.* 13, 7 silicernium] *silice rituum* (*si liceri tuum L*). 16, 13 et planta] *et plane.*

[102]) Sunt enim loci, in quibus et *N* et *VL* corruptelas et lacunas praebent, quae in *M* non item apparent et ex eius verbis vix intelleguntur, si *M* fons fuit ipse.

[103]) Kroymann, qui II 7sqq. et Mus. Rhen. 1913, 135 accuratius de hoc libro egit, apographon illum fuisse codicis *M* suspicatur, sed confectum, priusquam alter corrector huius libri varias lectiones addidisset.

se cohaerent[104]) *TU*, qui tamen non orti sunt ex *Q*, sed paulo longinquiorem adfinitatem prae se ferunt. Horum multo maioris fidei *Q* est quam *TU*, etsi ipse nequaquam pretiosus. Ex ipso *M* neque *Q* neque *TU* fluxerunt,[105]) sed adfines eos esse constat.

W𝔖YZ Artioribus vinculis contineri videntur etiam codices *Admontensis* (*W*), *Salisburgensis* (𝔖), *Vindobonensis* (Y), *Erlangensis* (Z), quamvis diversis temporibus oriundi sint.

Ab altera parte horum stare videntur *W*𝔖, ab altera *YZ*, qui si non gemelli, at tamen maxime inter se propinqui habendi sunt.[106]) Ex hac stirpe *W*𝔖*YZ* ceteris vetustior et melior est *W*; nihilominus nullo fere loco ex illo solo genuina lectio proferri potest. Stirpes *MNVL* et *QTU*, quamvis saepe discrepent a stirpe *W*𝔖*YZ*, aliquotiens saltem cum hac concordant, unde conici potest omnes ad eandem adfinitatem pertinere.

ψ Agmen claudat *Ambrosianus* (ψ), qui nulli stirpi attribui potest. Nam miro modo fluctuat inter meliorum et deteriorum lectiones. Multo autem saepius ab omnibus, qui ad nos pervenerunt, libris discrepat mendis cuiusvis generis scatens.[107])

---

[104]) Tamen *U* non est apographon codicis *T*, nam non pauca in *T* solo desunt, quae in *U* integra traduntur. Veri autem simile est utrumque ad eundem archetypum recedere, non vero ut fratres germanos, ut qui vel aetate diversi sint.

[105]) Hoc vel inde evincitur, quod titulus capitis 21 in *M* deest, in *Q T U* exstat et alii tituli utrobique variant.

[106]) Nullus omnium codicum tot vestigia correctoris cuiusdam totque verba scriptoris libere immutata exhibet quot *Z*. Correctorem sane suo munere interdum etiam fausta Minerva functum esse concedi potest. Fit etiam, ut cum solo Fuldensi contra ceteros quantum scimus libros congruat e.g. 1, 1 ipso] *in ipso*. 1, 11 quia] *quod*. 6, 10 immolaretis] *immoletis*. 25, 13 ex illis] *exilis*. 45, 5 delitescendi] *delitescenti*. 47, 4 mutabat] *nutabat*; v. p. XXXIV[131]).

[107]) Codicem Ambrosianum a reliquis Italicis libris et qui cum iis faciunt multum distare iam Kroymann I 33 observavit. Cuius libri tituli capitum quidem plerumque congruunt cum *Π* eique propinquioribus; non

De codicibus, quorum lectiones tantummodo editionibus vetustis [108]) traduntur.

Editionem principem [109]) perscrutanti mihi probatum est **ed. pr.** eius fontem non iam exstare, sed manasse eam ex codice [1483] aliquo, qui plurimum accedebat ad *Γ* atque etiam eius agnatos *μτd* et ad stirpem *ρκσ*. Ed. Veneta Iohannis *Tacuini a. 1502.* [110]) non solum in titulis capitum facit cum ed. pr., sed etiam plerumque in verbis ipsis. [111])

---

raro etiam cum solis recentioribus deteriorum facit aut iis Italicis libris, qui a cod. *M* originem duxerunt (*NV*), sed rarius cum aliis congruit, multo saepius ab omnibus differt. Solus enim (ut perpauca adferam) omisit: 8, 1 *credenda.* 8, 3 *cum.* 8, 8 *erit.* 8, 9 *timent.* 9, 15 *et utique — humanus.* 11, 5 *secundum* ante *Platonem.* 11, 13 *homines.* 16, 10 *sed et plerique.* Solus prave exhibet: 7, 3 quot] *tot.* 7, 6 potuit] *potuitur.* 7, 12 ne primum] *primum ne.* 8, 2 modo] *vero.* 8, 7 panis] *pannus.* 9, 1 a vobis] *autem vobis.* 9, 5 inquitis] *inquietis.* 9, 16 incesti] *incerti.* 10, 6 non quo] *in quo.* 11, 6 de terra] *dextera.* Et talia innumerabilia fere reperiuntur, ut facile intellegas, quam parvi pretii hic codex sit.

108) M. Manitius, Hss. antiker Aut. in mittelalterlichen Bibl.-Katal. Leipz. 1935 p. 151—153. Equidem hic illas editiones strictim tractare cogor.

109) Exemplar huius editionis est in Bibl. Monacensi (Inc. s. a. 1117.). Deest nomen editoris, item annus editionis (fertur 1483.). Numerantur sicut in multis libris manu scriptis non 50, sed 46 capita, quorum ultimum cap. 45—50 complectitur. In fine legitur: *Impressum Venetiis per Bernardinum Benalium.* Aliud exemplar est in Bibl. Heidelbergensi. Quae editio deinde typis expressa est Mediolani a. 1493. per magistrum Uldericum Scinzinzeller (sunt exemplaria eius in Bibl. Dresdensi et Vindobonensi), est ed. pr. repetita perpaucis mendis correctis. Non cognovi ed. B. Locatelli, quae Venetiis a. 1494. prodisse dicitur; certe in Bibl. Germanicis non invenitur.

110) Contuli exemplar, quod est in Bibl. Gottingensi. Notitiam huius editionis, quae etiam Lactantium continebat, iam Bünemann habebat (Lact. ed. 1739. Praef. nr. 14).

111) Quae in ed. pr. menda aperte typographica erant, Tacuinus correxit, aliquotiens autem etiam peculiaria menda induxit vix ex mss. recepta fortasse uno excepto 10, 7 si quantum] *si quaeras*, quod ex *τ* fluxisse videtur, unde etiam in ceteras edd. vet. manavit. Ceterum ad codicum non iam superstitum notitiam haec editio nullius pretii est.

Eiusdem Tacuini ed. a. *1509.*,[112]) in multis correcta et mutata est. Tacuinus enim post priorem editionem codicem non iam superstitem adhibuisse videtur, qui simillimus erat codici τ et ei, qui fundamento erat editioni a. 1515.

Ed. *Aldina* (Veneta) a. *1515*. Iohannis Baptistae *Egnatii* innixa erat codice non iam superstite, qui adfinis[113]) erat codicis τ eiusque stirpis $\mu \Gamma d$.

Hanc Egnatii editionem ad verbum fere repetivit
R[1] *Beatus Rhenanus* in prima sua[114]) editione (Basileae 1521), qui cum in codicibus Hirsaugiensi (nunc amisso) et Paterniacensi Apologeticum non repperisset, satis habuit textum ab illo receptum reddere.[115]) Nec aliter egit in *altera*[116]) editione, quae prodiit Basileae 1528.

---

[112]) Praesto mihi erat exemplar Bibl. Paulinae Monasteriensis Guestphalorum. Non simpliciter prior editio hic repetita est; nam omissis mendis typothetae fortasse tribuendis inveniuntur in hac editione quae etiam ex mss. corrigi potuerunt, sed neque in susperstitibus libris nec in ed. pr. obveniunt. Contra nonnulla redeunt in ed. a. 1515. (= *R*[1]) alioquin satis diversa. Ad verbum fere hanc Tacuini editionem repetivit ed. Florentina a. 1513.

[113]) Ex ipso τ haec editio fluere non potuit, praesertim cum τ nonnumquam recta servaverit, cum Egnatius falsa praebeat, alia solus omiserit. In titulis vero capitum haec ed. ab omnibus et mss. et edd. discrepat; nam permultos proprios habet (2—22. 28. 30—34. 36. 43. 45) a reliquis prorsus diversos. Editionis principis Egnatium notitiam habuisse veri simile non est; nam ab illa eius editio multum distat. Repetita haec est a. 1535. Venetiis apud Aldum iisdem cum mendis.

[114]) Ubi adfero *R*[1], eadem est atque ed. a. 1515.

[115]) Kroymann II 7[2]; Praef. XVIsqq. Horawitz, Die Tertullianausgaben des B. Rhenanus (SB. acad. Vindobonensis 1872, 662sqq.). Praeter interpunctionem et res orthographicas non multum mutavit, et, quam securus fuerit in exprimenda Aldina, vel inde elucet, quod etiam idem mendum admisit in numerandis capitibus, cum aeque omisso numero 44 continuo 45 excipiat 43. Suas coniecturas et adnotationes *R* in margine addere solet, qui semel sane fontes aliquos designare videtur. Ad vocem enim *cauterio* 15, 5, ubi habet cum Egnatio *cantherio*, adnotat *quidam hic legunt eucterio.* Quae tamen lectio nusquam alibi reperitur.

[116]) Oehler et qui cum eo faciunt, falso tertiam (a. 1539.) alteram vocaverunt. In Praefatione alterius editionis Rhenanus gloriatur se sine

R^{3} Denique ad *tertiam* editionem a. 1539. lectiones codicis Gorciensis in usum vocavit (cf. p. XVI, XXVII).[117]) Repetita est haec in ed. Parisina Martini Mesnart a. 1545., quae olim Ioanni Gangneio adscribebatur.

Gelenius ad suam editionem (Basileae a. 1550.) adhibuit codicem Volaterranum[118]) τ, a quo ubi recedit, aut errore factum est aut coniectura fieri potuit.

Tum *Pamelius* ad editionem Parisinam (a. 1579.) hos codices nunc amissos se adhibuisse testatur (cf. Apol. p. 21): S. Bavonis Gandavensem, S. Amandi Elnonensem, Coloniensem,[119]) Leodinensem olim Torrentianum,[120]) Vaticanos tres, *quorum lectiones varias descripsit Alanus Copus Anglus.* Hos Vaticanos, quos ille aequo pluris pendit, proxime accedere ad κσ veri simile est. Minus confidenter[121]) de codicibus

---

praesidio exemplarium vetustorum (dicit Gorciensem) multa correxisse, non item in Apologetico, minus, ut ei videbatur, mendis obsito.

[117]) Ipse ante Adnotationes in Apol. (quae in prioribus edd. deerant) dicit: *Vix alibi sic nos iuvit collatio Gorziensis ut in hoc Apologetico.* Ipse tamen illum librum inspexisse non videtur; cf. Kroymann II 10sq.

[118]) Cod. Masburensis, ex quo Gelenius reliqua Tertulliani scripta emendaverat (Praef. p. 2), Apol. non praebebat. Ipsum Apologeticum ex recognitione Francisci Zephyri Florentini Gelenium dedisse recte vidit Oehler (*ed. mai.* p. XI. XV). Et mirandum sane est illum editorem, qui ingenii acumine alibi eminet, hic tam infidum testem tam constanter secutum esse. Innumeris enim fere locis τ et Gel. eadem omiserunt eademque erraverunt, ubi vero hic ab illo recedit, aut errore factum est, velut 15, 2 et Cybele — vobis] *om.* 16, 2 refert] *infert.* 16, 3 proptereaque] *propterea quod.* 16, 7 pars] *par*, aut coniectura fieri potuit, velut 7, 5 trahens] *vendens.* 10, 7 eiusmodi] *huiusmodi.* 11, 4 ministeria] *mysteria.* 11, 10 hinc] *hic.*

[119]) Hunc per Melchiorem Hittorpium subinde se consuluisse dicit ille quidem, sed mirum est, quod ex hoc libro nullam lectionem attulit, cuius notitiam Pamelio fecit Modius (cf. P. Lehmann, Franciscus Modius als Handschriftenforscher, München 1908, p. 99). Ipse Modius Coloniensem contulit, ut apparet ex epistula circa a. 1579. ad Pamelium scripta, quo auctore se codicem consuluisse dicit (ibid. 79).

[120]) Etiam hunc librum nominavit Pamelius in *Notarum explicatione* p. 21, sed nihil ex illo protulit.

[121]) Aliquotiens enim cum *Π* et aliis melioribus consentire videntur velut in reddendis Graecis 9, 16 et 16, 12. Sed quod saepius cum det.

Gandavensi et Elnonensi iudicium ferre audeo, ut qui rarius a Pamelio allati sint.

Nec certius iudicari potest de codice *Bongarsii*[122]), quem Desiderius *Heraldus* in sua ed. (Par. 1603) se adhibuisse testatur, aut de iis libris, quos *Nicolaus le Nourry* ad dissertationem, quam de Apologetico scripsit (Oehleri *ed. mai.* III p. 79 sqq.), adhibuit.[123])

Φ De codice Fuldensi.

Ipse codex bibliothecae monasterii Fuldensis, in quo Apologeticum et liber Adv. Iud.[124]) inerant, periit saeculo XVII., cum illa bibliotheca dispergeretur, nec quicquam de eius aetate aut origine traditum est. Sed habemus lectiones eius variantes, quas Franciscus Modius[125]) Brugensis, cum a. 1584. Fuldae versaretur, ad exemplar editionis Renati Laurentii de la Barre (Par. 1580) ex eo collegerat et, ut videtur, in unum corpus contulerat.[126]) Hoc postea (fortasse

---

concordant, iudicium malo cohibere. Ceterum totum spectanti Pamelius, qui Zephyri paraphrasin saepe laudat, recensionem autem Gelenii impugnat, aliquantum videtur profecisse, cum optimos libros (imprimis *Π*) adferret, etsi quanti valeret *Π*, nondum perspexerat.

[122]) Nonnullis locis cum *ψ* facit e. g. 4, 12 uterque solus praebet *prohibet* pro *vetat*, 40, 3 *Choo* pro *Co*, bis cum *O*ª 7, 12 *unum ne* pro *ne primum*, 9, 16 ἔμενε pro ἤλαυνε. Alia menda aut solus aut cum aliis deterioribus praebet.

[123]) Praeter alios libros nobis quoque notos habebat codicem saec. XI. (ut iudicat), quem ei suppeditavit Achilles Harlaeus (p. 119), et varias lectiones codicis Murbacensis, quem saec. XI. aut XII. tribuit, et codicem Iusti Fontanini Romani, de cuius aetate iudicium non fert. Ceterum quae Le Nourry ex his libris protulit non eiusmodi sunt, ut quanti et cuius familiae fuerint, perspici possit. Certe nullam lectionem commemoravit aliunde non notam.

[124]) Kroymann (Mus. Rhen. 1915, 358 sqq.) codicem Parisinum 13047, qui saec. X. vel prioris aetatis est, partem libri Adv. Iud. continere docuit. Quem codicem, cum mirum quantum cum codice, qui fertur Fuldensis, concordet, ad corpus aliquod apologeticum Tertullianeum redire censet iam vetustissimis temporibus collatum.

[125]) Lehmann l. l. 152 sqq.

[126]) Schrörs 2.

a. 1591. vel 1592.) Marco Welser,[127]) patricio Augustano (1558—1614), tradidit, a quō schedas sive ipsas sive descriptas accepit Gasparus Scioppius (Schoppe, c. a. 1595.), unde ab antiquis editoribus schedae Scioppianae[128]) vocatae sunt. Qui vir doctus illas misit ad Franciscum Iunium Leidensem theologum, qui tum Tertulliani scripta editurus erat. Sed cum editio eius prope iam confecta esset (prodiit Franekerae 1597), satis habuit indiculum illarum lectionum in appendice alterius tomi editionis suae addere, et ex hoc indiculo solo notitiam habemus collationis Modianae, cum ipsae schedae Scioppianae perierint. Quaeritur autem primum, indiculusne ille Iunii solas Fuldensis lectiones contineat an etiam aliunde petitas. Iunius enim in fine editionis admonitionem[129]) adiunxit, in qua insunt haec verba:

---

[127]) R. Hoche, Allgem. deutsche Biographie XXXIII 479, quem tamen fugit illas schedas a Modio originem duxisse.

[128]) Unde error Oehleri (ad Adv. Iud. 6) ortus sit, qui opinabatur in bibl. Seminarii Patavini has schedas a lectionibus Iunii discrepantes adservari, docuit Kroymann in Mus. Rhen. 1915, 366.

[129]) *Christiano Lectori S.*

Quum hoc Septimii Tertulliani opus totum iam adornatum esset, commode scripsit e Noricis iuvenis eruditissimus et horum studiorum amantissimus Gaspar Schoppius Francus ad me, et se instituto meo faventem praebuit officiosissime. Misit enim opportune accessionem huius operis non contemnendam, quam cum meis notis et observationibus publico iuri addicerem. Est autem haec accessio, variantium lectionum in Apologeticum et librum adversus Iudaeos indiculus, quas ex MSS. membranarum collatione ante complureis annos praesertim ex MS. Fuldensis συμβολῇ, vir doctissimus Franciscus Modius Brugensis observaverat. Habuerat eas apud se vir amplissimus M. Velserus Augustanus Consularis et Annalium scriptor accuratissimus perdiu. Et ne semper iacerent otiosae, cum Schoppio antiquitatis scientissimo amice communicaverat. Horum itaque fide, Christiane Lector, visum est variantes lectiones illas reliquo operi nostro adtexere, et suo auctori reddere: quod officium nec illis ingratum confido fore, a quibus oblatum est, nec inutile Reip. litterariae nostrae. Habet enim hic Indiculus variantes lectiones sanequam optimas, et quae auctoris stilum tam sapiunt quam quod maxime. Id quidem verum est collationem fuisse factam cum eo exemplari quod Renatus Laurentius Lutetiae Parisiorum anno MDLXXX

quas (lectiones) *ex MSS. membranarum collatione . . . **praesertim** ex MS. Fuldensis* συμβολῇ *vir doctissimus Franciscus Brugensis observaverat.*

Fuerunt, qui ex plurali *membranarum* et voce *praesertim* colligerent Modium non solum Fuldensem, sed etiam alios libros mss. nobis ignotos excerpsisse lectionesque eorum in illo indiculo protulisse. Quam opinionem, olim iam ab Oehlero refutatam, sustineri non posse[130]) mihi constat, immo Modii variantes pro Fuldensi habendas esse. Sunt sane in illis circiter 37 lectiones cum aliis mss.[131]) concordantes levioribus omissis. Sed omnes fere eiusmodi sunt, ut casu cum Fuldensi congruere possint, praesertim cum prae multitudine lectionum omnium ab Iunio allatarum et prae multitudine codicum Apologetici tantopere aetate distantium ille numerus satis exiguus sit.

Deinde quaeritur, an satis fideliter quae Modius excussit nobis tradita recteque ex verbis eius lectiones codicis collectae sint.[132]) Quod ut diiudicemus, feliciter evenire videtur,

---

Barraeo auctore ediderat. Quod exemplar multis modis superavit Pamelianae editionis fides, quae post biennium ferme sequuta est. Atque hinc factum, ut auctoris verba, ad quae variae lectiones adscribuntur, Parisiensi illi editioni respondeant. Sed haec res adiumento potius Lectori diligenti, quam impedimento futura est. Sic enim videtur magis publico commodatum esse, quum et Barreanae lectionis habentur rudera, et Pamelianae emendationes (quarum multae praerogativo suffragio optimi illius MS. Fuldensis et auctoritate firmantur) ante oculos sunt, et multae etiam longe meliores utraque illa ex ms. proferuntur. Nolui gravissimo auctori rem suam, Schoppio nostro et aliis per quos res haec collata est laudem suam, pio Lectori fructum suum intervertis: cum iuris praeceptum commune sit, IVS SVVM CVIQVE TRIBVERE. Tu itaque, Christiane Lector, his feliciter utere et Vale.

[130]) Iustis causis eam impugnavit imprimis Schrörs 4sqq.

[131]) Repperi 8 locos, ubi *Z* (v. p. XXVIII) solus, 4, ubi ψ solus cum Fuldensi facit, ille per coniecturam librarii, hic casu. Alibi alii deteriores cuiusvis generis sive ad eos accedunt sive ipsi concordant.

[132]) Negavit hoc Martin (p. 9) nonnulla recte a Modio notata falso postea tradita esse adserens, velut 14, 2 in Φ fuisse secundum Modium autumat *ne interimeretur* ⟨*a Diomede*⟩, 22, 6 vocem *oblata* in Φ omissam

quod habemus partem apographi collationum Modianarum ab alia manu confecti.[133]) Inest enim in bibliotheca urbana *Bremensi* ms. saeculi XVI. (C 48), quod paginis 131—146 **Φ^b** collationem Modii capitum 1—15 continet titulumque in capite (p. 131) praebet: *Variantes lectiones in Tertulliani Apologeticum adversus gentes et Librum adversus Iudaeos ex manuscripto Fuldano*[134]) *longe optimo. Collatus est autem ille scriptus codex cum editione Renati Laurentii Paris. a° (15)80.* Librarius cum exarare inciperet, nondum noverat Iunianae editionis appendicem, sed dum scribit, de ea certior factus, cum usque ad finem capitis 15[135]) venisset, abrupit additis verbis *Cetera vide in editione Iuniana*, unde evincitur hunc codicem non ipsum esse Modii apographon, id quod confirmatur insuper multis differentiis,[136]) quae inter *Φ* et *Φ^b* reperiuntur. Immo veri simile est collationis Modianae plura apographa facta esse, quorum ex uno *Φ^b* originem duxit. Sed quod *Φ^b* habet nonnulla lemmata, quae in *Φ* desunt, in promptu est conicere schedas Scioppianas ad Iunium missas neque ipsas Modii collationem fuisse neque apographon ex illa ipsa confectum. Certe vero constat Iunium non ipsam ubique reddidisse Modii collationem,[137]) *Φ^b* autem non solum accuratius confectum apographon illius collationis esse, sed etiam quae de *Φ* a Iunio tradantur maxima cum cautione et diffidentia accipi debere, ubi a *Φ^b* destituimur.

Ad id probandum iuvat etiam in comparationem vocare parvum aliquod fragmentum *Rhenaugiense.* Inest **Σ** enim in bibliotheca cantonali Turicensi ms. (XCV), olim

---

fuisse Modium non testari, 41, 2 *si qui*, non *qui* in *Φ* secundum eundem fuisse, 42, 9 verba autem *laeduntur*, *sufficit*, *si cetera* non in *Φ* fuisse, sed Modio deberi. Quae omnia mihi incerta videntur.

[133]) Errat P. Lehmann l. l. 80 [5] opinatus codicem Bremensem continere partem ipsius Modii collationis: Wa. C. F. 16 sqq.

[134]) Vel hinc apparet Modium non plures libros mss. excussisse.

[135]) Ultimum lemma est: *repercussis tamen.*

[136]) Varias illas lectiones Wa. C. F. 21 et Martin 6 recensuerunt.

[137]) Exempla cum dederit Wa. C. F. 20 sqq., repetere supersedeo.

coenobii Rhenaugiensis, quod praeter alios scriptores Latinos p. 175—184 continet Apologetici cap. 38—40[138]) usque ad verba *tantos ad unum*. Quod fragmentum[139]) non pars est alicuius amissi codicis, sed excerptum compilatoris cuiusdam, qui ex compluribus scriptoribus ad suum usum varia congesserat. Ut omittam quae incuria in Σ depravata[140]) vel ex libidine immutata videntur (a Iunio pars horum lemmatum omnino non commemoratur), nonnullas praebet variantes, quae ab iis, quae Iunius tradidit aut reticuit, distantes mentione dignae,[141]) fortasse etiam genuinae[142]) sunt. Tales discrepantias, cum in duobus capitibus plures obveniant, innumerabiles fere toto libro fuisse credendum est, iisque confirmatur id, quod supra statuimus, ex Modianis apud Iunium vestigiis genuinam Fuldensis formam percipi non posse.

Quod idem fortasse etiam magis colligi potest ex iis lectionibus editionis Barraeanae, ad quas variantes ex Φ
(Φ) Modius adferre omisit, ut ex eius silentio codici Φ videantur adscribi debere. Inviti enim adducimur, ut credamus

---

138) Huius fragmenti collationem suam publicavit A. Souter (*Journ. of theol. Stud.* 1907, 297—300 et repetivit Wa. C. F. 484sq.), qui librum saec. X. attribuit. Praeterea praesto mihi erat collatio ab Ed. Woelfflino a. 1864. Turici confecta a Souteri collatione in nonnullis rebus discrepans, e.g. 40, 2 illo teste Σ *inclamant* habet cum Φ, non omisit; 38, 5 verba *decernere voluptatis veritatem id est* lacunam praebent, cum Souter lacunam non significaverit; ibid. Σ habet *oblectari* (*oblectare* Φ), quod Souter omisit.

139) Σ non ex Φ ipso, sed ex alio eiusdem recensionis rivulo fluxisse censet *W*³, qui in p. LVI stemma codicum dubitanter sane delineavit.

140) Sunt 30 fere, velut 38, 2 contiones] *conditiones*. 38, 3 nobis] *vobis*. 38, 5 reprobamus] *probamus*. 39, 7 alterutrum] *alterutro*. 39, 8 quam quod] *quam cum*. 40, 2 stetit] *non stetit*.

141) Sunt 12, in his 39, 6 conflictatur] *conflictantur*. 39, 7 ipsi enim] *ipsi enim sunt*. 39, 18 de scripturis sanctis (Φ)] *de scripturis divinis* (cf. cap. 20, 1). 39, 19 in inceptiones] *ad inreptiones* (quod coniecit etiam Scioppius apud Iunium).

142) 38, 5 oblectare] *oblectari*. 39, 8 censemus] *censemur*. 39, 9 quando nunc] *quanto nunc*. 39, 13 quam (Φ)] *quas*. 39, 20 merito damnanda] *merito sane damnanda*. 40, 1 sane (Φ)] *plane*.

Modium, qui tot viles attulerit, tot graviores[143]) silentio praetermisisse. Sed harum nulla est — et id mihi maximum inicit scrupulum — quae non etiam in aliis codicibus et plerumque infidis (velut *Γ*) redeat. Inde fit, ut huic traditioni, quae vocatur indirecta, summe diffidendum sit, cum nesciatur, illaene lectiones ex Modii silentio Fuldensi adsignatae re vera in illo fuerint. Inclinat igitur animus, ut omnes ut dubiae eliminentur. Sed ne hoc faciamus, impedimur satis magno numero locorum, qui nisi per hos incertos testes sanari non possunt.[144]) Quae cum ita sint, invitus adductus sum, ut omnes illas discrepantias adferrem. Tum vero consequens erat, ut etiam adderem, si qui codd. (vel edd.) congruerent. Quae ratio sibi constantior videtur quam quae apud alios editores adhibetur velut apud Wa.[1], qui, non raro coactus (*Φ*) sequi, tamen 198 lectiones obscurae illius originis ex apparatu critico ipso eiectas ut viles minutis litteris separatim adnotavit, sed cur spreverit, reticuit.

De duplici Apologetici recensione.

Non solum quod pro ratione traditionis non iam certo statui potest, quae fuerit codicis Fuldensis effigies, sed aliis quoque de causis (imprimis nimirum, quod ibi veris falsa ubique admixta videntur) de pretio eius prorsus diverse iudicatum est,[145]) ex quo apud viros doctos Iunii indiculus

[143]) Minime enim semper agitur de lectionibus aperte falsis vel de solo diverso verborum ordine, sed non paucae aut genuinae aut certe eiusmodi sunt, ut de sinceritate possit dubitari, etsi plures evidenter pravae videntur.

[144]) e.g. 6, 6 *qua.* 9, 1 *quo.* 12, 1 *quid.* 18, 5 *Pisistratum.* 19, 5 *reseranda.* 19, 7 *partem.* 21, 19 *qui id.* 21, 21 *custodia.* 25, 7 *terra.* 26, 1 *ille.* 30, 6 *cur.* 45, 7 *pro scientiae.* 49, 1 *haec.* 49, 2 *tuemur.*

[145]) Pauca hic et in sequentibus referre velim de illa quaestione saepissime tractata relegans imprimis ad Thörnelli *Studiorum Tertullianeorum partem quartam* (1926). Primus Heraldus (ed. 1603) aliquot Fuldensis lectiones commemoravit (7, 7 p. 54; ad 37, 2; 38, 1), tum Rigaltius, maxime autem Hav. iis pondus attribuit; nostris temporibus aliis plus Callewaert, Esser, Rauschen (1919).

ille lectionum in censum venit. Et quaerebatur, num ubique sequendus esset, si exceperis errores, quales exhibere solent codices vel optimi. Quod cum adfirmarent nonnulli viri docti, qui sibi persuaserant interpolationes in *Φ* in universum deesse, alii non omnino ausi sunt negare illum interpolationes praecipue in extrema[146]) Apologetici parte exhibere. Quaerebatur praeterea, num utraque recensio (per *Φ* et *Ω* repraesentata) ad manum scriptoris rediret, et hoc concesso, utra prior esset. Ac priorem scriptoris ipsius recensionem reddere *Φ*,[147]) posteriorem *Ω* iam Havercamp[148]) et Oehler[149]) suspicati sunt argumentis sane non additis, quae tamen opinio in oblivionem venit, cum alii illam, alii hanc defenderent, sed unam scriptori attribuerent. Duplicem scriptoris recensionem etiam negavit Waltzing, qui copiosissime de Fuldensi disputavit. Praetulit autem in universum *Φ*, quamquam utrobique menda irrepsisse monebat. Sed cum Apologeticum primum ederet (1914) secundum *Φ*, apparuit fieri non posse, ut perpetuo illum codicem sequeremur. Nam quantum aestimo, non minus 178 menda in *Φ* reperiuntur, quorum magna pars nimirum sunt menda scripturae[150]) qualia in omnibus libris habes, alia autem merae

---

[146]) De cap. 48 Callewaert II 3sqq. negavit, sed si usquam, hic duplicem subesse recensionem apparet.

[147]) Inde non iam discernam inter *Φ* *Φ*ᵇ *Σ*, sed pro uno habebo.

[148]) In editionis suae (1718) Praef. p. 7 et ad cap. 34, 4 p. 292.

[149]) In *ed. min.* (1849) Praef. p. VI. Postea iudicio mutato in *ed. mai.* (1853) I p. XIX eos editores impugnavit, qui Fuldensis lectiones Vulgatae anteponerent.

[150]) e. g. 1, 1 nimis] *animis.* 1, 9 gloria] *gloriae.* 2, 15 soli] *solos.* 2, 19 damnetur] *damnet.* 6, 7 prospecte] *specte.* 7, 3 quot extranei] *tot extranei.* 7, 6 divinitus] *divinitas.* 7, 7 nisi si] *nisi.* 9, 8 utero] *uterum.* 9, 15 quidem] *quid.* 9, 18 cuius] *cuiusque.* 14, 6 prodi] *proinde.* 16, 3 eidem] *eodem.* 23, 12 si nunc] *sine hunc.* ibid. potius] *ocyus.* 23, 15 nominatione] *dominatione.* 24, 3 suspici] *suspicari.* 32, 3 id iuramento] *adiuramento,* alia multa. Omissa sunt errore e. g. 2, 12 *iudicatis.* 4, 1 *esse — optimos.* 4, 10 *numerus.* 5, 1 *deo.* 7, 3 *apparuit.* 17, 4 *comprobemus.* 21, 10 *Zeno.* 21, 11 *spiritum.* 22, 6 *oblata.* 23, 6 *demonstrator.* 24, 8 *per.* 30, 1 *deus — omnes.* 46, 11 *et doleret, si non esset.* 47, 6 *alii corporalem.* 48, 4 *quod.* 50, 11 *pati,* alia.

corruptelae.[151]) Certe plura errata vel peccata in Φ reperiuntur quam in Ω. Equidem enim in Ω non amplius 42 locos invenio, qui solo Φ corrigantur, in quo numero insuper meri errores[152]) insunt, pauciora errata mendave.[153]) Sed his mendis erratisque alterutrius recensionis molestiores sunt udituro illae variae lectiones, quae utrum interpolatori alicui, de quo nonnulli cogitaverunt, an scriptori attribuendae sint, diiudicari non potest. Quamvis enim subtiliter inquiramus in usum scribendi scriptoris et excutiamus, quae pro alterutra lectione prolata sint, saepe finis is est, in quo non acquiescas, ut in eodem contextu propter leves diversitates, si tamen subsunt, modo hunc modo illum testem sequaris[154]) aut primo illum, post mutata sententia hunc.[155]) Quae ratio vitari vix potest, nisi eam viam sequemur, quam Thörnell in *St. Tert.* IV ingressus est.[156]) Qui id quod alios suspicatos esse commemoravi (p. XXXVIII) subesse duplicem recensionem, quarum utraque recederet ad scriptorem,

---

[151]) e. g. 18, 7 subscriptum] *rescriptum.* 21, 16 ne enim intellegerent] *nec intellexerunt.* 21, 17 sequebatur] *insequebantur.* 37, 6 suffudisset] *suffudisset pudor.* 39, 3 inculcationibus] *in compulsationibus.* 39, 18 deo] *de deo.* 42, 6 nos coronam naribus novimus] *vos enim non novimus.* 45, 6 brevitate] *veritate* et alia.

[152]) Cf. 9, 7 si quid] *si quidem.* 9, 9 et alterutro] *ex alterutro.* 9, 10 usui] *sui.* 9, 11 cruditantes] *cruditantibus.* 16, 2 fontis] *fontibus.* 17, 3 hoc est quod] *hoc quod est.* 18, 3 observatis] *observantibus.* 20, 5 futuro] *futura.* 21, 8 humana] *numina.* 38, 5 novissime] *novisse.* 42, 7 sumam tura] *sumantur.* 46, 17 excidere] *excedere.*

[153]) Cf. 2, 20 valde ineptum *e. q. s.*, qui locus mire vexatus et identidem varie tractatus est. 39, 14 convivatur] *conviolatur.* 41, 1 publicorum] *rei publicorum.* Falso inserta esse videntur 4, 2 *illos.* 21, 18 *Iesum.* 23, 10 *verum.* 25, 12 *age.* 45, 5 *et.* 47, 3 *ex.* Omissa sunt verba 1, 11 *ignaviam.* 3, 1 *miror Lucium.* 3, 4 *eiecit.* ibid. *iam.* 4, 1 *non.* 23, 6 *vitae.* 25, 8 *et.* 48, 4 *in.*

[154]) Hoc ne recentissimi quidem editores post Wa. velut Colombo aut Martin vitare potuerunt.

[155]) Quod in multos cadit, velut in Wa. et Rauschen, qui tamen conversi sunt, ille a Φ ad Ω, hic ab Ω ad Φ.

[156]) Recensui illum librum in Gnomone 1929, 559 sqq.

prior *Φ*, posterior *Ω*, argumentis probavit. Per se sane aliquid miri habere videtur duplicis recensionis opinio. Sed Tertullianum ipsum, qui non solum Latine, sed etiam Graece scripsit, nonnulla pluries, libros *Adv. Marcionem* etiam ter litteris mandavisse in memoriam revocandum est. Eorum autem, quae in Apologetico conscripsit, paulo ante magnam partem etiam in libris *Ad nationes* dederat non veritus in posteriore opere saepe iisdem enuntiatis vel locutionibus uti atque in priore. Ita utrobique 'loci gemelli' esse videbantur, qui adiumentum praebere dicebantur ad diiudicandum, utra lectio genuina esset.[157]) Sed dolendum erat, quod loci ex illis libris (*Ad nat.*) petiti non constanter cum alterutra recensione (aut *Φ* aut *Ω*) faciebant, nimirum, quia scriptor ex memoria, opinor, quae paulo ante conscripserat repetens raro ad verbum sua rectractaverat, sed plus minus novaverat sive ordine verborum mutato sive vocabulis in libro illo ad Romani imperii antistites (Apol. 1, 1) directo sublimiori generi dicendi accommodatis. Quam rem dudum notam Thörnell l. l. dilucide oculis proposuit, ut saepe vel triplex scriptoris elocutio appareret, qui primum *Ad nat.* libros, deinde priorem *Apologetici* recensionem *Φ*, deinde posteriorem *Ω* confecerat. Cur autem scriptor priora ita mutaverit, non raro coniectari potest, sive quod inusitatius vel minus aptum aut commodum dictum postea usitatius vel limatius reddidisse videtur, sive quod meliorem clausulam aut figuram homoeoteleuti substituit. Nonnumquam sane causam dictionis ita mutatae incertam esse libere confitendum est. Nam si, id quod Thörnell docuit, prior recensio in universum neglegentius et minus polite conscripta est, cur tamen nonnumquam in altera, quae habetur correcta, aliquot lectiones occurrant in peius mutatae, recte mireris. Et occurrunt,[158]) nec tamen tot et

---

[157]) Hartel l. l. passim. Löfstedt, Tert. Apol. II 21 sqq.

[158]) e. g. 12, 2 *nihil aliud reprchendo quam materias sorores esse* (*om. Φ*); *vasculorum.* 18, 8 *monumenta reliquit* (*om. Φ*) *hodie* . . Multo maioris momenti est 9, 2 *patriae nostrae Ω*, pro *patris nostri Φ*. Nam huic

tales prae numero aliarum, ut iis duplicem recensionem (non dico editionem) prohibeamur sumere. Remotis enim erroribus vel mendis apertis non minus 500 varias lectiones[159]) utrobique numero, quae Tertullianeae iudicari possunt nec tamen ad eundem archetypum reduci.[160])

---

lectioni per Hieronymum (Vir. ill. 53) testantem Tertulliani patrem fuisse centurionem proconsularem fides fieri videtur, cum altera (*patriae nostrae*) suspicionem moveat. Item 21, 20 *militari manu custodiae* Ω pro *militaris custodiae* Φ, et 44, 3 quod praebet Φ *nisi hoc tantum* brevius et aptius dictum videtur quam *nisi plane tantum Christianus* Ω, 47, 9 *ne . . ex varietate defectionem vindicet veritatis* Φ planius quam *ne . . ex varietate defensionum iudicet* (vel *vindicet*) *veritatem* Ω. Quid quod 25, 10 pro *indigitamenta* Φ substituit Ω *indigenis*, quod non solum dubitationem movet, sed etiam vix errore ortum est. Suspecta est etiam lectio Vulgatae 25, 5 *rei publicae exempto* propter insolitum usum verbi eximendi. Quod sane E. Köstermann (Mus. Rhen. 1937, p. 233sqq.) de hoc loco disputat interpolatum eum esse, quia Tert. vocem rei publicae vitet, errat. Nam redit Apol. 44, 1 (in Φ et Ω!), Anim. 30 p. 350, 8 al. eadem sententia qua illic. Et alia fortasse reperiuntur etsi his leviora.

[159]) Has pertinere ad posteriorem Apologetici recensionem non a scriptore confectam, sed fortasse non ita multo post eum ortam, utramque autem seorsum esse traditam et a suis correctoribus immutatam, ita tamen, ut Φ sinceriora servaverit, imprimis Wa. C. F. 29 sqq. opinatus est. Sed illos correctores sive interpolatores adeo in sermone Tertullianeo versatos fuisse, ut nusquam fere ab eo aberrarent, non facile adducimur, ut credamus.

[160]) Martin (p. 11) Φ et Ω ex eodem archetypo fluxisse ratus sagaciter ex communibus utrique mendis, quid in illo fuerit, studuit demonstrare. Tamen ex posteriore certe parte Apologetici (velut 35, 2. 5. 7. 46, 18. 48, 2) tot et tantae discrepantiae utriusque recensionis restant, ut ad eundem archetypum reduci posse non videantur. Pasquali, qui in universum Thörnelli sententiam supra (p. XXXIX sq.) adumbratam bene stabilitam iudicat (p. 51. 55), a scriptore ipso illam Fuldensis recensionem editam non esse opinatur, non quod minus polita sit quam altera, sed quod Fragmentum quod vocatur Fuldense importuno loco (cap. 19, 1) insertum praebeat, quo scriptor rem alibi tractatam quemvis ad finem in chartam coniecisset, immo publicatam esse ab homine quodam non nimis acuto, Fragmentum autem postea fortasse quovis modo inditum esse; certe Φ et Ω non ex eodem archetypo pendere, sed librum ex archetypo vulgatae recensionis prognatum postea cum Φ vel libro eius simili contaminatum esse.

Clausulae autem utriusque recensionis idem fere valent.[161]) Quare impellimur, ut utramque recensionem conemur restituere, ne aut cum aliis[162]) editoribus Fuldensis lectiones omnes fere vel plerasque reiciamus aut cum aliis et pluribus recentium constanter altera alteris misceamus, quoniam tertia ratio Fuldensem per omnia sequendi negata est.

Ante tamen testimonia illa proferamus, quibus adiuvari recensendi negotium vulgo existimatur. Praeter libros enim *Ad nationes* solent adferri ad hanc quaestionem solvendam primum fragmenta interpretationis Graecae[163]) Apologetici, quae in *Eusebii* Hist. eccl. leguntur. Ex hac, quae satis fida videtur fuisse, sed eiusmodi, ut interpres nonnullis locis verba Latina, quae non satis intellegeret, aut libere verterit aut in suum usum mutaverit,[164]) quinque locos reddidit Eusebius, quorum sane complures[165]) nihil fere ad nostram rem faciunt, nonnulli[166]) autem fidem

---

[161]) Quod nonnulli viri docti (velut F. di Capua et Löfstedt, Tert. Apol. I 13 sqq.) sibi persuaserant Φ in universum meliores exhibere clausulas quam Ω, erraverunt. Postquam enim Wa. C. F. 398 sqq. in clausulas Apologetici inquisivit, ita tamen, ut certum argumentum praestantiae alterius utrius recensionis eruere non posset, ego rem denuo tractavi (Beitr. z. Spr. u. Kritik Tert.s, Lund 1932, p. 54 sqq.), et quod invenerat ille quidem, nec tamen ipsis verbis edixerat, statui clausulas utrobique eiusdem fere pretii esse, ut hinc nihil ponderis adferatur.

[162]) In his sunt Woodham (1843), Oehler (1853), Kayser (1865), Hurter (1872), Bindley (1889), Vizzini (1901), Mayor (1917), Souter (1926), inter se tamen, ut par est, magnopere discrepantes.

[163]) Hanc prima parte tertii saeculi ortam esse probavit Harnack, Die griech. Übersetzung des Apol. Tert.s (Texte und Unters. VIII 4).

[164]) Harnack l. l. 24. Löfstedt, Tert. Apol. I 24 sqq.

[165]) Eus. II 2, 6 εἰσελήλυθεν = Apol. 5, 2 *intravit* Φ, *introivit* Ω. Eus. III 20, 7 ἅτε ἔχων τι συνέσεως = Apol. 5, 3 *quia homo* Φ, *qua et homo* Ω. Eus. III 30, 3 λοιπόν videtur vindicare Apol. 2, 6 *de cetero* Ω, non *de ceteris* Φ.

[166]) Eus. II 2, 6 τοῦ δόγματος τούτου = Apol. 5, 2 *istius* (*ipsius* Ω) *divinitatis*. Eus. II 25, 4 τοιούτῳ τῆς κολάσεως ἡμῶν ἀρχηγῷ = Apol. 5, 3 *tali* (*sed tali* Ω) *dedicatore* e. q. s. Eus. V 5, 7 ἕπονται = Apol. 5, 7 *executur* (*exercent* Ω).

codicis Fuldensis confirmare videntur, ut iam tertio saeculo illa Apologetici recensio nota fuisse existimari possit. Ceterum illa testimonia nimis exigua sunt, quam ut maior inde fructus percipiatur. Quod idem cadit in eosdem locos, quos *Rufinus* in suam Eusebii interpretationem recepit. Ille enim aut vertit, quae Eusebius ex illa Apologetici Graeca translatione attulerat,[167]) aut ipsius Apologetici verba reddit, cuius exemplar in manibus habebat,[168]) aut satis habet verba Tertulliani circumscribere. Ita fit, ut fortasse uno[169]) excepto ne testimonia quidem a Rufino prolata ad nostram quaestionem solvendam multum prosint. Nec aliter fere iudico de maiore testimonio, quod adfertur ex libro, qui vocatur *Altercatio*[170]) *Heracliani laici cum Germinio episcopo Sirmiensi*, in qua unus Apologetici locus (21, 12—14 *et Christus est*) redit, sed ita,[171]) ut nonnulla

---

[167]) Harnack l. l. 30 sqq. et Gesch. d. altchristl. Lit. I 686 sq. Löfstedt, Tert. Apol. I 22 sqq.

[168]) Hier. Epist. 5, 2.

[169]) Rufin. II 2, 6 = Apol. 5, 2 Φ 'Tiberius ergo, cuius tempore nomen Christianum in saeculum intravit (*introivit* Ω), adnuntiata (*adnuntiatum* Ω) sibi ex Syria Palaestina, quae (*quod* Ω) illic veritatem istius (*ipsius* Ω) divinitatis revelaverant (*revelaverat* Ω)'. Inde nescio an conici possit exemplar Apologetici, quod Rufinus habebat, propius ad Φ quam ad Ω accessisse.

[170]) Edidit hunc librum, qui a. 366. vel paulo post conscriptus est, ex duobus mss. saec. X. sive XII. primus Caspari, Kirchenhist. Anekdota, Christianiae 1883, p. 131—147. Nonnulla correxit Harnack, SB. Berolin. 1895, II p. 565.

[171]) *Nam cum radius ex sole porrigitur, portio ex* (*haec* codd.) *summa est; sed sol erit in radio, quia solis est radius, nec separatur substantia sed extenditur, ut lumen de lumine accensum. Manet integra, indefecta materia, etsi plures inde* (*in deo* codd.) *radios qualitate sua mutabiles* (*traduces qualitatum mutueris* Harn.). *Ita et quod de deo profectum est, deus est et dei filius et unum ambo. Ita et de⟨i⟩ spiritu⟨s⟩ sanctu⟨s⟩ e⟨s⟩t de deo modulo ⟨alter⟩. Alterum ergo gradum, non statum fecit, exinde* (*et inde* Kroymann) *non discessit, sed excessit. Ipse* (*iste* Harn.) *igitur dei filius, ut retro semper praedicabatur, delapsus in virginem quandam et in utero eius caro figuratus, nuntiatur* (leg. *nascitur*) *homo deo mixtus. Caro spiritu structa nascitur, adolescit, affatur et Christus est.*

errore sive scriptoris, qui perplexa et impedita Tertulliani verba non satis intellexerat, sive librarii aut omissa aut mutata sint. Quo factum est, ut pluribus locis verba Altercationis et a Φ et ab Ω recedant. In nonnullis[172]) sane congruunt cum Φ, alio[173]) autem loco versa vice concordant cum Ω, ut inde certius de Φ iudicium ferre non liceat[174]), nisi quod quarto iam saeculo illam recensionem notam fuisse fortasse colligi potest. Deinde adferendae sunt *Isidori* Etymologiae[175]) (sive Origines), in quibus duodecim loci breviores ex Apologetico excerpti leguntur, in quos tamen etiam magis cadit quod de aliis testimoniis statuimus. Isidorus enim tam libere verbis Tertulliani usus est, ut utram recensionem eius habuerit, certo iudicari nequeat.[176])

Denique ut ordini testium finem imponam, adfero *Cypriani* qui perhibetur librum *Quod idola dii non sint*, qui imprimis inde a cap. 9 valde cum Apol. 21—23 consentit. Neque solum totam materiam ille a Tertulliano repetivit, sed etiam verba ipsa et totas sententias nonnullas mutuatus est. Tamen ita rem egit, ut aut ex memoria Tertulliani locos exscriberet aut consulto et ordinem verborum inverteret et vocabula saepissime immutaret pro insolitis

---

172) Verba *ita de spiritu spiritus et de deo deus*, quae Apol. 21, 12 in Ω traduntur, cum utrobique desint, ex sequentibus interpolata esse apparet. 21, 14 *structa* (instructa Ω).

173) 21, 12 *extenditur* (expanditur Φ); ibid. *et lumen* (ut lumen Ω Alterc.) merus error in Φ esse potest.

174) Praeiudicata opinione fuit Callewaert I 348 sqq., cui adsentitur Löfstedt, Tert. Apol. I 32 sqq.

175) M. Klussmann, *Excerpta Tertullianea in Isidori Hispalensis Etymologiis*, Progr. Hamburg 1892. Callewaert I 349 sqq. Löfstedt, Tert. Apol. I 57 sq. II 25 sqq.

176) In comparationem vocati sunt sane tres Apologetici loci: Etym. VI 3, 5 = Apol. 18, 5. Etym. V 27, 26 = Apol. 7, 8. Etym. V 27, 35 = Apol. 9, 7, ubi Isidorus in singulis saltem verbis cum Φ facit, sed haec omnia levissima esse negari non potest, et potius Isidorum ex Tertulliani textu corrigi potuisse quam versa vice mihi persuasum est.

solita et vulgaria supponens. Quamobrem dubito, an Tertullianus ex Cypriani libro corrigi non debeat, cum perrari loci[177]) eiusmodi sint, ut huius lectio lectioni illius momentum aliquod adferre possit.

Restat, ut paucis agatur de *Fragmento Fuldensi* in cap. 19, cuius origo adhuc obscura est, ita ut plane diverse de eo iudicaverint viri docti.[178]) Atque hoc quidem extra dubitationem positum est Fragmentum quale traditur Apologetici nostri partem non fuisse. Primis enim iam verbis *auctoritatem litteris praestat antiquitas summa* turbatur sententia,[179]) et multo maioris momenti est, quae in cap. 19 et 20 tractantur, hic moleste prae-

---

[177]) 21, 4 *gratia* Ω et Cypr., *praerogativa* Φ. Esse potest, ut Cypr., qui non ad verbum exscripsit, ipse pro verbo *praerogativa* substituerit *gratia*. 21, 5 *fiducia* Ω et Cypr., *ex fiducia* Φ. 21, 18 *ex parte Romana* Ω et Cypr., *ex parte Romanam* Φ (falso). Quae addit Wohleb, Berl. phil. Woch. 1916, 603 sqq. et 636 sqq. minus constant, nec credo illius argumentis probari Cypriano Vulgatam Apologetici editionem ante oculos fuisse; cf. Löfstedt, Tert. Apol. I 94, II 27 sqq. Ceterum H. Diller, Philol. 1935, 98 sqq. et 216 sqq. contra H. Kochium, qui illum libellum Cypriano reddi voluerat, confirmare studuit auctorem non esse Cyprianum, sed paulo post Lactantium, quem ipse in usum vocavisset, alium conscripsisse illum librum iam ineunte quarto saeculo corpori Cyprianeo additum.

[178]) Omissis aliis commemoro referre illud ad priorem Apologetici editionem Hav. 439 (Oehl. ed. min. 105), et a manu Tertulliani esse alii consentiunt, velut Harnack (Gesch. d. altchr. Lit. II 266[2]), Schanz (Gesch. d. röm. Lit. III[2] p. 291, in tertia ed. iudicium cohibetur p. 282), Esser 91[1], Wa. C. F. 474 sqq. Löfstedt, Tert. Apol. II 106 sq. Thörnell, St. Tert. IV 145, etsi quo pertinuerit dissentiunt, cum alii scriptori illud abiudicaverint velut Heinze 385 sqq.; Rauschen, Antikr. 84; Wohleb, Berl. phil. Woch. 1916, 1635 sqq.; Martin 10 sq.

[179]) Idem enim redditur verbis, quae paulo ante leguntur, *primum* (*primum igitur* Φ) *instrumentis istis auctoritatem summa antiquitas vindicat*. At coniciat quis illa prima Fragmenti verba fuisse titulum postea adscriptum, id quod Hav., qui ea omisit, sensisse videtur. Tamen in sequente sententia *primus enim prophetes Moyses* e. q. s. copula *enim* nullo modo trahi potest ad ea, quae proxime antecedunt *apud vos — adserere*, et vix credibile est haec verba ipsa pro parenthesi habenda esse.

cipi.[180]) Quod male convenire videtur cum libro illo et dictione et dispositione tantopere meditato. Sed a quo, inquis, additum est?

Num a librario[181]) quodam, qui in Tertulliani scriptis studiose et multum versatus erat, ut quasi centones ex Apologetico colligeret,[182]) nec ex hoc solo, sed etiam ex aliis[183]) scriptis? Et multo mirabilius est istum in compilando veteratorem eundem ex Theophili libris ad Autolycum, quos ab ipso quoque Tertulliano in Apologetico in

---

180) Bis ita Moyses (cf. cap. 19, 3 *si quem audistis interim Moysen*) inducitur, bis Danaus et bellum Troianum commemorantur, et quae de Thalete referuntur, iisdem fere verbis redeunt cap. 46, 8.

181) Wohlebio l. l. 1636sqq. adstipulatur Martin 10.

182) Verba Fragmenti cap. 19, 6* *gloriae homines si quid invenerant, ut proprium facerent, adulteraverunt* repetita esse videntur ex cap. 47, 3 *dum ad nostra conantur et homines gloriae, ut diximus, et eloquentiae solius libidinosi* . . ., eiusmodi tamen sunt, ut hoc loco gen. *gloriae* pendeat ex adi. *libidinosi*, in illo autem genetivus qualitatem exprimat (sicut Anim. 1 p. 299, 10 *gloriae animal*). Quod auctorem Fragmenti Tertulliani imitatorem mero errore mutasse censet Martin l. l., quia mirum esset, si Tertullianus ipse sua verba insolentius correxisset. Sed qui consideraverit, quo modo ille sescenties fere idem fecerit, cum quae in libris Ad nat. conscripserat, postea in Apologetico commutaret, id quod Thörnell *St. Tert.* IV oculis quoque proposuit, non tantam vim tribuet illi consensui. Quod vero Martin 11 opinatur cap. 19, 8* falsam lectionem *cadem voces — eadem litterae* ex cap. 20, 4, ubi idem error partem librorum et ipsum Φ occupavit, fluxisse ita, ut auctor Fragmenti libro quodam usus sit simili codicis Fuldensis, non facile cuiquam persuadebit. Eodem enim iure dixerit quis fluxisse cap. 19, 8* *fiducia, quam praesumptionem vocatis* ex cap. 49, 1 *hae⟨c⟩ sunt, quae in nobis solis praesumptiones vocantur*, et cap. 19, 9* *cum illis, quae probata sunt, tunc futuris praedicabantur* ex cap. 20, 4 *cum illis, quae cottidie probantur, praedicabantur*. Certe etiam verba cap. 19, 2* (Moyses) *Troiano denique proelio ad mille annos ante est, unde et ipso Saturno* conferri possunt cum Anim. 28 in.: *multo antiquior Moyses etiam Saturno nongentis circiter annis*. Mihi talia potius testimonio sunt auctorem Fragmenti esse ipsum Tertullianum. Ad quem sane librum illud designaverit, ignoratur.

183) Ex libro Ad nat. II 12 p. 120, 11 *Sibylla veri ⟨dei⟩ vera vates* haud dubie receptum est cap. 19, 10* *verae vatis* (*vera vates* trad.) *dei veri*.

usum vocatos esse veri simile est,[184]) nonnulla exscripsisse.[185]) Caecone igitur casu factum est, ut uterque in eundem fontem incideret, an plagiator Tertullianeus consulto eundem auctorem revolvit? Nonne utrumque fidem excedit? Non magnam dubitationem movet imitator et scriptorem et fontes eius exscribens? Non potius stare possumus in sententia Tertullianum ipsum Fragmenti auctorem esse, quem saepissime sua retractavisse suaque scrinia compilasse constat? Non sane dubitare possumus, si discrepat et sermonis et clausularum usus a Tertullianeo. Minime tamen discrepat nec illius[186]) nec harum,[187]) immo ipso consensu quam maxime probatur a manu Tertulliani esse Fragmentum. Hoc vero cum negatur, fides codici Fuldensi abrogatur. Quem ad finem sane Tertullianus hoc conscripserit et quo modo in archetypum codicis Fuldensis venerit, alii aliud coniecerunt,[188]) sed pro certo res diiudicari nequit.

---

[184]) Heinze 381 sqq. Cautius iudicat Harnack, Tertullians Bibliothek christl. Schriften (SB. Berol. 1914) 320. Non satis autem mihi constat, utrum etiam Lact. Inst. I 23, 2 (cf. Epit. 24, 5) notitiam verborum Fragmenti cap. 19, 2* habuerit an ipse inspexerit quem nominat Theophilum.

[185]) Heinze 386 sq., qui Fragmentum docuit etiam propius ad illum fontem accedere quam Tertullianum in Apologetico ad suos fontes Graecos.

[186]) Quomodo sermo concordet, cum accuratius docuerit Wa. C. F. 474 sqq., piget repetere.

[187]) Clausulam maxime memorabilem –́ ⏑ – –́ ⏓ habes: 19, 1* *an|tiquitas summa.* 19, 2* *antecessisse*; ibid. *a deo missa est.* 19, 3* *litteris vestris*; ibid. *la|toribus legis.* 19, 4 *de divini|tate respondit*; ibid. *voci|bus prophetarum.* 19, 6* *ad|ulteraverunt.* 19, 7* *prae|nuntiabantur.* 19, 8* *fiduci|am futurorum*; ibid. *litte|rae notaverunt.* 19, 9* *praedicabantur.* 19, 10* *vaticina|ri videbantur*; ibid. *veri|tate mentitae*; ibid. *et dei vestri.*

[188]) Wa. C. F. 473. Esser 91[1]. Thörnell, St. Tert. IV 145 *aut fragmentum hoc commentariolum erat separatum, in Apologetico praeparando ab ipso confectum, quod commentariolum, cum una cum ipso libro, composito iam, sed nondum elaborato, in manus fratris illius fraudulenti venisset, ab illo illic insertus est, ubi quadrare maxime videbatur.* Quae Pasquali suspicatus sit, supra p. XLI[160] commemoravi.

Conspectus siglorum.

Optimi vel meliores codices.

Φ = Fuldensis (saec. IX./X.?).
(Φ) = Fuldensis ex silentio collationis Modianae (v. p. XXXVI sq.).
Φ^b = Bremensis C 48 saec. XV. (cap. 1—15).
Σ = Rhenaugiensis XCV bibliothecae Turicensis saec. X. (cap. 38—40, 2).

S = Petropolitanus (olim Sangermanensis, antea Corbeiensis) auct. Lat. I Q v. 40 saec. IX. ex.
Π = Parisinus 1623 (sive Puteaneus) saec. X.
M = Montepessulanus H 54 saec. XI./XII.
Ω = consensus codicum *vulgatae* recensionis.

Deteriores codices.

λ = Luganensis saec. XI. ex.
I^* = Cod. mus. Brit. Reg. 5 F XVIII saec. XI./XII.
Q = Parisinus 1656 A (Colbertinus) saec. XII.
T^* = Leidensis Vossianus saec. XII.
K^* = Alenconiensis 2 saec. XII.
W = Admontensis 136 saec. XII.
O^b = Oxoniensis Add. C 284 saec. XII.
ϱ^* = Romanus S. Isidori 208 saec. XII./XIII.
U = Parisinus 1689 (Colbertinus) saec. XIII.
ψ = Ambrosianus S 51 saec. XIV.
γ^* = Gothanus I 55 saec. XIV./XV.
Δ^* = Sandanielinus 228 (195) saec. XIV./XV.
d^* = Sandanielinus 19 saec. XV.
$\varkappa^*$ = Cusanus 42 (C 10) saec. XV.

N = **Florentinus Magliabechianus VI 9 saec. XV.**
σ* = **Vaticanus 194 saec. XV.**
β* = **Bononianus S. Salvat. 2844 saec. XV.**
ω = **Taurinensis XXXI d. III 36 saec. XV.**
V = **Neapolitanus VI C 36 saec. XV.**
L* = **Leidensis 2 saec. XV.**
υ = **Marcianus (Venetus) XIX 2 (VIII 11) saec. XV.**
S = **Salisburgensis S. Petri abbat. a VII 39 saec. XV.**
O^a* = **Oxoniensis Balliol. 79 saec. XV.**
τ* = **Volaterranus 298 (5404) saec. XV.**
Y* = **Vindobonensis 3120 saec. XV.**
Z* = **Erlangensis 225 saec. XV.**
μ* = **Cod. mus. Brit. addit. ms. 21187 saec. XV.**
Γ = **Parisinus 2616 (Faurianus) saec. XV.**
G = **Gorciensis (incertae aetatis) ex testimoniis editionis Rhenani tertiae a. 1539.**

det. = codd. vulgatae recensionis praeter *SΠM* aut omnes aut pars eorum.

Asteriscum * apposui iis codicibus deterioribus, ex quibus specimen tantum mihi praesto est.

Editiones et commentationes.

edd. = *editiones* ante R^1 aut omnes aut singulae.

(ed. pr. = editio princeps [a. 1483].)

R^1 = editio Beati Rhenani a. 1521. (concordat cum editione Aldina a. 1515.)

R^3 = editio Beati Rhenani a. 1539.

Gel. = editio Sigismundi Gelenii a. 1550. (codici τ superstructa).

Callewaert I = C. Callewaert, *Le codex Fuldensis le meilleur manuscrit de l'Apologeticum de Tertullien* (*Rev. d'hist. et de litt. relig.* VII 1902, p. 322 sqq.) Bruges 1902.

Callewaert II = C. Callewaert, *La valeur du codex Fuldensis* e. q. s. (*Extrait des Mélanges Charles Moeller*) Louvain s. a.

Colombo = Apol. ed. Sixtus Colombo (*Corp. Paravianum* 46) Augustae Taur. s. a.

Esser = G. Esser, Übersetzung (Bibl. d. Kirchenv. II 24) Kempten u. München 1915.

Hartel = W. v. Hartel, Patristische Stud. II (Sitz.-Ber. Wien 1890).

Hav. = Apol. ed. S. Havercamp Lugd. Batav. 1718.

Heinze = R. Heinze, Tertullians Apologeticum Leipz. 1910.

Kroymann Praef. = Aem. Kroymann *CSEL* XLVII *Praefatio*.

Kroymann I = Kroymann, Die Tertullian-Überl. in Italien (SB. Wien 1898).

Kroymann II = Kroymann, Krit. Vorarbeiten (SB. Wien 1900).

Kroymann Mus. Rhen. 1913 = Kroymann, Zur Überlieferungsgesch. des Tert.-Textes (Mus. Rhen. 1913, 128 sqq.).

Kroymann Mus. Rhen. 1915 = Kroymann, Das Tert.-Fragm. des cod. Parisinus 13047 (Mus. Rhen. 1915, 358 sqq.).

Kroymann (sine additamento) in apparatu critico indicat quae K. per litteras mecum communicavit.

Löfstedt Tert. Apol. I = E. Löfstedt, Tert.s Apologeticum textkrit. untersucht (Lund, Årsskr. 1915).

Löfstedt Tert. Apol. II = E. Löfstedt, Krit. Bem. zu Tert.s Apol. (Lund, Årsskr. 1918).

Martin = Apol. ed. Ios. Martin (*Floril. patrist.* VI) Bonnae 1933.

Oehler = Fr. Oehler, *Tertulliani quae supersunt omnia* I—II Lipsiae 1853—1854.

Pasquali = G. Pasquali, *Per la storia del testo dell' 'Apologetico' di Tertulliano* (*Stud. ital. di filol. cl.* VII 1) Firenze 1929.

Rauschen = G. Rauschen, Apol. recensio nova, ed.[2] (*Floril. patrist.* VI Bonnae 1912; *Emendationes et adnotationes ad Tert. Apol. fasc. XII.* 1919).

Rauschen Antikr. = G. Rauschen, Prof. H. Schrörs u. meine Ausg. von Tert.s Apol. Bonn 1914.

Schrörs = H. Schrörs, Zur Textgesch. u. Erkl. von Tert.s Apol. Leipz. 1914 (Texte u. Unters. XL 4).

Thörnell St. Tert. = G. Thörnell, *Studia Tertullianea* I—IV Upsalae 1918—1926.

Wa. C. F. = I. P. Waltzing, *Le Codex Fuldensis de l'Apologétique de Tert.* Liège-Paris 1914—1917.

Wa.[1] = I. P. Waltzing, *Apologétique. Texte établi d'après le c. Fuld.* Liège-Paris 1914.

Wa.[2] = I. P. Waltzing, *Apologétique. Texte établi d'après la double tradition manuscrite* Liège-Paris 1919.

Wa.[3] = I. P. Waltzing, *Apologétique. Texte établi et traduit avec la collaboration de A. Severyns* Paris 1929 (Les Belles Lettres).

Wohleb = L. Wohleb, Tert.s Apol. (Berl. Phil. Wochenschr. 1916).

APOLOGETICVM.

I. **1.** Si non licet vobis, Romani imperii antistites, in aperto et edito, ipso fere vertice civitatis praesidentibus ad iudicandum, palam dispicere et coram examinare, quid sit liquido in causa Christianorum, si ad hanc solam speciem auctoritas vestra de iustitiae diligentia in publico aut timet aut erubescit inquirere, si denique, quod proxime accidit, domesticis iudiciis nimis operata infestatio sectae huius [os] obstruit defensioni: liceat veritati vel occulta via tacitarum litterarum ad aures vestras pervenire. **2.** Nihil de causa sua deprecatur, quia nec de condicione miratur. Scit se peregrinam in terris agere, inter extraneos facile inimicos invenire, ceterum genus, sedem, spem, gratiam, dignitatem in caelis habere. Unum gestit interdum, ne ignorata damnetur. **3.** Quid hic deperit legibus in suo regno dominantibus, si audiatur? An hoc magis gloriabitur potestas earum, quo Ω

2 in ipso   4 solam tantum   7 *sq.* os obstruit   15 Hoc   Φ

Testimonia. 5 *sq. cf.* Min. Fel. 31, 6   12 *sq. cf.* Phil. 3, 20

APOLOGYTICVM TERTVLLIANI: I. DE IGNORANTIA IN CHRISTO IESV *SΠ* APOLOGITICVM TERTVLLIANI CAP(VT) DE IGNORANTIA IN CHRISTO IESV *MG al.* Liber apologeticus *vel* apologeticus *det.* (*cf.* Hier. Epist. 70, 5 apologeticus *i. e. liber*).

1 (*Titulus capitis I.* = 1, 1 — 2, 4 DE IGNORANTIA IN CHRISTO IESV *SΠM latet in inscriptione*) ó (*s. l.*) Romani *Π*, Romani *Ω*(*Φ*) 2 in ipso *ΦZ*, ipso *rel. Ω*   3 dispicere] describere *MG*   4 solam tantum *Φ* (Löfstedt, Tert. Apol. II 37), solam *Ω*   7 indiciis $O^a R^1$, iudiciis *rel. Ω Φ*   nimis *Ω*, animis *Φ* (*errore*)   7 *sq.* os obstruit *Φ* (*cf.* Adv. Marc. 4, 12, p. 456, 10 Kroymann; 5, 13, p. 621, 19), obstruit *SΠM*, obstruit viam (*vel* viam obstruit) *det.*   9 nihil *Ω*, nihil illa (*Φ*)R^1 10 deprecatur *Ω*(*Φ*), deprecaretur $Φ^b$ (*errore*)   14 hic $Φ^b$*Ω*, hinc (*Φ*)R^1 15 hoc *Φ*, an hoc *Ω*   eorum *Oehler*   15 *sq.* quo etiam auditam *Ω*, quod etiam inauditam (*Φ*)R^1

Ω etiam ⟨in⟩auditam damnabunt veritatem? Ceterum inauditam si damnent, praeter invidiam iniquitatis etiam suspicionem merebuntur alicuius conscientiae, nolentes audire, quod auditum damnare non possint. **4.** Hanc itaque primam causam apud vos collocamus iniquitatis odii erga nomen Christianorum. Quam iniquitatem idem titulus et onerat et revincit, qui videtur excusare, ignorantia scilicet. Quid enim iniquius, quam ut oderint homines quod ignorant, etiam si res meretur odium? Tunc etenim meretur, cum cognoscitur, an mereatur. **5.** Vacante autem meriti notitia, unde odii iustitia defenditur, quae non de eventu, sed de conscientia probanda est? Cum ergo propterea oderunt homines, quia ignorant, quale sit quod oderunt, cur non liceat eiusmodi illud esse, quod non debeant odisse? Ita utrumque ex alterutro redarguimus, et ignorare illos, dum oderunt, et iniuste odisse, dum ignorant. **6.** Testimonium ignorantiae est, quae iniquitatem dum excusat, condemnat, cum omnes, qui retro oderant, quia ignorabant, quale sit quod oderant, simul desinunt ignorare, cessant et odisse. Ex his fiunt Christiani, utique de comperto, et incipiunt odisse quod fuerant et profiteri quod oderant; et sunt tanti, quanti et denotamur: **7.** obsessam vociferantur civitatem; in agris, in castellis, in insulis Christianos; omnem sexum, aetatem, condicionem, etiam dignitatem transgredi ad hoc

---

Φ 19 pòterant. Hanc igitur 27 *sq.* oderunt, quia 33 *sq.* ignorabant, simul 37 quanti denotamur

---

19 *cf.* Lact. Inst. V 1, 5 31 *sqq.* *cf.* Tert. Nat. I 1 p. 59, 3 *sqq.* 37 *sqq.* *cf.* *ibid.* 59, 8 *sqq.*

---

19 poterant Φ, poterunt *Scioppius* (*an Iunius?*), possint (possunt *det.*) Ω 20 odii] odium R^1 22 excussare *Π corr.* 24 meretur odium Ω, mereretur odium (Φ) R^3 25 cognoscitur] agnoscitur *M det.* 27 probanda] aprobanda *M* oderunt (*i. e. homines cf.* v. 23) Φ, oderunt (oderint *det.*) homines Ω 33 *sq.* ignorabant, simul Φ, ignorabant, quale sit (esset *det.*) quod oderant, simul (simul ut *M det.*) Ω 39 etiam $Φ^b$ Ω, et *edd.*

nomen quasi detrimento maerent, nec tamen hoc ipso ad aestimationem alicuius latentis boni promovent animos. **8.** Non licet rectius suspicari, non libet prop[r]ius experiri. Hic tantum curiositas humana torpescit: amant ignorare, cum alii gaudeant cognovisse. Quanto magis hos Anacharsis denotasset imprudentes de prudentibus iudicantes quam inmusicos de musicis! **9.** Malunt nescire, quia iam oderunt. Adeo quod nesciant, praeiudicant id esse, quod, si sciant, odisse non poterant; quando, si nullum odii debitum deprehendatur, optimum utique sit desinere iniuste odisse; si vero de merito constet, non modo nihil odii detrahatur, sed amplius adquiratur ad perseverantiam, etiam iustitiae ipsius auctoritate. **10.** 'Sed non ideo', inquit, 'bonum, quia multos convertit; quanti enim ad malum performantur! quanti transfugae in perversum!' Quis negat? Tamen quod vere malum est, ne ipsi quidem, quos rapit, defendere pro bono audent. Omne malum aut timore aut pudore natura perfudit. **11.** Denique malefici gestiunt latere, devitant apparere; trepidant deprehensi, negant accusati, ne torti quidem Ω

---

40 ex hoc ipso [modo] 45 *sq.* iudicantes. Malunt 46 malunt qui 47 *sq.* adeo praeiudicant id esse, quod non poterant odisse, si sciant 48 odii meritum 50 odio 51 *sq.* ipsius gloria[e] 52 bonum praeiudicatur 53 reformantur 58 adprehensi Φ

---

44 *cf.* Diog. Laert. II 8, 5 46 *cf.* Nat. I 1 p. 59, 15 50 *cf. ibid.* 59, 18 52 *cf. ibid.* 59, 22 57 *sqq. cf. ibid.* 60, 6 *sqq.*

---

40 ex hoc ipso modo Φ (*cf.* c. 3, 3 ex hoc ipso), hoc ipso *SM* (*cf.* Nat. I 1 p. 59, 12), hoc modo *Π*, hoc ipso modo *det.* 42 propius *det.*, proprius *SΠM* 45 *sq.* quam inmusicos de musicis iudicantes *Martin* (*numeri causa*) 46 malunt (*i. e.* ignorare *cf. l.* 43) qui Φ, malunt nescire quia Ω 47 adeo Φ, adeo quod nesciant (nesciunt *R*[1]) Ω 50 odio Φ (Nat. I 1 p. 59, 18), odii Ω 52 gloria *Hav.*, gloriae Φ, auctoritate Ω bonum praeiudicatur Φ (*cf.* Nat. I 1 p. 59, 22), praeiud. *om.* Ω (bonum *intellege*: est) 53 reformantur Φ, performantur (praeformantur *det. R*[1]) Ω 56 *sq.* perfundit *M* 58 adprehensi (*cf.* app. c. 15, 7; 27, 6) Φ, deprehensi (*cf.* Nat. I 1 p. 60, 7) Ω

Ω facile aut semper confitentur, certe damnati maerent: dinumerant in semet ipsos mentis malae impetus; ⟨ignaviam⟩ vel fato vel astris imputant; nolunt enim suum esse, quia malum agnoscunt. **12.** Christianus vero quid simile? Neminem pudet, neminem paenitet, nisi plane retro non fuisse; si denotatur, gloriatur; si accusatur, non defendit; interrogatus vel ultro confitetur; damnatus gratias agit. **13.** Quid hoc mali est, quod naturalia mali non habet, timorem, pudorem, tergiversationem, paenitentiam, deplorationem? Quod hoc malum est, cuius reus gaudet, cuius accusatio votum est et poena felicitas? Non potes dementiam dicere, qui revinceris ignorare.

II. 1. Si certum est denique nos nocentissimos esse, cur a vobis ipsis aliter tractamur quam pares nostri, id est ceteri nocentes, cum eiusdem noxae eadem tractatio deberet intervenire? **2.** Quodcumque dicimur, cum alii dicuntur, et proprio ore et mercennaria advocatione utuntur ad innocentiae suae commendationem; respondendi, altercandi facultas patet, quando nec liceat indefensos et inauditos omnino damnari. **3.** Sed Christianis solis nihil permittitur loqui quod

---

Φ 59*sq.* enumerant ..... ⟨impetus⟩ 61*sq.* quod malum 62 nihil simile 69*sq.* poena victoria quod revinceris II. 3 eiusdem noxietatis 4*sq.* et proprio et mercennario ore

---

62*sqq.* *cf.* Nat. I 1 p. 60, 11*sqq.* 65 *cf.* cap. 46, 14
II. 1*sqq.* *cf.* Nat. I 2 p. 60, 28*sqq.*

59*sqq.* enumerant Φ, dinumerant Ω quod enim erant in semet ipsos, mentis malae impetus vel fato vel astris imputant *Löfstedt* impetus Ω, *om.* Φ 60 ignaviam Φ (*cf.* Cypr. Ad Demet. 16) *om.* Ω 61 quod Φ*Z*, quia Ω 62 Christianus Φ^{b} Ω, Christianos Φ 66 naturalia Φ *det.*, natura alia *opt.* Ω 67*sq.* quod (quid *det.*) hoc malum Ω, quid hoc mali (Φ) *edd.* 69 victoria (*cf.* c. 50, 2) Φ, felicitas Ω

II. 2 pares] patres *Π corr.* 3 noxietatis Φ, noxae Ω (noxa Π^{1}*M*) deberet] (d. *Modius* = deberet) ΦΩ debet *vel* debeat *det.*

Ω causam purget, quod veritatem defendat, quod iudicem non faciat iniustum; sed illud solum exspectatur, quod odio publico necessarium est: confessio nominis, non examinatio criminis; **4.** quando, si de aliquo nocente cognoscatis, non statim confesso eo nomen homicidae vel sacrilegi vel incesti vel publici hostis, ut de nostris elogiis loquar, contenti sitis ad pronuntiandum, nisi et consequentia exigatis, qualitatem facti, numerum, locum, tempus, conscios, socios. **5.** De nobis nihil tale, cum aeque extorqueri oporteret quod cum falso iactatur, quot quisque iam infanticidia degustasset, quot incesta contenebrasset, qui coqui, qui canes adfuissent. O quanta illius praesidis gloria, si eruisset aliquem, qui centum iam infantes comedisset! **6.** Atquin invenimus inquisitionem quoque in nos prohibitam. Plinius enim Secundus, cum provinciam regeret, damnatis quibusdam Christianis, quibusdam gradu pulsis, ipsa tamen multitudine perturbatus, quid de cetero ageret, consuluit tunc Traianum imperatorem, adlegans praeter obstinationem non sacrificandi nihil aliud se de sacramentis eorum comperisse quam coetus ante-

---

Φ 17 de falso (*cf.* cap. 23, 4) 20 gloria fuisset, si 21 comedisset! Sed nec in isto ex forma malorum iudicandorum agitis (*?; fortasse verba ex cap. 2, 10 errore huc irrepserunt*) 24 de gradu 25 de ceteris (*v. infra apparatum crit.*) 27 sacramento (Plin. Epist. X 96, 7)

12*sq. cf.* Nat. I 2 p. 61, 2 22*sqq. cf.* Plin. Epist. X 96 (97). Euseb. Hist. eccl. III 33, 3*sq.* Hier. Chron. ad ann. 2124. (Chron. Euseb. II 165)

---

10 odii *Π corr. in marg.* 12 cognoscatis *Ω*, cognoscitis (*Φ*) *R*[1] 14 elogiis (*Φ*) *edd.*, eulogiis *Ω* (*pro more*) 16 modum *post* locum *inser.* (*Φ*) *G V R*[1], *om. rel. Ω* (Nat. I 2 p. 61, 4 quibus telis, *quod respondere potest voci* modum) socios II (= 2, 5—2, 20) CONTRA INQVISITIONEM *S Π M* 17 extorquere (*Φ*) *Γ R*[1], extorqueri *rel. Ω* 18 quot *bis*] quod *Π M* 21 adquin *Π*[1], atquin *Π*[2], atqui *Φ*[b] *S* (καίτοι Euseb.), atque *Φ* 22 Plinius] plenius *Π corr.* 24 de gradu *Φ* (Adv. Marc. IV 9 p. 444, 6), gradu *Ω* (*non accurate* Euseb. III 33, 3 τῆς ἀξίας ἐκβαλών) 25 de cetero *Ω* (λοιπόν Euseb. *l. l.*), de ceteris *Φ* (*fort. falso*)

Ω lucanos ad canendum Christo et deo et ad confoederandam disciplinam homicidium, adulterium, fraudem, perfidiam et cetera scelera prohibente*m*. **7.** Tunc Traianus rescripsit hoc genus inquirendos quidem non esse, oblatos vero puniri oportere. **8.** O sententiam necessitate confusam! Negat inquirendos ut innocentes et mandat puniendos ut nocentes. Parcit et saevit, dissimulat et animadvertit. Quid temet ipsam, censura, circumvenis? Si damnas, cur non et inquiris? si non inquiris, cur non et absolvis? Latronibus vestigandis per universas provincias militaris statio sortitur. In reos maiestatis et publicos hostes omnis homo miles est: ad socios, ad conscios usque inquisitio extenditur. **9.** Solum Christianum inquiri non licet, offerri licet, quasi aliud esset actura inquisitio quam oblationem. Damnatis itaque oblatum, quem nemo voluit requisitum; qui, puto, iam non ideo meruit poenam, quia nocens est, sed quia non requirendus inventus est. **10.** Itaque nec in illo ex forma malorum iudicandorum agitis erga nos, quod ceteris negantibus tormenta adhibetis ad confitendum, solis Christianis ad negandum, cum, si malum esset, nos quidem negaremus, vos vero confiteri tormentis compelleretis. Neque enim ideo non putaretis requirenda quaestionibus scelera, quia certi essetis admitti ea ex nominis confessione, qui hodie de confesso homicida, scientes homicidium quid sit, nihilominus ordinem

---

Φ 44 Sed nec in isto (*cf.* *Φ ad* cap. 2, 5, v. 21) 51*sq.* ordinem exquiritis

---

44 *cf.* Nat. I 2 p. 60, 17 45 *cf.* Ad Scap. 4 (p. 546, 5 Oehler). Min. Fel. 28, 3

---

28 et deo (*Φ*) Ω (*cf.* Spect. 25 *ex.*), ut deo *Herald. coll.* cap. 21, 3 (Plin. *l. l.* Christo quasi deo, Euseb. *l. l.* θεοῦ δίκην, Hier. Chron. ad ann. 2124. Christum ut deum) 30 prohibentem *Gesner*, prohibentes (*Φ*) Ω 34*sq.* temet ipsam *SΠ* (*corr. ex* timetipsam) *M*, temetipsum (*Φ*) *det.* 36*sq.* vestigandis] investigandis *M det.* 39 usque inquisitio (-onem *M*) Ω, inquisitio usque (*Φ*) *det. edd.* 41 itaque Ω, ergo (*Φ*) *det. edd.* 42*sq.* meruit ideo (*Φ*) *det.* 45*sq.* adhibetis tormenta (*Φ*) *det. edd.*

extorquetis admissi. **11.** Quo perversius, cum praesumatis de sceleribus nostris ex nominis confessione, cogitis tormentis de confessione decedere, ut negantes nomen pariter utique negemus et scelera, de quibus ex confessione nominis praesumpseratis. **12.** Sed, opinor, non vultis nos perire, quos pessimos creditis. Sic enim soletis dicere homicidae: 'Nega', laniari iubere sacrilegum, si confiteri perseveraverit. Si non ita agitis circa nos nocentes, ergo nos innocentissimos iudicatis, cum quasi innocentissimos non vultis in ea confessione perseverare, quam necessitate, non iustitia damnandam a vobis sciatis. **13.** Vociferatur homo: 'Christianus sum.' Quod est dicit; tu vis audire quod non est. Veritatis extorquendae praesides de nobis solis mendacium elaboratis audire. 'Hoc sum', inquit, 'quod quaeris an sim. Quid me torques in perversum? Confiteor et torques; quid faceres, si negarem?' Plane aliis negantibus non facile fidem accommodatis: nobis, si negaverimus, statim creditis. **14.** Suspecta sit vobis ista perversitas, ne qua vis lateat in occulto, quae vos adversus formam, adversus naturam iudicandi, contra ipsas quoque leges ministret. Nisi fallor enim, leges malos erui iubent, non abscondi, confessos damnari praescribunt, non absolvi. Hoc senatus consulta, hoc principum mandata definiunt. Hoc imperium, cuius ministri estis, civilis, non tyrannica dominatio est. **15.** Apud tyrannos enim tormenta etiam pro poena adhibebantur; apud Ω

---

52 Quod perversius est 58 laniari debere 59 circa nocentes 62 a vobis putatis 65 audire laboratis Φ

---

64 *cf.* Nat. I 2 p. 60, 23

---

52 quod perversius est Φ, quo (*i. e. quanto*) perversius Ω (*cf.* Nat. I 2 p. 61, 10 hoc ergo perversius, si) 57 *sq. respice sententiae ironiam* 59 ergo] erga Φ *det.* (*errore*) 60 iudicatis *om.* Φ (*falso*) cum *om.* Φ, *habet* $Φ^b$ 65 audire laboratis Φ, elaboratis audire Ω (⏒ ⏑ ⏒ ⏒ ⏑), laboratis audire Wa^2 70 adversus $Φ^b$ Ω, adversantur Φ (*in lemmate errore Iunii*) 71 nisi enim fallor (Φ) R^1 76 adhibebantur *SΠ*, adhibentur (Φ) *M det.*, adhibeantur *det.*

Ω vos soli quaestioni temperantur. Vestram illis servate legem usque ad confessionem necessar*iis*, et iam, si confessione praeveniantur, vacabunt, sententia opus est; debito poenae nocens expungendus est, non eximendus. **16.** Denique nemo illum gestit absolvere. Non licet hoc velle, ideo nec cogitur quisquam negare. Christianum hominem omnium scelerum reum, deorum, imperatorum, legum, morum, naturae totius inimicum existimas, et cogis negare, ut absolvas quem non poteris absolvere, nisi negaverit. **17.** Praevaricaris in leges: vis ergo neget se nocentem, ut eum facias innocentem, et quidem invitum, iam nec de praeterito reum. Unde ista perversitas, ut etiam illud non recogitetis sponte confesso magis credendum esse quam per vim neganti? vel ne compulsus negare non ex fide negarit et absolutus ibidem post tribunal de vestra rideat aemulatione iterum Christianus? **18.** Cum igitur in omnibus nos aliter disponitis quam ceteros nocentes, ad unum contendendo, ut de eo nomine excludamur — excludimur enim, si faciamus quae faciunt non Christiani — intellegere potestis non scelus aliquod in causa esse, sed nomen, quod quaedam ratio aemulae operationis insequitur, hoc primum agens, ut homines nolint scire pro certo, quod se nescire pro certo sciunt. **19.** Ideo et credunt de nobis quae non probantur et nolunt inquiri, ne probentur non esse quae malunt credidisse, ut nomen illius aemulae ratio-

Φ 77 temperatur 79 sententiae ceditur 86 vis ut neget 90 tribunal vestrum 92 aliter nos 93 de isto 100sq. aemulae operationis

81 *cf.* Min. Fel. 28, 3

77 soli Ω, solos Φ R^1 (*errore*) temperantur (*i.e. instituuntur cf.* c. 22, 10; Anim. 10 p. 312, 21) *V L* R^3 (*G?*), temperatur Φ *rel.* Ω 78 necessariis etiam Φ, necessariam et iam Ω (*in Π cancellos add. m. r.*) 79 praeveniantur Φ Ω, praeveniatur $Φ^b$ 89 vel ne *i.e. et verendum esse ne* 91 iterum christianus *opt.* Ω, inter christianos (Φ) *G det.* cum Ω, cur Φ (*fort. errore*) 94 facimus (Φ) *det. edd.* 97 nolunt *Π corr.* 100*sq.* aemulae operationis Φ (*cf.* v. 96), aemulae rationis (aemulationis *det.*) Ω (*cf.* c. 21, 31)

nis inimicum praesumptis, non probatis criminibus de sua sola confessione damnetur. Ideo torquemur confitentes et punimur perseverantes et absolvimur negantes, quia nominis proelium est. **20.** Denique quid de tabella recitatis illum 'Christianum'? cur non et 'homicidam', si homicida Christianus? cur non et 'incestu*m*' vel quodcumque aliud esse nos creditis? In nobis solis pudet aut piget ipsis nominibus scelerum pronuntiare? 'Christianus' si nullius criminis nomen [reus] est, valde in*eptum*, si solius nominis crimen est. Ω

III. **1.** Quid quod ita plerique clausis oculis in odium eius impingunt, ut bonum alicui testimonium ferentes admisceant nominis exprobrationem? 'Bonus vir Gaius Seius, tantum quod Christianus.' Item alius: 'Ego ⟨miror Lucium⟩ Titium, sapientem virum, repente factum Christianum.' Nemo retractat, ne ideo bonus Gaius et prudens Lucius, quia Christianus, aut ideo Christianus, quia prudens et bonus. **2.** Laudant quae sciunt, vituperant quae ignorant, et id quod sciunt, eo quod ignorant, irrumpunt, cum sit iustius occulta de manifestis praeiudicare quam manifesta de occultis praedamnare. **3.** Alii, quos retro ante hoc nomen vagos, viles, improbos noverant, ex ipso denotant, quod

---

III. 12 ex hoc ipso Φ

---

104 *sqq. cf.* Nat. I 2 p. 62, 4 *sqq.*

III. 3 *cf.* Nat. I 4 p. 64, 14. Augustin. In psalm. 140, 17 4 *cf.* Nat. I 4 p. 64, 13 8 *cf. ibid.* p. 64, 16 11 *cf. ibid.* p. 64, 21

---

102 damnetur *Ω*, damnet *Φ* (*errore*) 105 si] sed *det.* 106 incestum *Hav.* (*coll.* Nat. I 3 p. 62, 6), incestus (*Φ*) *Ω* 106 *sq.* esse nos] nos (non *det.*) esse (*Φ*) R^3 108 nullus Π^1, nullius Π^2 *s. l.* 108 *sq.* criminis nomen est *Φ*, criminis nomen (nomine *M*) reus est *opt. Ω*, criminis reus est nomen *det.* 109 ineptum *Φ*, incestum *Ω* (*falso*) 'Christianus' nullius criminis nomen est, nisi solius nominis crimen est *Martin* (*coll.* Nat. I 2 p. 62, 9)

III. (= 3, 1—4, 3) DE NOMINIS EXPROBRATIONE *SΠM al.*

3 Gaius Seius] Gaius sed malus *M* 4 *sq.* ego miror Lucium Titium *Φ* (*cf.* Nat. I 4 p. 64, 13), ego titium *opt. Ω* (*errore*), ego Lucium *det.* 6 ne *Ω*, non ...? (*Φ*) R^1 12 quo (*Φ*) *MG det.*, quod *opt. Ω*

Ω laudant: caecitate odii in suffragium impingunt: 'Quae mulier! quam lasciva, quam festiva! Qui[s] iuvenis! quam lusius, quam amasius! Facti sunt Christiani.' Ita nomen emendationi imputatur. **4.** Nonnulli etiam de utilitatibus suis cum odio isto paciscuntur, contenti iniuria, dum ne domi habeant quod oderunt. Uxorem iam pudicam maritus iam non zelotypus ⟨eiecit⟩, filium ⟨iam⟩ subiectum pater retro patiens abdicavit, servum iam fidelem dominus olim mitis ab oculis relegavit; ut quisque hoc nomine emendatur, offendit. Tanti non est bonum, quanti odium Christianorum. **5.** Nunc igitur, si nominis odium est, quis nominum reatus? Quae accusatio vocabulorum, nisi si aut barbarum sonat aliqua vox nominis aut infaustum aut maledicum aut impudicum? 'Christianus' vero, quantum interpretatio est, de unctione deducitur. Sed et cum perperam 'Chrestianus' pronuntiatur a vobis — nam nec nominis certa est notitia penes vos — de suavitate vel benignitate compositum est. Oditur itaque in hominibus innocuis etiam nomen innocuum. **6.** At enim secta oditur in nomine utique sui auctoris. Quid novi, si aliqua disciplina de magistro cognomentum sectatoribus suis inducit? Nonne philosophi de auctoribus suis

---

Φ 13 suffragium enarrantes: 22 quam odium 23 Igitur, si

---

16 *cf.* Nat. I 1 p. 64, 23 23 *cf. ibid.* p. 62, 27 *sqq.* 26 *cf.* Isid. Orig. VII 14, 1 27 *cf.* Lact. Inst. IV 7, 5 29 *cf.* Nat. I 3 p. 63, 7 31 *cf.* Pacian. Epist. 1, 3 32 *cf.* Isid. Orig. *ibid.* 33 *cf.* Nat. I 4 p. 63, 14

---

13 enarrantes Φ, inpingunt Ω (*cf.* Praescr. 4 *ex.* Pud. 13 p. 232, 26. Pat. 5 p. 7, 12), inpingunt enarrantes *Wa*[1] 14 qui Φ *M det.*, quis *opt.* Ω 14 *sq.* lusius Φ, lucius Ω (lascivus *det.*) 16 imputatur *i. e. crimini datur* 19 eiecit Φ, *om.* Ω (*errore*) filium iam subiectum Φ, filium subiectum *det.*, filium iam *om. opt.* Ω 21 religavit *S Π* 22 quam Φ (*cf.* Pud. 2 *in.*), quanti Ω 23 igitur si Φ (*cf.* c. 11, 4; 12, 7. Nat. II 7 p. 107, 17), nunc igitur si Ω 24 nisi aut (Φ) *det. edd.* barbaram *S Π* 27 chrestianus *Z*, christianus *rel.* Ω (Φ) 28 est certa (Φ) 30 itaque] ergo (Φ) *det. R*[1] (*cf. ad* c. 2, 9)

nuncupantur Platonici, Epicurei, Pythagorici? etiam a locis conventiculorum et stationum suarum Stoici, Academici? aeque medici ab Erasistrato et grammatici ab Aristarcho, coqui etiam ab Apicio? **7.** Nec tamen quemquam offendit professio nominis cum institutione transmissi ab institutore. Plane, si qui proba*b*it malam sectam et ita malum et auctorem, is probabit et nomen malum, dignum odio de reatu sectae et auctoris; ideoque ante odium nominis competebat prius de auctore sectam recognoscere vel auctorem de secta. **8.** At nunc utriusque inquisitione et agnitione neglecta nomen detinetur, nomen expugnatur, et ignotam sectam, ignotum et auctorem vox sola praedamnat, quia nominantur, non quia revincuntur. **Ω**

IV. **1.** Atque adeo, quasi praefatus haec ad suggillandam odii erga nos publici iniquitatem, iam de causa innocentiae consistam; nec tantum refutabo quae nobis obiciuntur, sed etiam in ipsos retorquebo, qui obiciunt, ut ex hoc quoque sciant homines in Christianis non esse quae in se ⟨non⟩ nesciunt esse, simul uti erubescant accusantes, non dico pessimi optimos, sed iam, ut volunt, compares suos. **2.** Respondebimus ad singula, quae in occulto admittere dicimur, quae [illos] palam admittentes invenimu*r*, in quibus

---

39*sq.* probet malum auctorem et malam sectam, is **Φ**
IV. 7 sed etiam

---

39 *cf. ibid.* p. 63, 18

---

34 epicurii *S*, epicuri *ex* epicurii *Π* 35 achademici *SΠ* 36 aeque *SΠM*, atque *det.* aristarco *SΠ* 38 transmissi *Φ*, transmissa *Ω* 39 probavit (*i. e.* probabit) *Ω* (probat *G?*) 46 nominatur .. revincitur (*Φ*) *G det.* R^3

IV. 6 non nesciunt *Φ* (*cf.* Nat. I 15 p. 85, 13), nesciunt *Ω* (*cf.* c. 9, 20) esse — (7) optimos *om.* *Φ* 7 etiam *Φ*, et iam *Wa* volunt *ΦΩ*, nolunt $Φ^b$ 9 quae palam adinveniuntur *Φ*, quae palam ad. (*i. e.* admittentes) inveniuntur (invenimur *Löfstedt*) $Φ^b$, quae illos (illis *S*, *corr. Π*) palam admittentes invenimus *Ω*

Ω scelesti, in quibus vani, in quibus damnandi, in quibus irridendi deputamur. **3.** Sed quoniam, cum ad omnia occurrit veritas nostra, postremo legum obstruitur auctoritas adversus eam, ut aut nihil dicatur retractandum esse post leges aut ingratis necessitas obsequii praeferatur veritati, de legibus prius concurram vobiscum ut cum tutoribus legum. **4.** Iam primum, cum dure definitis dicendo 'Non licet esse vos!' et hoc sine ullo retractatu humaniore praescribitis, vim profitemini et iniquam ex arce dominationem, si ideo negatis licere, quia vultis, non quia debuit non licere. **5.** Quodsi, quia non debet, ideo non vultis licere, sine dubio id non debet licere quod male fit, et utique hoc ipso praeiudicatur licere quod bene fit. Si bonum invenero esse quod lex tua prohibuit, nonne ex illo praeiudicio prohibere me non potest, quod, si malum esset, iure prohiberet? Si lex tua erravit, puto, ab homine concepta est; neque enim de caelo ruit. **6.** Miramini hominem aut errare potuisse in lege condenda aut resipuisse in reprobanda? Non enim et ipsius Lycurgi leges a Lacedaemoniis emendatae tantum auctori suo doloris incusserunt, ut in secessu inedia de semet ipso iudicarit? **7.** Nonne et vos cottidie experimentis illuminantibus tenebras antiquitatis totam illam veterem et squalentem silvam legum novis principalium rescriptorum et edictorum securibus truncatis et caeditis? **8.** Nonne

---

Φ 15 prius consistam 16 iure (*fort. errore*) definitis 19 non vultis 20 debet licere ideo noluistis licere 23 lex prohibuit 33 ruspatis

---

28 *cf.* Plut. Lyc. 46

---

15 vobiscum ΦΩ, nobiscum Φ[b] ut Ω, et Φ (*errore*) tuturibus *SΠ corr.*, cultoribus *M* legum IV (= 4, 4—4, 13) DE INLICITO *SΠM al.* 16 dure Ω (*cf.* Prax. 30 *in.*), iure Φ (*fort. errore*) 23 lex tua Ω (*cf. v.* 25), lex Φ 27 resipisse *SΠ corr.* non enim] nonne et *det.*, nonne enim et *Souter* 30 iudicaret *M* 33 ruspatis Φ (*cf.* Pall. 2 p. 923 Oehler runcare atque ruspare), truncatis Ω, runcatis *J. Scaliger*

vanissimas Papias leges, quae ante liberos suscipi cogunt quam Iuliae matrimonium contrahi, post tantae auctoritatis senectutem heri Severus, constantissimus principum, exclusit? **9.** Sed et iudicatos in partes secari a creditoribus leges erant; consensu tamen publico crudelitas postea erasa est, in pudoris notam capitis poena conversa est. Bonorum adhibita proscriptio suffundere maluit hominis sanguinem quam effundere. **10.** Quot adhuc vobis repurgandae latent leges! quas neque annorum numerus neque conditorum dignitas commendat, sed aequitas sola, et ideo, cum iniquae recognoscuntur, merito damnantur, licet damnent. **11.** Quomodo iniquas dicimus? Immo, si nomen puniunt, etiam stultas; si vero facta, cur de solo nomine puniunt facta, quae in aliis de admisso, non de nomine probata defendunt? Incestus sum: cur non requirunt? infanticida: cur non extorquent? In deos, in Caesares aliquid committo: cur non audior qui habeo quo purger? **12.** Nulla lex vetat discuti quod prohibet admitti, quia neque iudex iuste ulciscitur, nisi cognoscat admissum esse quod non licet, neque civis fideliter legi obsequitur ignorans, quale sit quod ulciscitur lex. **13.** Nulla lex sibi soli conscientiam iustitiae suae debet, sed eis, a quibus obsequium exspectat. Ceterum suspecta lex est, quae probari se non vult, improba autem, si non probata dominetur.

Ω

---

37 iudicatos retro 44 licet et damnent 53*sq.* ulciscitur. Nulla 56 si probari (*cf.* Nat. I 6 p. 66, 27) 57 dominatur

Φ

---

39 est *Ω*, est et (*Φ*)R^1 40 prescriptio *Π* 41 quod *SΠM* repugnandae *M det.* 41*sq.* leges latent (*Φ*) *det. edd.* 42 numerus *Ω*, *om.* *Φ* (*errore*) 44 licet et damnent Φ^b (damnentur *Φ*), licet damnent *Ω* 48 infanticida Φ^b (*qui recte interpungit post hanc vocem*) *SM*, infanticidia *ΦΠ* (*errore*) 49 in Caesares aliquid] incestum aliquod *M* 50 quo] quod *M* vetat *om.* *SΠ* 52 civis] quis *det.* 57 dominetur. V (= 5, 1—6) CONTRA IDOLA *SΠM al.*

Ω **V.** **1.** Ut de origine aliquid retractemus eiusmodi legum, vetus erat decretum, ne qui deus ab imperatore consecraretur nisi a senatu probatus. Scit M. Aemilius de deo suo Alburno. Facit et hoc ad causam nostram, quod apud vos de humano arbitratu divinitas pensitatur. Nisi homini deus placuerit, deus non erit; homo iam deo propitius esse debebit. **2.** Tiberius ergo, cuius tempore nomen Christianum in saeculum introivit, adnuntiatum sibi ex Syria Palaestina, *quod* illic veritatem ipsius divinitatis revelaverat, detulit ad senatum cum praerogativa suffragii sui. Senatus, quia non ipse probaverat, respuit; Caesar in sententia mansit, comminatus periculum accusatoribus Christianorum. **3.** Consulite commentarios vestros; illic reperietis primum Neronem in hanc sectam cum maxime Romae orientem Caesariano gladio ferocisse. Sed tali dedicatore damnationis nostrae etiam gloriamur. Qui enim scit illum, intellegere potest non nisi grande aliquod bonum a Nerone damnatum. **4.** Temptaverat et Domitianus, portio Neronis de crudelitate; sed, qua et homo, facile coeptum repressit, restitutis

---

Φ V. 8*sq.* intravit .. adnuntiata .. quae 9 istius divinitatis revelaverant 15 ferocisse. Tali 19 quia homo

---

1 *cf.* Euseb. H. E. II 2, 5*sq.* Rufin. *ibid.* 3 *cf.* Nat. I 10 p. 75, 24 7 *cf.* Tischendorf, Acta apost. apocr. p. 16 14 *cf.* Scorp. 15 p. 178, 11 18 *cf.* Euseb. H. E. III 20, 7. Rufin. *ibid. et* II 25, 4. Aug. C. Petil. II 92, 202 p. 125, 19

---

1 tractemus O^a Rufin. Hist. II 2, 5, retractemus *rel.* Ω, retractamus (Φ) 3 scit] ut (Φ) 6 deo *om.* Φ (*errore*) 8 in (*om.* Φ) seculum intravit $Φ^b$ Rufin. *ibid.* II 2, 6, in saeculum introivit Ω adnuntiata Φ Rufin. *l. l.* R^3, adnuntiatum Ω 9 quae Φ Ω, quod *Gel.* istius Φ Rufin. *l. l.*, ipsius (illius *det.*) Ω revelaverant Φ Rufin. *l. l.*, revelaverat (*vel* revelarat) Ω 14 cum maxime (Euseb. II 25, 4 ἡνίκα μάλιστα) $Φ^b$ (cum *om.* Φ) *SΠM*, tum maxime *det.* 15 tali Φ Rufin. *l. l.* (τοιούτῳ Euseb.), sed tali Ω 17 grande aliquod bonum $SΠ^2$ (aliquod bonum grande $Π^1$ *det.*) *M* Rufin. (μέγα τι ἀγαθόν Euseb.), aliquod bonum Φ (grande *a Modio omissum videtur*) 19 quia homo Φ, qua et homo *SΠ*, quia et homo *M det.*, quasi homo Rufin. (ἅτε ἔχων τι συνέσεως Euseb.)

etiam quos relegaverat. Tales semper nobis insecutores, in- Ω iusti, impii, turpes, quos et ipsi damnare consuestis, a quibus damnatos restituere soliti estis. **5.** Ceterum de tot exinde principibus ad hodiernum divinum humanumque sapientibus edite aliquem debellatorem Christianorum! **6.** At nos e contrario edimus protectorem, si litterae Marci Aurelii, gravissimi imperatoris, requirantur, quibus illam Germanicam sitim Christianorum forte militum precationibus impetrato imbri discussam contestatur. Sicut non palam ab eiusmodi hominibus poenam dimovit, ita alio modo palam dispersit, adiecta etiam accusatoribus damnatione, et quidem taetriore. **7.** Quales ergo leges istae, quas adversus nos soli exercent impii iniusti, turpes truces, vani dementes, quas Traianus ex parte frustratus est vetando inquiri Christianos, quas nullus Hadrianus, quamquam omnium curiositatum explorator, nullus Vespasianus, quamquam Iudaeorum debellator, nullus Pius, nullus Verus impressit! **8.** Facilius utique pessimi ab optimis quibusque, ut ab aemulis, quam a suis sociis eradicandi iudicarentur.

VI. 1. Nunc religiosissimi legum et paternorum institutorum protectores et ultores respondeant velim de sua fide et honore et obsequio erga maiorum consulta, si a nullo desciverunt, si in nullo exorbitaverunt, si non necessaria et

---

30 accusatorum 32 exsequuntur (Euseb. V 5, 7 ἕπονται) 34 *sqq.* nullus Vespasianus, quamquam Iudaeorum debellator, nullus Hadrianus, quamquam omnium curiositatum explorator Φ

---

25 *cf.* Ad Scap. 4 p. 548 Oehler. 33 *cf.* Euseb. *ibid.* V 5, 6

---

20 nobis semper Rufin. II 25, 4 23 ad] usque ad *M det.* 25 m. aurelii *SΠ* (*in marg.* marc' $Π^2$) 28 imbre (Φ)R^1 pallam *SΠ* 31 tetriore. VI (= 5, 7—7, 7) DE LEGIBVS *SΠM al.* quas $Φ^b$ *Ω*, quos *Φ*

VI. 4 disciverunt *SΠ*

Ω aptissima quaeque disciplinae oblitteraverunt. **2.** Quon[i]am illae leges abierunt sumptum et ambitionem comprimentes, quae centum aera non amplius in cenam subscribi iubebant, nec amplius quam unam inferri gallinam et eam non saginatam, quae patricium, quod decem pondo argenti habuisset, pro magno ambitionis titulo senatu submovebant, quae theatra stuprandis moribus orientia statim destruebant; quae dignitatum et honestorum natalium insignia non temere nec impune usurpari sinebant? **3.** Video enim et centenarias cenas a centenis iam sestertiis dicendas, et in lances — parum est, si senatorum et non libertinorum vel adhuc flagra rumpentium — argentaria metalla producta. Video et theatra nec singula satis esse nec nuda. Nam ne vel hieme voluptas impudica frigeret, primi Lacedaemonii paenulam ludis excogitaverunt. Video et inter matronas atque prostibulas nullum de habitu discrimen relictum. **4.** Circa feminas quidem etiam illa maiorum instituta ceciderunt, quae modestiae, quae sobrietati patrocinabantur, cum aurum nulla norat praeter unico digito, quem sponsus oppignerasset pronubo anulo; cum mulieres usque adeo vino abstinerentur, ut matronam ob resignatos cellae vinariae loculos sui inedia necarint, sub Romulo vero quae vinum attigerat impune a Metennio marito trucidata sit.

Φ 10 submoverunt 17 *sq.* Ne vel 19 odium penulae

11 *cf.* Spect. 10 p. 12, 8 20 *cf.* Cult. fem. II 12 p. 731 Oehler

5 qm̄ *S* quō (*i.e. quoniam*) *ΠM*, quonam (*Φ*) *det.* 9 decim *SΠ* 10 titulo ambitionis (*Φ*) *det. edd.* 12 dignitatum (*Φ*)*SMG*, dignitatem *Π* 14 caenas *SΠ* 16 prodacta *Souter* 17 ne *Φ*, nam (*i.e. iam?*) ne *Ω* 19 odium penulae *Φ*, paenulam *Ω* excogitarunt (*Φ*) *det. edd.* et *om. M det.* 21 instituta *Π²* *corr. ex* instituto 23 unicum digitum *M det.* 24 obpignorasset *SΠ*(*Φ*) 24 *sq.* adeo vino (a. v. *i.e.* adeo vino) $Φ^b$ *Ω*, a vino *Φ* (*errore*) 27 Metennio vel Metenio *Ω*, Mecennio (*Φ*), Mecenio *edd.* (*cf.* Val. Max. VI 3, 9. Plin. Nat. Hist. XIV 89 Egnati Meceni *opt. codd.*)

5. Idcirco et oscula propinquis offerre etiam necessitas erat, ut spiritu iudicarentur. **6.** Ubi est illa felicitas matrimoniorum de moribus utique prosperata, qua[e] per annos ferme sescentos ab urbe condita nulla repudium domus scripsit? At nunc in feminis prae auro nullum leve est membrum, prae vino nullum liberum est osculum, repudium vero iam et votum est, quasi matrimonii fructus. **7.** Etiam circa ipsos deos vestros quae prospecte decreverant patres vestri, idem vos obsequentissimi rescidistis. Liberum Patrem cum mysteriis suis consules senatus auctoritate non modo urbe, sed universa Italia eliminaverunt. **8.** Serapidem et Isidem et Arpocratem cum suo Cynocephalo Capitolio prohibitos inferri, id est curia deorum pulsos, Piso et Gabinius consules, non utique Christiani, eversis etiam aris eorum abdicaverunt, turpium et otiosarum superstitionum vitia cohibentes. His vos restitutis summam maiestatem contulistis. **9.** Ubi religio, ubi veneratio maioribus debita a vobis? Habitu, victu, instructu, sensu, ipso denique sermone proavis renuntiastis. Laudatis semper antiquitatem, et nove de die vivitis. Per quod ostenditur, dum a bonis maiorum institutis deceditis, ea vos retinere et custodire, quae non debuistis, cum quae debuistis non custodistis. **10.** Adhuc quod videmini fidelissime tueri a patribus traditum, in quo principaliter reos transgressionis Christianos destinastis, stu-

Ω

---

29 diiudicarentur 39 *sq.* prohibitos, id 46 antiquos, sed 49 Ipsum adhuc (*cf.* Nat. I 10 p. 75, 2) 51 destinatis

Φ

---

28 *sq. cf.* Arnob. Adv. Nat. II 67 *ex.* 30 *sq. cf.* Monog. 9 *ex.* 32 *cf.* Isid. Orig. XIX 32, 4 38 *cf.* Tert. Nat. I 10 p. 76, 2 *sqq.*

---

29 diiudicarentur Φ, iudicarentur (*vel* indicarentur *cf.* Gell. X 23, 1 indicium faceret) Ω 30 qua (Φ) *det.* *R*[1], quae *SΠM al.* 33 oculum *SΠ corr.* 35 prospecte (perspecte *det.*) Ω, specte Φ (*errore*) 36 idem *SΠM* (*pro more*), iidem (Φ) *det.* 37 consules *om.* Φ, *habet* Φ[b] 38 et *ante* Isidem *om.* (Φ) *det.* 39 prohibitos Φ (*i. e.* pulsos *cf.* Nat. I 10 p. 76, 3), prohibitos inferri Ω 49 cumque *SΠM* 51 destinatis Φ *det.*, destinastis *opt.* Ω

Ω dium dico deorum colendorum, de quo maxime erravit antiquitas, licet Serapidi iam Romano aras restruxeritis, licet Baccho iam Italico furias vestras immol[ar]etis, suo loco ostendam proinde despici et neglegi et destrui a vobis adversus maiorum auctoritatem. **11.** Nunc enim ad illam occultorum facinorum infamiam respondebo, ut viam mihi ad manifestiora purgem.

VII. **1.** Dicimur sceleratissimi de sacramento infanticidii et pabulo inde et post convivium incesto, quod eversores luminum canes, lenones scilicet tenebrarum, libidinum impiarum inverecundiam procurent. **2.** Dicimur tamen semper, nec vos quod tamdiu dicimur eruere curatis. Ergo aut eruite, si creditis, aut nolite credere, qui non eruistis! De vestra vobis dissimulatione praescribitur non esse quod nec ipsi audetis eruere. Longe aliud munus carnifici in Christianos imperatis, non ut dicant quae faciunt, sed ut negent quod sunt. **3.** Census istius disciplinae, ut iam edidimus, a Tiberio est. Cum odio sui coepit veritas; simul atque apparuit, inimica est. Tot hostes eius quot extranei, et quidem proprie ex aemulatione Iudaei, ex concussione milites, ex natura ipsi etiam domestici nostri. **4.** Cottidie obsidemur, cottidie prodimur, in ipsis plurimum coetibus et congregationibus nostris opprimimur. **5.** Quis

---

Φ **VII.** 3*sq.* in libidinum impiarum verecundiam 7 eruitis 14 etiam ipsi 15 ipsis etiam

---

VII. 1*sqq.* *cf.* Nat. I 16 2*sqq.* *cf.* Min. Fel. 9, 6*sq.* 4 *cf.* Nat. I 16 p. 86, 6 15*sqq.* *cf.* Nat. I 7 p. 69, 17*sqq.*

VI. 52 de *om.* *M* 54 bacho *SΠ* immoletis *ΦZ* (*cf.* Spect. 10 p. 12, 26), immolaretis *rel.* *Ω* 55 proinde (*i. e. aeque*) *Ω*, perinde (*Φ*) *Gel.* 57*sq.* ut iam mihi manifestiora *M det.*

VII. 4 in verecundiam *Oehler* procurrent *M det.* 7 eruitis *ΦZ*, eruistis *rel.* *Ω* 8*sq.* carnifici *SΠM*, carnificii (*Φ*) *det. edd.* 12 apparuit *vix om.* *Φ* (*Modius fort. scripsit* a. a. inimica est, *Iunius omisso altero* a.: atque inimica est, *Φ*b a. inimica est) 12*sq.* quot (quod *SΠ corr.*) extranei *Ω*, tot extranei *Φ* (*errore*) 13 proprii (*Φ*) *R*1 13*sq.* ex concussione *i. e. exactione violenta* ex natura *i. e.* φύσει

umquam taliter vagienti infanti supervenit? Quis cruenta, ut invenerat, Cyclopum et Sirenum ora iudici reservavit? Quis vel in uxoribus aliqua immunda vestigia deprehendit? Quis talia facinora, cum invenisset, celavit aut vendidit, ipsos trahens homines? Si semper latemus, quando proditum est quod admittimus? **6.** Immo a quibus prodi potuit? Ab ipsis enim reis non utique, cum vel ex forma omnibus mysteriis silentii fides debeatur. Samothracia et Eleusinia reticentur: quanto magis talia, quae prodita interim etiam humanam animadversionem provocabunt, dum divina serva[n]tur? **7.** Si ergo non ipsi proditores sui, sequitur ut extranei. Et unde extraneis notitia, cum semper etiam [in]piae initiationes arceant profanos et ⟨ab⟩ arbitris caveant? nisi si impii minus metuunt. **8.** Natura famae omnibus nota est. Vestrum est: 'Fama malum, qua non aliud velocius ullum.' Cur malum fama? quia velox? quia index? an quia plurimum mendax? Quae ne tunc quidem, cum aliquid veri adfert, sine mendacii vitio est, detrahens, adiciens, demutans de veritate. **9.** Quid quod ea illi condicio Ω

19 unquam immunda   23*sq.* omnium mysteriorum   25 prodita etiam   26*sq.* divinitas servatur   27 ipsi sunt proditores   34 defert (Nat. I 7 p. 67, 8) Φ

23*sq.* *cf.* Nat. I 7 p. 68, 21 ex forma ac lege omnium mysteriorum   25 *cf. ibid. v.* 23 inter⟨im⟩.   30*sqq.* *cf.* Nat. I 7 *in.* Verg. Aen. IV 174. Min. Fel. 28, 6. Isid. Orig. V 27, 27 (M. Klussmann, Excerpta Tert. in Isid. Hisp. Etym., Hamb. 1892, p. 11)

18 sirenum $S\Pi^1 MG$, sirenarum Π^2, syronum *det.*   22 quo *Π corr.*   23 ex forma ⟨sua⟩ *Kroymann*   26*sq.* divinitas (-tus *Oehler*) servatur Φ, divina servatur *X Lat.*, divina (-ae R^3) servantur *rel.* Ω   29 piae Φ (Nat. I 7 p. 68, 25 etiam [enim *A*] iusta et licita mysteria), inpiae Ω   et Φ^b Ω, etiam Φ   ab arbitris Φ, arbitris Ω (*falso*)   30 nisi Φ $Q^1 TU$, nisi si *rel.* Ω (Nat. I 7 p. 68, 26 *lege* nisi si)   metuunt. VII (= 7, 8—8, 1 praesumunt [—7, 13 valuit *det.*]) DE INFANTICIDIO *SΠM al.*   31 qua Φ $S\Pi^2$ (quia Π^1) Verg. Aen. IV 174, Isid. Orig. V 27, 27, quo *det.* Nat. I 7   32 quia velox Φ^b Ω, an quia velox Φ (*errore*)   33 medax Π^1, *corr.* Π^2 ne] nec *M det.*   34 mendatio vitii *M det.*   35 quid quod *om.* *M*

Ω est, ut non nisi cum mentitur, perseveret, et tamdiu vivit, quamdiu non probat? Siquidem ubi probavit, cessat esse et quasi officio nuntiandi functa rem tradit; et exinde res tenetur, res nominatur. **10.** Nec quisquam dicit verbi gratia: 'Hoc Romae aiunt factum', aut: 'Fama est illum provinciam sortitum'; sed: 'Sortitus est ille provinciam', et: 'Hoc factum est Romae.' **11.** Fama, nomen incerti, locum non habet ubi certum est. An vero famae credat nisi inconsideratus? quia sapiens non credit incerto. Omnium est aestimare: quantacumque illa ambitione diffusa sit, quantacumque adseveratione constructa, quod ab uno aliquando principe exorta sit necesse est. **12.** Exinde in traduces linguarum et aurium serpit, et ita modici seminis vitium cetera rumoris obscurat, ut nemo recogitet, ne primum illud os mendacium seminaverit, quod saepe fit aut ingenio aemulationis aut arbitrio suspicionis aut non nova, sed ingenita quibusdam mentiendi voluptate. **13.** Bene autem quod omnia tempus revelat, testibus etiam vestris proverbiis atque sententiis, ex dispositione naturae, quae ita ordinavit, ut nihil diu lateat, etiam quod fama non distulit. **14.** Merito igitur fama tamdiu conscia sola est scelerum Christianorum; hanc indicem adversus nos profertis,

---

Φ 38 tradit; exinde (Nat. I 7 p. 67, 13) 43 An famae nisi si 44 qui sapiens est non credit incerto 45 diffusa est 54 divinae naturae 57 *sq.* Christianorum (quod dicitur semper, semper ⟨non⟩ est, quia quod est desinit dici); hanc

---

44 Nat. I 7 p. 67, 18 quia sapiens non credit incerto 47 *cf.* Isid. *ibid.* V 27, 26 53 *cf.* Sophocl. ap. Gell. XII 11, 6

---

38 functa (Φ) *det.* (Nat. I 7 p. 67, 13), functam *opt.* Ω 40 aiunt Φ *det.*, aiut *SM*, aut *Π* 45 diffusa est Φ (Nat. *l. l.*), diffusa sit Ω (*cf.* c. 39, 16) 46 quod *pendet ex praeced.* aestimare 48 serpit *SΠM* (Nat. I 7 p. 67, 21), serpat (Φ) *det. edd.* 49 ceterarum oris *ΠM* obscurant *Gel., probat Kroymann* 54 divinae naturae Φ (Praescr. 7), naturae Ω (Nat. I 7 p. 67, 26) 57 *sqq.* Christianorum. Quod dicitur semper ⟨semper Φ[b]⟩ ⟨non⟩ (*Rauschen*) est, quia quod est desinit dici Φ (́ ̆ ̀ ́ ̄), *om.* Ω

quae quod aliquando iactavit tantoque spatio in opinionem corroboravit, usque adhuc probare non valuit, ut fidem naturae ipsius appellem adversus eos, qui talia credenda esse praesumunt. Ω

VIII. **1.** Ecce proponimus horum facinorum mercedem: vitam aeternam repromittunt. Credite interim! De hoc enim quaero, an et qui credideris tanti habeas, ad eam tali conscientia pervenire. **2.** Veni, demerge ferrum in infantem nullius inimicum, nullius reum, omnium filium; vel, si alterius officium est, tu modo adsiste morienti homini, antequam vixit; fugientem animam novam exspecta, excipe rudem sanguinem, eo panem tuum satia, vescere libenter! **3.** Interea discumbens dinumera loca, ubi mater, ubi soror; nota diligenter, ut, cum tenebrae ceciderint caninae, non erres! Piaculum enim admiseris, nisi incestum feceris. **4.** Talia initiatus et consignatus vivis in aevum. Cupio respondeas, si tanti aeternitas; aut si non, ideo nec credenda. Etiamsi credideris, nego te velle; etiamsi volueris, nego te posse. Cur ergo alii possint, si vos non potestis? cur non possitis, si alii possunt? **5.** Alia nos, opinor, natura,

---

58 temporis spatio Φ

VIII. 3 crediderit, tanti habeat 11 feceris, nisi incestum [feceris] 16 alii nos

---

VIII. 3 *cf.* Nat. I 7 p. 71, 7 4 *cf.* Nat. I 7 p. 70, 25*sqq.* Min. Fel. 30, 1. 2 12 *cf.* Nat. I 7 p. 71, 7 13 *cf.* Salv. Gub. IV 85 16*sq.* *cf.* Nat. I 8 *in.* tertium genus dicimur. ⟨An⟩ Cynop. . . . vel Sciap.

---

58 iatavit *SΠ corr.* temporis spatio Φ, spatio Ω (Nat. I 7 p. 68, 1 tanto .. tempore) 59 *post* valuit *cap. novum incipit in det.* 61 praesumunt. VIII (= 8, 1 ecce — 9, 20) DE FAMA INCESTI (INCESTIS *S*) *Π al.* DE FAMA INCESTVS *M*

VIII. 11 feceris Φ, admiseris Ω incestum feceris (Φ) Ω, feceris *del. Rauschen* 12 vives *Löfstedt* (*coll.* Nat. I 7 p. 71, 7) 15 possint *SΠM*, possunt (Φ) *det. edd.*

Ω Cynopennae aut Sciapodes; alii ordines dentium, alii ad incestam libidinem nervi. Qui ista credis de homine, potes et facere; homo es et ipse, quod et Christianus. Qui non potes facere, non debes credere. Homo est enim et Christianus, [et] quod et tu. **6.** 'Sed ignorantibus subicitur et imponitur.' Nihil enim tale de Christianis adseverari sciebant, observandum utique sibi et omni vigilantia investigandum. **7.** Atquin volentibus initiari moris est, opinor, prius patrem illum sacrorum adire, quae praeparanda sint describere. Tum ille: 'Infans tibi necessarius adhuc tener, qui nesciat mortem, qui sub cultro tuo rideat; item panis, quo sanguinis iurulentiam colligas; praeterea candelabra et lucernae et canes aliqui et offulae, quae illos ad eversionem luminum extendant; ante omnia cum matre et sorore tua venire debebis.' **8.** Quid si noluerint vel nullae fuerint? quid denique singulares Christiani? Non erit, opinor, legitimus Christianus nisi frater aut filius. **9.** Quid nunc, et si ista omnia ignaris praeparantur? Certe postea cognoscunt et sustinent et ignoscunt. Timent plecti, si proclament! qui defendi merebuntur, qui etiam ultro perire malint quam sub tali conscientia vivere? Age nunc, timeant; cur etiam perseverant? Sequitur enim, ne ultra velis id te esse, quod, si prius scisses, non fuisses.

Φ 31 quid si venire 32 sine pignore singulares Christiani . . eris (*cf.* Nat. I 7 p. 70, 6) 36 malunt

---

24 *cf.* Nat. I 7 p. 69, 29 26 *cf.* Min. Fel. 9, 5 28 *sqq. cf.* Min. Fel. 9, 6

---

17 cynopennae *SΠ* Nat. I 8 *in.* (*Agob.*), Cynopenae *Φ* 19 homo es] tu homo es (*Φ*) *edd.* 21 quod (*Φ*) *det.* et quod *SΠM* (et = id est *Thörnell*) 24 atquin *SΠM*, atqui (*Φ*) *det.* 25 describere (*Φ*) *det.*, discribere *opt. Ω*, discere *Löfstedt* 26 tibi] ti *S* (bi *s. l.*) *Π* 27 quo] qui (*Φ*)*MR*³ 28 iurulentiam *ΦSΠ*¹, virulentiam *Π*² *et rel. Ω* conligat (*Φ*) *det. R*³ 31 *sq.* quid denique (*Φ*) *det.*, quod denique *opt. Ω* 36 malunt *ΦL*, malint *rel. Ω* 37 *sq.* perseverent (*Φ*) *edd.*

IX. **1.** Haec quo[que] magis refutaverim, a vobis fieri ostendam partim in aperto, partim in occulto, per quod forsitan et de nobis credidistis. **2.** Infantes penes Africam Saturno immolabantur palam usque ad proconsulatum Tiberii, qui eosdem sacerdotes in eisdem arboribus templi sui obumbratricibus scelerum votivis crucibus exposuit, teste militia patriae nostrae, quae id ipsum munus illi proconsuli functa est. **3.** Sed et nunc in occulto perseveratur hoc sacrum facinus. Non soli vos contemnunt Christiani, nec ullum scelus in perpetuum eradicatur, aut mores suos aliqui deus mutat. **4.** Cum propriis filiis Saturnus non pepercit, extraneis utique non parcendo perseverabat, quos quidem ipsi parentes sui offerebant. Et libentes respondebant et infantibus blandiebantur, ne lacrimantes immolarentur. Et tamen multum homicidio parricidium differt. **5.** Maior aetas apud Gallos Mercurio prosecatur. Remitto fabulas Tauricas theatris suis. Ecce in illa religiosissima urbe Aeneadarum piorum est Iuppiter quidam, quem ludis suis humano sanguine proluunt. 'Sed bestiarii', inquitis. Hoc, opinor, minus quam hominis! An hoc turpius, quod mali hominis? certe tamen de homicidio funditur. O Iovem Christianum et solum patris filium de crudelitate! **6.** Sed quoniam de infanticidio nihil interest, sacro an arbitrio perpetretur, licet Ω

IX. 5 ipsos sacerdotes 6 vivos exposuit 7 patris nostri 10 ullum facinus ... aliquis 12 perseverasset, sed quos 16 prosecabatur 17 Sed et in 23*sq.* patretur, licet de parricidio intersit Φ

IX. 3 *cf.* Scorp. 7 p. 160, 3. Min. Fel. 30, 3. Lact. Inst. I 21, 13. Epit. 23, 3 11 *cf.* Nat. II 7 p. 107, 26 16 *cf.* Min. Fel. 30, 4

---

1 quo (Φ) *edd.*, quoque Ω (que *Z*) 6 obumbraticibus $S\Pi^1$ *corr.* Π^2 7 patris nostri Φ (*cf.* Hier. Vir. ill. 53), patriae nostrae Ω (*fort. interpolatum*) id (ad *det.*) ipsum munus Ω, ad ipsum manus Φ 8 perseveratur *opt.* Ω, perseverat (Φ) *det.* 10 aliquis Φ *det.*, aliqui *SΠG* (*cf.* c. 12, 5) 16 Tauricas fabulas (Φ) *det. edd.* 18 est . est *ΠM* 18*sq.* proluunt sanguine (Φ) *det. edd.* 19 opinor hoc (Φ) *det.*

Ω parricidium homicidio intersit, convertar ad populum. Quot vultis ex his circumstantibus et in Christianorum sanguinem hiantibus, ex ipsis etiam vobis iustissimis et severissimis in nos praesidibus apud conscientias pulsem, qui natos sibi liberos enecent? **7.** Si quid[em] et de genere necis differt, utique crudelius in aqua spiritum extorquetis, aut frigori et fami et canibus exponitis; ferro enim mori aetas quoque maior optaverit. **8.** Nobis vero semel homicidio interdicto etiam conceptum utero, dum adhuc sanguis in hominem delib[er]atur, dissolvere non licet. Homicidii festinatio est prohibere nasci, nec refert, natam quis eripiat animam an nascentem disturbet. Homo est et qui est futurus; etiam fructus omnis iam in semine est. **9.** De sanguinis pabulo et eiusmodi tragicis ferculis legite, necubi relatum sit — est apud Herodotum, opinor — defusum brachiis sanguinem *et* alterutro degustatum nationes quasdam foederi comparasse. Nescio quid et sub Catilina degustatum est. Aiunt et apud quosdam gentiles Scytharum defunctum quemque a suis comedi. **10.** Longe excurro. Hodie istic Bellonae

---

Φ 26 inhiantibus 28 de necis genere 29*sq.* torquetis (Isid. Orig. V 27, 35), aut frigori aut fami aut canibus 31 homicidio semel 38 apud Herodotum (*om.* est) 40 tale degustatum [est] 42*sq.* Bellonae secatos

---

28 *cf.* Isid. Orig. V 27, 35 38 Herod. IV 70 40 *cf.* Sall. Catil. 22. Min. Fel. 30, 5 41 *cf.* Adv. Marc. I 1 p. 291, 6 42 *cf.* Min. Fel. 30, 5. Lact. Inst. I 21, 16

---

24 quot] quod (Φ) *SΠM al.* 26 inhiantibus Φ, hiantibus Ω (*cf.* De fug. 12 p. 487, 8 Oehler) 28 enectent (Φ) *edd.* si quid Φ, si quidem Ω 29*sq.* aut fami aut canibus Φ *Ψ*, et fami et canibus *rel.* Ω 30 exponitis Ω, exponentes Φ (*errore*) 31 homicidio semel Φ *det.*, semel homicidio *opt.* Ω 32 utero Ω, uterum Φ (*errore*) 33 delibatur (Φ) ZK^1, deliberatur *rel.* Ω 34 quis] qui (Φ) 37 tragoecis *SΠM* ferculis Ω, fabulis Φ (*ex* c. 9, 5 *errore*) 38 diffusum (Φ) *M det.* 39 et alterutro (*i. e. invicem*, *cf.* Ad ux. II 9 *ter*) Φ, ex alterutro Ω 40 catillina *SΠ* degustatum $Φ^b$, degustatum est Φ Ω

Ω sacratos sanguis de femore proscisso in palmulam exceptus et ⟨u⟩sui datus signat. Item illi, qui munere in arena noxiorum iugulatorum sanguinem recentem, de iugulo decurrentem exceptum, avida siti comitiali morbo medentes hauserunt, ubi sunt? **11.** Item illi, qui de arena ferinis obsoniis cenant, qui de apro, qui de cervo petunt? Aper ille quem cruentavit colluctando detersit; cervus ille in gladiatoris sanguine iacuit. Ipsorum ursorum alvei appetuntur cruditantes adhuc de visceribus humanis; ructatur proinde ab homine caro pasta de homine. **12.** Haec qui editis, quantum abestis a conviviis Christianorum? Minus autem et illi faciunt, qui libidine fera humanis membris inhiant, quia vivos vorant? minus humano sanguine ad spurcitiam consecrantur, quia futurum sanguinem lambunt? non edunt infantes plane, sed magis puberes. **13.** Erubescat error vester Christianis, qui ne animalium quidem sanguinem in epulis esculentis habemus, qui propterea suffocatis quoque et morticinis abstinemus, ne quo modo sanguine contaminemur vel intra viscera sepulto. **14.** Denique inter temptamenta Christianorum botulos etiam cruore distentos admovetis, certissimi scilicet illicitum esse penes illos, per quod exorbitare eos vultis. Porro quale est, ut, quos sanguinem pecoris horrere confiditis, humano inhiare credatis, nisi forte

---

Φ 43*sq.* proscisso palmula exceptus et usui   45*sq.* decurrentem, avida   50 sanguinem ⟨se⟩ iactavit   51 ructuatur ab   61 in tormenta   64*sq.* sanguinem pecudis

---

47 *cf.* Min. Fel. 30, 6   54 *cf.* Nat. I 15 p. 85, 25. Min. Fel. 28, 10

---

43 secatos Φ[b], secator Φ, sacratos *Rig.*, sacratus Ω   44 usui Φ, esui *Rig.*, sui *opt.* Ω   45 iugulatorum Ω, rigulatorum Φ   iugulo ΩΦ (*errore Iunii*), rigulo Φ[b]   47 arenae *scr. Oehler*   50 sanguinem (⟨se⟩ *Bindley*) iactavit Φ, sanguine iacuit Ω   50*sq.* cruditantes Φ cruditantibus *SΠM* (*errore*)   51 ructuatur Φ[b] (*cf.* c. 23, 5; 48, 14), ructatur ΦΩ   57*sq.* Christianos (Φ) *R*[1]   59*sq.* propterea quoque suffocatis et morticinis (Φ) *det. edd.*   60 modo *SΠM*, *om.* (Φ) *det. edd.*   62 distentos (Φ) *det. edd.*, distensos *SΠM*   64*sq.* pecudis Φ (*cf.* c. 22, 10), pecoris Ω

Ω suaviorem eum experti? **15.** Quem quidem et ipsum proinde examinatorem Christianorum adhiberi oportebat, ut foculum, ut acerram. Proinde enim probarentur sanguinem humanum appetendo, quemadmodum sacrificium respuendo; alioquin negandi, si non gustassent, quemadmodum si immolassent. Et utique non deesset vobis in auditione custodiarum et damnatione sanguis humanus. **16.** Proinde incesti qui magis quam quos ipse Iuppiter docuit? Persas cum suis matribus misceri Ctesias refert. Sed et Macedones suspecti, quia, cum primum Oedipum tragoediam audissent, ridentes incesti dolorem: Ἤλαυνε, dicebant, εἰς τὴν μητέρα! **17.** Iam nunc recogitate, quantum liceat erroribus ad incesta miscenda, suppeditante materias passivitate luxuriae. Inprimis filios exponitis suscipiendos ab aliqua praetereunte misericordia extranea, vel adoptandos melioribus parentibus emancipatis. Alienati generis necesse est quandoque memoriam dissipari; et simul error impegerit, exinde iam tradux proficiet incesti serpente genere cum scelere. **18.** Tunc deinde quocumque in loco, domi, peregre, trans freta, comes

---

Φ 66 experti estis? 69 appetendo Christiani 76 aiebant 77 Age iam recogitate .. erroribus vestris 82 dispergi

---

73*sq.* *cf.* Nat. I 16 p. 86, 15*sqq.* Min. Fel. 31, 3 79 *cf.* Nat. I 16 p. 87, 10. Min. Fel. 31, 4. Lact. Inst. VI 10, 22 84 *cf.* Nat. I 16 p. 87, 14*sq.*

---

66 quidem Ω, quid Φ (*errore*, qd. *i.e. quidem* $Φ^b$) 67 oportebat *post* acerram *in v. 68* (Φ) *det. edd.* 69 quemadmodum Ω, qui Φ (*errore*, q. *i.e. quemadmodum* $Φ^b$) 70 negandi *S*$Π^1$*M et* Φ *ut videtur* (*erravit Iun.*, *tacet* $Φ^b$) (*i.e. essent Christiani*), necandi $Π^2$ (c *s. l.*) *det.* gustasset *SΠ corr.* 74 ctheseas *SΠM* 76 ἤλαυνε (*i.e. incurrebat*) *Goth.* (Nat. I 16 p. 86, 23 elaune dicebatistenmatera *A*), ἔλαυνε (*i.e. incurre*) *Rig.* ἐλαγγαε aiebant isten (*i.e.* εἰς τὴν) μετεραν $Φ^b$, ἐλαγγαε aiebant μετεραν Φ, ΕΛΛΥΝΕ dicebant EISTHNa ΛΙΓΕRΑ *SΠ* matera (ματέρα *Oehler*) *cod. Agob.* Nat. *l. l.* 78 materias Ω, materia Φ (*fort.* -am) luxoriae *SΠ* 82 dispergi *Iun.* (*cf.* c. 5, 6), disperci Φ, dissipari Ω simul Ω, semel Φ (*errore*)

est libido, cuius ubique saltus facile possunt alicubi ignaris Ω filios pangere vel ex aliqua seminis portione, ut i⟨t⟩a sparsum genus per commercia humana concurrat in memorias suas, neque eas caecus incesti sanguinis agnoscat. **19.** Nos ab isto eventu diligentissima et fidelissima castitas saepsit, quantumque ab stupris et ab omni post matrimonium excessu, tantum et ab incesti casu tuti sumus. Quidam multo securiores totam vim huius erroris virgine continentia depellunt, senes pueri. **20.** Haec in vobis esse si consideraretis, proinde in Christianis non esse perspiceretis. Idem oculi renuntiassent utrumque. Sed caecitatis duae species facile concurrunt, ut qui non vident quae sunt, videre videantur quae non sunt. Sic per omnia ostendam. Nunc de manifestioribus dicam.

X. **1.** 'Deos', inquitis, 'non colitis et pro imperatoribus sacrificia non penditis.' Sequitur, ut eadem ratione pro aliis non sacrificemus, qu[i]a nec pro nobis ipsis, semel deos non colendo. Itaque sacrilegii et maiestatis rei convenimur. Summa haec causa, immo tota est et utique digna cognosci, si non praesumptio aut iniquitas iudicet, altera quae desperat, altera quae recusat veritatem. **2.** Deos vestros colere

---

97 *sq.* de manifestis. Φ

---

90 *cf.* Min. Fel. 31, 5 95 *cf.* Min. Fel. 26, 10. Lact. Inst. II 14, 10

---

85 cuius Ω, cuiusque Φ (*errore*) 86 *sq.* ut ita sparsum (spersum Φ) Φ[b], uti asparsum *SΠ*, uti aspersum *M det.* 87 concurrit Φ (*errore*) 88 neque Ω, ne quis Φ (*i. e. ut non aliquis Hav.*) neque quis eas *Kroymann* 92 virginea (Φ) *det.* 93 si haec in vobis esse (Φ) *det. edd.* 94 idem *SΠM* (*cf.* c. 6, 7; 36, 4), iidem (Φ) *det.* 95 caecitati (Φ) *edd.* species Ω, spe Φ (*errore*) sp. (*i. e. species*) Φ[b] 96 videre Ω, et videre (Φ) *R*[3] 97 *sq.* de manifestis Φ (*cf.* c. 4, 2. Nat. I 12 p. 83, 11; II 13 *in.*), de manifestioribus dicam Ω (*cf.* c. 6, 11) 98 dicam. IX (= 10, 1—5) DE NON COLENDA (-Ā Π) IDOLA *SΠ*, DE NON COLENDO IDOLO *M al.*

X. 1 pro *om. M det.* 3 qua *v. d. Vliet*, quia (Φ) Ω 6 *sq.* desperat *SΠM*[1]

Ω desinimus, ex quo illos non esse cognoscimus. Hoc igitur exigere debetis, uti probemus non esse illos deos et idcirco non colendos, quia tunc demum coli debuissent, si dei fuissent. Tunc et Christiani puniendi, si, quos non colerent, quia putarent non esse, constaret illos deos esse. **3.** 'Sed nobis', inquitis, 'dei sunt.' Appellamus et provocamus a vobis ad conscientiam vestram; illa nos iudicet, illa nos damnet, si poterit negare omnes istos deos vestros homines fuisse. **4.** Si et ipsa infitias ierit, de suis antiquitatum instrumentis revincetur, de quibus eos didicit, testimonium perhibentibus ad hodiernum et civitatibus, in quibus nati sunt, et regionibus, in quibus aliquid operati vestigia reliquerunt, in quibus etiam sepulti demonstrantur. **5.** Nunc ergo per singulos decurram, tot ac tantos, novos veteres, barbaros Graecos, Romanos peregrinos, captivos adoptivos, proprios communes, masculos feminas, rusticos urbanos, nauticos militares? **6.** Otiosum est etiam titulos persequi. Ut colligam in compendium, et hoc non quo cognoscatis, sed recognoscatis — certe enim oblitos agitis — ante Sa-

---

Φ 8 desivimus ... cognovimus 11*sqq.* si eos non colerent .. quos constaret esse. 'Sed apud nos', inquitis, 'constat deos esse illos.' 13*sq.* a vobis ipsis 14*sq.* illa condemnet 24 est enim etiam 25*sq.* non ut cognoscatis, sed ut

---

24 *cf.* Min. Fel. 21, 9 otiosum est ire per singulos 25 *cf.* Nat. II 12 p. 116, 18

---

8 desivimus Φ^b Z Ψ^2 (Nat. I 7 p. 69, 11), desinimus Φ Ω; *quae verba in* Φ *adduntur* et statim, *non ad verba scriptoris pertinent, sed ad variam quae sequitur scripturam* cognovimus cognovimus Φ^b, cognorimus Φ, cognoscimus Ω (recognoscimus *Z*) 10 dei Φ $S\Pi^1$, dii Π^2 13 apud nos Φ^b (apud vos Φ), inquitis, constat deos esse illos Φ, nobis (*vel* vobis), inquitis, dei sunt Ω (*cf.* c. 13, 1) 16 inficias (in inficias Φ^b) ierit Φ, inficia (infitia *M*) si erit *SΠ* 17 didicit *MG det.*, dicit *SΠ*, didiscit (Φ) 19 operati sunt *M* 20*sq.* num ergo (Φ) R^3 23 masculinos (Φ) *edd.* 26 certe Ω, certi Φ (*errore*) agitis. X (= 10, 5 ante—11, 16) DE SATVRNO ET IOVE *SΠM al.*

Ω

turnum deus penes vos nemo est; ab illo census totius vel potioris et notioris divinitatis. Itaque quod de origine constiterit, id et de posteritate conveniet. **7.** Saturnum itaque, si quantum litterae docent, neque Diodorus Graecus aut Thallus neque Cassius Severus aut Cornelius Nepos neque ullus commentator eiusmodi antiquitatum aliud quam hominem promulgaverunt; si quantum rerum argumenta, nusquam invenio fideliora, quam apud ipsam Italiam, in qua Saturnus post multas expeditiones postque Attica hospitia consedit, exceptus ab Iano, vel Iane, ut Salii volunt. **8.** Mons, quem incoluerat, Saturnius dictus; civitas, quam depalaverat, Saturnia usque nunc est, tota denique Italia post Oenotriam Saturnia cognominabatur. Ab ipso primum tabulae et imagine signatus nummus, et inde aerario praesidet. **9.** Tamen, si homo Saturnus, utique ex homine, et quia ab homine, non utique de Caelo et Terra. Sed cuius parentes ignoti erant, facile fuit eorum filium dici, quorum et omnes possumus videri. Quis enim non caelum ac terram matrem ac patrem venerationis et honoris gratia appellet vel ex consuetudine humana, qua ignoti vel ex inopinato apparentes de caelo supervenisse dicuntur? **10.** Proinde Saturno repentino ubique caelitem contigit dici; nam et

---

Φ

30 quantum litterae 37 et civitas 40 imagines et signatus 42 e caelo 44*sq.* aut terram patrem aut matrem

---

29 *cf.* Nat. II 12 p. 119, 9*sqq.* Min. Fel. 21, 4. Lact. Inst. I 13 37 *cf.* Nat. II 18 p. 119, 15 41 *cf.* Nat. II 12 p. 119, 19*sqq.* 46 *cf.* Lact. Inst. I 11, 55

---

28 vel notioris (Φ) *det. edd.* 30 quantum litterae Φ (*fueritne in* Φ si *incertum est*), si quantum (*i. e.* si respicimus quantum) litterae docent Ω 35 actica *SΠM* 36 ab (Φ) *SΠ* (Nat. II 12 p. 119, 14), a *M det.* 39 enotriam *SΠ* 40 imagine, ΦΩ, imagines Φ[b] signatus Ω, et signatus Φ (*cf.* Isid. Orig. XVI 18, 3) 42 e caelo Φ, de caelo Ω (Nat. II 12 p. 119, 20) 48 repentino adventu (Φ) *det.* contingit *SΠ corr.*

Ω terrae filios vulgus vocat, quorum genus incertum est. Taceo quod ita rudes adhuc homines agebant, ut cuiuslibet novi viri adspectu quasi divino commoverentur, cum hodie iam politi, quos ante paucos dies luctu publico mortuos sint confessi, in deos consecrent. **11.** Satis iam de Saturno, licet paucis. Etiam Iovem ostendemus tam hominem quam ex homine, et deinceps totum generis examen tam mortale quam seminis sui par.

XI. **1.** Et quoniam, sicut illos homines fuisse non audetis negare, ita post mortem deos factos instituistis adseverare, causas, quae hoc exegerint, retractemus. **2.** Inprimis quidem necesse est concedatis esse aliquem sublimiorem deum et mancipem quendam divinitatis, qui ex hominibus deos fecerit. Nam neque sibi illi sumere potuissent divinitatem, quam non habebant, nec alius praestare eam non habentibus, nisi qui proprie possidebat. **3.** Ceterum si nemo es[se]t, qui deos faceret, frustra praesumitis deos factos, auferendo factorem. Certe quidem, si ipsi se facere potuissent, numquam homines fuissent, possidentes scilicet condicionis melioris potestatem. **4.** Igitur si est qui

Φ 49 in incerto (*cf.* Adv. Marc. I 9 p. 301, 25. 26) 50 rudes tunc (Nat. II 12 p. 120, 4) homines 52 humatos mortuos 55 generis ipsius examen

XI. 1 Sed quoniam 12 scilicet apud se melioris condicionis

49 *cf.* Min. Fel. 21, 7 55 *cf.* Min. Fel. 21, 4

XI. 5 *cf.* Nat. II 13 p. 121, 18 9 *cf.* Nat. II 13 p. 121, 16 si nemo est, qui deos ⟨faceret⟩ *Borleffs*

54 iove *SΠ* 56*sq.* par: sed quoniam *Φ*, paret (*vel* par est) quoniam *Ω*

XI. 4 et esse *M* 5 quidem *MG det.* 6*sq.* potuissent sumere (*Φ*) *det. edd.* 7 aliis *ex* alius *Π* 8 possidebat (*Φ*) *M det.*, possedebat *opt. Ω* 9 est *Φ* (Nat. *l. l.*), esset *Ω* (*errore*) 12 melioris condicionis *Φ det.*, conditionis (condictionis *M*) melioris *SΠM*

Ω

faciat deos, revertor ad causas examinandas faciendorum ex hominibus deorum, nec ullas invenio, nisi si ministeria et auxilia officiis divinis desideravit ille magnus deus. Primo indignum est, ut alicuius opera indigeret, et quidem mortui, cum dignius ab initio deum aliquem fecisset qui mortui erat operam desideraturus. **5.** Sed nec operae locum video. Totum enim hoc mundi corpus, sive innatum et infectum secundum Pythagoram sive natum factumve secundum Platonem, semel utique in ista constructione dispositum et instructum et ordinatum cum omni⟨s⟩ rationis gubernaculo inventum est. Imperfectum non potuit esse quod perfecit omnia. **6.** Nihil Saturnum et Saturniam gentem exspectabat. Vani erunt homines, nisi certi sint a primordio et pluvias de caelo ruisse et sidera radiasse et lumina floruisse et tonitrua mugisse et ipsum Iovem quae in manu eius imponitis fulmina timuisse; item omnem frugem ante Liberum et Cererem et Minervam, immo ante illum aliquem principem hominem de terra exuberasse, quia nihil continendo et sustinendo homini prospectum post hominem potuit inferri. **7.** Denique invenisse dicuntur necessaria ista vitae, non instituisse. Quod autem invenitur, fuit, et quod fuit, non eius deputabitur qui invenit, sed eius qui instituit; erat enim antequam inveniretur. **8.** Ceterum si propterea Liber deus, quod vitem demonstravit, male cum Lucullo actum

---

Φ

21 in ipsa conceptione   30 hominum   31 *sq.* potuit inveniri

---

20 *sq.* Plat. Tim. 32[c] τὸ τοῦ κόσμου σῶμα ἐγεννήθη   22 *cf.* Paenit. 1, 3   27 *cf.* Min. Fel. 23 (24), 6   32 *cf.* Nat. II 16 *in.*

---

16 opere *SΠM*   19 infactum (Φ) *det. edd.* (*sed cf.* Adv. Marc. I 7 p. 299, 3)   20 secundurum *SΠ*[1], *corr. Π*[2]   phytagoram *Π*   factumve] et factum (Φ) *det. edd.*   21 ipsa conceptione Φ, ista (hac *det.*) constructione Ω   22 omnis Φ Ψ, omni *rel.* Ω   23 *sq.* perficit (Φ) *det. edd.*   25 sunt *M det.*   30 condendo Φ (*an errore?*), continendo Ω (*cf.* c. 17, 4)   33 intuisse *Π corr. s. l.*   34 eius *om. M*

Ω est, qui primus cerasia ex Ponto Italiae promulgavit, quod non est propterea consecratus ut frugis novae auctor, quia ostensor. **9.** Quamobrem, si ab initio et instructa et certis exercendorum officiorum suorum rationibus dispensata universitas constitit, vacat ex hac parte causa allegendae humanitatis in divinitatem, quia quas illis stationes et potestates distribuistis, tam fuerunt ab initio quam et fuissent, etiamsi deos istos non creassetis. **10.** Sed convertimini ad causam aliam respondentes collationem divinitatis meritorum remunerandorum fuisse rationem. Et hinc conceditis, opinor, illum deum deificum iustitia praecellere, qui non temere nec indigne nec prodige tantum praemium dispensarit. **11.** Volo igitur merita recensere, an eiusmodi sint, ut illos in caelum extulerint et non potius in imum Tartarum merserint, quem carcerem poenarum infernarum, cum vultis, affirmatis. **12.** Illuc enim abstrudi solent impii quique in parentes et incesti in sorores et maritarum adulteri et virginum raptores et puerorum contaminatores, et qui saeviunt, et qui occidunt, et qui furantur, et qui decipiunt, et quicumque similes sunt alicuius dei vestri, quem neminem integrum a crimine aut vitio probare poteritis, nisi hominem negaveritis. **13.** Atquin, ut illos homines fuisse non possitis negare, etiam istae notae accedunt, quae nec deos postea factos credi permittunt. Si enim vos talibus puniendis praesidetis, si commercium, colloquium, convictum malorum et

---

Φ 37 cerasa (*an* -ia?) Romanis ex Ponto 47 quod non 51 demerserint (*cf.* Adv. Marc. IV 10 p. 445, 9) 58 homines illos ... potestis

---

37 cerasa Φ (*errore Modii ut vid.*) *det. edd.*, cerasia *SΠM* (*cf.* Nat. II 16 p. 129, 9 cerasium) 38 fruges *SΠ*[1], *corr.* *Π*[2] quia] qui *Oehler* 38*sq.* novae frugis auctor quia inventor et ostensor (Φ) *det. edd.* 41 adlegendae (Φ) *SΠ*[1]*M*, adlegandae *Π*[2] *det.* 46*sq.* conceditis *opt.* Ω concedetis (Φ) *Π*[2] (e *s. l.*) *det.* 52*sq.* quoque *M* 53 in sorores incesti (Φ) *det. edd.* 57 potueritis *M* 58 potestis Φ, possitis Ω 60 talibus vos (Φ) *det. edd.*

turpium probi quique respuitis, horum autem pares deus ille maiestatis suae consortio adscivit, quid ergo damnatis, quorum collegas adoratis? **14.** Suggillatio est in caelo vestra iustitia. Deos facite criminosissimos quosque, ut placeatis deis vestris! Illorum est honor consecratio coaequalium. **15.** Sed, ut omittam huius indignitatis retractatum, probi et integri et boni fuerint! quot tamen potiores viros apud inferos reliquistis! aliquem de sapientia Socratem, de iustitia Aristiden, de militia Themistoclem, de sublimitate Alexandrum, de felicitate Polycraten, de copia Croesum, de eloquentia Demosthenen. **16.** Quis ex illis deis vestris gravior et sapientior Catone, iustior et militarior Scipione? quis sublimior Pompeio, felicior Sylla, copiosior Crasso, eloquentior Tullio? Quanto dignius istos deos ille adsumendos exspectasset, praescius utique potiorum! Properavit, opinor, et caelum semel clusit et nunc utique melioribus apud inferos mussitantibus erubescit. Ω

XII. **1.** Cesso iam de isto, ut qui sciam me ex ipsa veritate demonstraturum, quid non sint, cum ostendero, quid sint. Quantum igitur de deis vestris, nomina solummodo video quorundam veterum mortuorum et fabulas audio et sacra de fabulis recognosco. **2.** Quantum autem

---

64 caelum Φ

XII. 3 deis istis 4 video statuas⟨que⟩ quorundam

---

64 caelum *Φ*, caelo *Ω* (*fort. errore*) 65 facitis (*Φ*) *det. edd.* 67 ut *om. M det.* 68 fuerunt *M det.* quod *SΠM* 70 aristiden *SΠ*, Aristidem (*Φ*) themisthoclem *S*, themisthoclen *Π* 71 polycraten *SΠ*, policraten *M*, Polycratem (*Φ*) 72 demostenen *S*, *in ras. Π*, Demosthenem (*Φ*) 73 militarior *Ω*, militatior *Φ* (*cf.* Augustin. C. Fel. II 1 *codd.*) 78 mussitantibus (*Φ*) *det. edd.*, musitantibus *opt. Ω* erubescit. XI (= 12, 1—13, 3) DE SIMVLACRIS *SΠM al.*

XII. 1 isto *SΠ* (*cf.* Anim. 11 p. 315, 14), istis (*sc. deis*) (*Φ*) *M det. edd.* 3 quid sint (*Φ*) *det. edd.*, quod sint *SΠM* diis *SΠ* istis *Φ* (*additur in $Φ^b$* v; *sic ter exstinctum*), vestris *Ω* 3*sq.* statuas *Φ* (statuasque *Löfstedt*), *om. Ω*, nomina solummodo (*sunt*): statuas video *Kroymann*

Ω de simulacris ipsis, nihil aliud reprehendo quam materias sorores esse vasculorum instrumentorumque communium vel ex isdem vasculis et instrumentis quasi fatum consecratione mutantes, licentia artis transfigurante, et quidem contumeliosissime et in ipso opere sacrilege, ut revera nobis maxime, qui propter ipsos deos plectimur, solatium poenarum esse possit, quod eadem et ipsi patiuntur, ut fiant. **3.** Crucibus et stipitibus imponitis Christianos: quod simulacrum non prius argilla deformat cruci et stipiti superstructa? in patibulo primum corpus dei vestri dedicatur. **4.** Ungulis deraditis latera Christianorum: at in deos vestros per omnia membra validius incumbunt asciae et runcinae et scobinae. Cervices ponimus: ante plumbum et glutinum et gomphos sine capite sunt dei vestri. Ad bestias impellimur: certe quas Libero et Cybele et Caelesti applicatis. **5.** Ignibus urimur: hoc et illi a prima quidem massa. In metalla damnamur: inde censentur dei vestri. In insulis relegamur: solet et in insula aliqui deus vester aut nasci aut mori. Si per haec constat divinitas aliqua, ergo qui puniuntur consecrantur et numina erunt dicenda supplicia. **6.** Sed plane non sentiunt has iniurias et contumelias fabricationis suae dei vestri sicut nec obsequia. O impiae voces, o sacrilega

---

Φ 6 nihil amplius deprehendo 7 sorores vasculorum 11 istos (*ut videtur*) 16 eraditis 22 insulas (*cf.* Praescr. 36)

---

6 *sqq. cf.* Min. Fel. 22, 1—5 25 *sqq. cf.* Min. Fel. 22, 4

---

6 amplius (*cf.* Anim. 3 *ex.* 11 p. 315, 17) deprehendo Φ, aliud reprehendo (deprendo *Z*) Ω (*cf.* c. 19, 4) 7 esse Ω (*fort. delend.*), *om.* Φ 8 hisdem *SΠM* (*cf.* c. 15, 7) fatum Ω (*omnes fere*), factum Φ *det.* 10 ut Ω, et Φ 11 ipsos istos *Kroymann* 15 dei vestri] domini *M* (*om.* vestri) 16 eraditis Φ, deraditis (deratis *M*) Ω 18 glutinum Ω, glutin. (*i. e.* glutinum) Φ[b], glutini Φ (*errore*) 19 gomphos Ω, conphos Φ[b], corephos Φ (*errore*) 20 chybele *SΠ* 22 censentur *i. e. originem habent* relegamur (Φ) *M det.*, religamur *SΠ* 24 *sq.* consecratur *SΠ corr. s. l.* 26 suae fabricationis (Φ) *det. edd.* 27 dei *ex* die *Π*

convicia! Infrendite, inspumate! Idem estis, qui Senecam aliquem pluribus et amarioribus de vestra superstitione perorantem ⟨non⟩ reprehendistis. **7.** Igitur si statuas et imagines frigidas mortuorum suorum simillimas non adoramus, quas milvi et mures et araneae intellegunt, nonne laudem magis quam poenam merebatur repudium agniti erroris? Possumus enim videri laedere eos, quos certi sumus omnino non esse? Quod non est, nihil ab ullo patitur, quia non est. **Ω**

XIII. **1.** 'Sed nobis dei sunt', inquis. Et quomodo vos e contrario impii et sacrilegi et irreligiosi erga deos vestros deprehendimini, qui quos praesumitis esse, neglegitis, quos timetis, destruitis, quos etiam vindicatis, illuditis? **2.** Recognoscite, si mentior. Primo qui⟨dem⟩, cum alii alios colitis, utique quos non colitis, offenditis. Praelatio alterius sine alterius contumelia non potest procedere, quia nec electio sine reprobatione. **3.** Iam

---

Φ 30 perorantem probetis 31 mortuorum vestrorum 32 aranei 34 possumus autem videri 35*sq.* ab eo patitur qui est

XIII. 2*sqq.* deos illos deprehendimini, ut, quos ... neglegatis .. destruatis .. illudatis 7*sq.* potest esse 8*sq.* Iam contemnitis

---

31 *cf.* Min. Fel. 22, 6 35 *cf.* Nat. I 10 p. 75, 8

XIII. 5*sq.* *cf.* Nat. I 10 p. 75, 12 7 Ad uxor. I 3 p. 673 (*Oehler*) praelatio enim superiorum dissuasio est infimorum

28 idem *SΠM* (*cf.* c. 6, 7) 30 probetis Φ, reprehendistis (-ditis Ψ) Ω, non reprehendistis *Urs.* 32 aranei $Φ^b$ (*cf.* Adv. Marc. I 14 p. 308, 10. Pall. 3 p. 930 *Oehler*), araneae ΦΩ (*cf.* Min. Fel. 22, 6) 34 certi sumus] cernimus *M* 35*sq.* qui est Φ, quia non est Ω (Nat. I 10 p. 75, 8 quod nihil est nihil patitur)

XIII. 1 inquitis (Φ) R^1 4*sq.* *ad* Φ: illudatis *Hav.*, inluditis (Φ) 5 quidem Φ, qui Ω (quod *Z*, quia R^1) 6 quos *om.* $SΠ^1$ (quem *in marg.* $Π^2$), *habent rel.* Ω(Φ) 8 esse Φ (*del.* $Wa.^2$), procedere Ω (*cf.* Anim. 43 p. 370, 17. Cult. fem. II 10 *ex.*) *utrumque fort. interpol.* 8*sq.* iam Φ, iam ergo Ω (Nat. I 10 p. 75, 17)

Ω ergo contemnitis quos reprobatis, quos reprobando offendere non timetis. Nam, ut supra praestrinximus, status dei cuiusque in senatus aestimatione pendebat. Deus non erat, quem homo consultus noluisset et nolendo damnasset. **4.** Domesticos deos, quos Lares dicitis, domestica potestate tractatis pignerando venditando demutando aliquando in caccabulum de Saturno, aliquando in trullam de Minerva, ut quisque contritus atque contusus est, dum diu colitur, ut quisque deum sanctiorem expertus est domesticam necessitatem. **5.** Publicos aeque publico iure foedatis, quos in hastario vectigales habetis. Sic Capitolium, sic olitorium forum petitur; sub eadem voce praeconis, sub eadem hasta, sub eadem adnotatione quaestoris divinitas addicta conducitur. **6.** Sed enim agri tributo onusti viliores, hominum capita stipendio censa ignobiliora (nam hae sunt notae captivitatis), dei vero, qui magis tributarii, magis sancti; immo qui magis sancti, magis tributarii. Maiestas quaestuaria efficitur: circuit cauponas religio mendicans; exigitis mercedem pro solo templi, pro aditu sacri. Non licet deos gratis nosse, venales sunt. **7.** Quid omnino ad honorandos eos facitis, quod non etiam mortuis vestris conferatis? Aedes proinde, aras proinde. Idem habitus et insignia in statuis; ut aetas, ut ars, ut negotium mortui fuit, ita deus est. Quo differt ab epulo Iovis silicernium, a simpulo obba, ab haruspice pollinctor? Nam et haruspex mortuis apparet. **8.** Sed digne imperatoribus defunctis honorem divinitatis dicatis,

---

11 *cf.* Nat. I 10 p. 75, 27 22 *cf.* Nat. I 10 p. 76, 25 *sqq.* 26 *cf.* Min. Fel. 22, 8 (24, 3) mendicantes vicatim deos ducunt

---

10 perstrinximus (Φ) *det.* *R*[1] (*sed cf.* c. 41, 5) 12 damnasset. XII (= 13, 4—9) DE LARIBVS *SΠM al.* 13 deos *om. M det.* 16 atque *om. M* 17 deum Φ, dominus (-um *det. edd.*) Ω 19 sicut olitorium (Φ) *R*[3] (*sed cf.* Nat. I 10 p. 76, 23) 22 agi *S* viliores Ω, vilioris Φ (*fort. errore*) 24 dei *ex* dii *Π* 27 sacrarii Φ (*cf.* c. 16, 4), sacri Ω (*cf.* Nat. I 10 p. 77, 4) 27 *sq.* nosse gratis (Φ) *det. edd.* 28 quid] quod *Π corr.* ad honorandos (ad orandos *M det.*) Ω (Nat. I 10 p. 77, 11), ad inhonorandos Φ 32 obba Ω, abba Φ

quibus et viventibus eum addicitis. Accepto ferent dei vestri, immo gratulabuntur, quod pares eis fiant domini sui. Ω
9. Sed cum Larentinam, publicum scortum (velim saltim Laïdem aut Phrynen), inter Iunones et Cereres et Dianas adoretis; cum Simonem Magum statua et inscriptione Sancti Dei inauguratis, cum de paedagogiis aulicis nescio quem *sy*nodi deum facitis, licet non nobiliores dei veteres, tamen contumeliam a vobis deputabunt, hoc et aliis licuisse, quod solis antiquitas contulit.

XIV. 1. Volo et ritus vestros recensere. Non dico quales sitis in sacrificando, cum enecta et tabidosa et scabiosa quaeque mactatis, cum de opimis et integris supervacua quaeque truncatis, capitula et ungulas, quae domi quoque pueris vel canibus destinassetis, cum de decima Herculis nec tertiam partem in aram eius imponitis; laudabo magis sapientiam, quod de perdito aliquid eripitis. **2.** Sed conversus ad litteras vestras, quibus informamini ad prudentiam et liberalia officia, quanta invenio ludibria! Deos inter se propter Troianos et Achivos ut gladiatorum paria congressos depugnasse; Venerem humana sagitta saucia-

---

41 dei veteres vestri 42 alii 43 soli ab antiquitate praeceperant Φ
XIV. 2*sq.* enecta et tabidosa quaeque

---

37 *cf.* Nat. II 10 p. 113, 10*sqq.* 39 *cf.* Iustin. Apol. I 26, 2
XIV. 1*sqq.* *cf.* Nat. I 10 p. 78, 14*sqq.* 9*sqq.* *cf.* Min. Fel. 24 (23), 3
11 *cf.* Hom. *E* 336 δουρί (*non sagitta*). Nat. I 10 p. 79, 6

37 Larentinam *SΠM* (Nat. II 10 *quater*), Larentiam (Φ) *det. edd.* (*cf.* c. 25, 3) saltim *SΠM* (*cf.* c. 21, 5; 23, 14; 34, 4; 48, 1) 38 Phrynen (Φ) (46, 10), phrynem *SΠ* et (ac *det. edd.*) dianas Ω, *om.* Φ (*errore*) 39 adoratis (Φ) *XR*³ (*fort. recte*), adoretis *rel.* Ω. *Tert. alludit ad Semonem Sancum* 40 pedagogiis *SΠ* (*i.e. pueris paedagogii*), paedagogis (*vel* pedagogis) Φ *rel.* Ω 41 sinhodi (*vel* sinodi) Ω, Cinhothi Φ, cinaedum τ *edd.* 42 alii Φ (*sc. Antinoo*), aliis Ω 43 *ad* Φ: perceperant *Rig.* contulit. XIII DE SACRIFICANDO *SΠM al.*
XIV. 1 volo] nolo *det. Hav.* (*sed cf.* c. 11, 11) 6 laudo (Φ) τ *edd.* (*cf.* c. 16, 8 laudo diligentiam)

Ω tam, quod filium suum Aenean paene interfectum ab eodem Diomede rapere vellet; **3.** Martem tredecim mensibus in vinculis paene consumptum; Iovem, ne eandem vim a ceteris caelitibus experiretur, opera cuiusdam monstri liberatum, et nunc flentem Sarpedonis casum, nunc foede subantem in sororem sub commemoratione non ita dilectarum iam pridem amicarum. **4.** Exinde quis non poëta ex auctoritate principis sui dedecorator invenitur deorum? Hic Apollinem Admeto regi pascendis pecoribus addicit; ille Neptuni structorias operas Laomedonti locat. **5.** Est et ille de lyricis, Pindarum dico, qui Aesculapium canit avaritiae merito, quia medicinam nocenter exercebat, fulmine iudicatum. Malus Iuppiter, si fulmen illius est, impius in nepotem, invidus in artificem! **6.** Haec neque vera prodi neque falsa confingi apud religiosissimos oportebat. Nec tragici quidem aut comici parcunt, ut non aerumnas vel errores domus alicuius dei praefentur. **7.** Taceo de philosophis,

---

Φ 12*sq.* cum . . Aeneam ne interimeretur ⟨a Diomede⟩ rapere voluisset 17*sq.* dilectarum amicarum 20 Admeto 26 ne tragici 28 praef*aren*tur

---

13 *cf.* Hom. *E* 385*sqq.* 15 *cf.* Hom. *A* 401*sqq.* Verg. Aen. X 565*sqq.* Min. Fel. 24 (23), 4 16 *cf.* Hom. *Π* 459 *et Ξ* 315*sq.* 18 *cf.* Nat. I 10 p. 79, 11*sqq.* 20 *cf.* Hom. *B* 765*sqq.* Min. Fel. 24 (23), 5. Lact. Inst. I 10, 3 21 *cf.* Hom. *Φ* 443. Min. Fel. *ibid.* 22 *cf.* Pind. Pyth. 3, 77*sqq.* Nat. II 14 p. 127, 1*sqq.* 24 *cf.* Nat. *ibid.* p. 126, 17*sqq.* 26 *cf.* Nat. I 10 p. 79, 13

---

12 cum *Φ*, quod *Ω* 12*sq.* Aeneam ne interimeretur (⟨a Diomede⟩ *Martin*) rapere voluisset *Φ*, aenean (*sic SΠM*) paene (pene *SΠ*) interfectum ab eodem Diomede rappere (*SΠM*) vellet *Ω* 16 casum *Ω*, causa *Φ* (*probat Wa.*) 16*sq.* subantem (*Φ*) *SΠ*[1] *M*, cubantem *Π*[2] *det.* 20 Admeto *Φ* (*cf.* Nat. II 17 p. 131, 15. Cypr. Idol. 2 p. 20, 1. Min. Fel. 24, 5), Admeto regi *Ω* 21 Nuptuni *Φ* 22 escolapium *S*, aescolapium *Π* 23 quia] qua (*Φ*) *det. edd.* 25 vera *Φ*[b] *Ω*, vero *Φ* prodi *Ω*, proinde *Φ* 26 ne *Φ*, nec *Ω* (Nat. I 10 p. 79, 13 et — quidem) 27 parcunt *i. e. temperant sibi* 28 dei *est gen.* praefarentur *Iunius* (*an Modius?*), praeferantur *Φ*, praefentur *SΠ*

Socrate contentus, qui in contumeliam deorum quercum et Ω hircum et canem deierabat. 'Sed propterea damnatus est Socrates, quia deos destruebat.' Plane olim, id est semper, veritas odio est. **8.** Tamen cum paenitet ⟨iam⟩ sententiae Athenienses, ut criminatores Socratis postea afflixerint et imaginem eius auream in templo collocarint, rescissa damnatio testimonium Socrati reddit. **9.** Sed et Diogenes nescio quid in Herculem ludit, et Romanus cynicus Varro trecentos Ioves, sive Iu⟨p⟩piteros dicendos, sine capitibus introducit.

XV. **1.** Cetera lasciviae ingenia etiam voluptatibus vestris per deorum dedecus operantur. Dispicite Lentulorum et Hostiliorum venustates, utrum mimos an deos vestros in iocis et strophis rideatis: 'moechum Anubin' et 'masculum Lunam' et 'Dianam flagellatam' et 'Iovis mortui testamentum recitatum' et 'tres Hercules famelicos irri-

---

29*sq.* quercum et canem 32 paenitet sententiae Φ
33 efflixerint 34*sq.* damnatione .. reddiderunt 37*sq.* dicendum .. inducit
XV. 5*sqq.* flagellatam: Sed

---

29 *cf.* Nat. I 10 p. 79, 17*sqq.*; I 4 p. 64, 3*sqq.* et Lact. Inst. III 20, 15 per canem et anserem deierabat, Theoph. Ad Autol. 3, 2 31*sq.* *cf.* Ter. Andr. 68 veritas odium parit 37 *cf.* Min. Fel. 23 (22), 6
XV. 1 *cf.* Nat. I 10 p. 79, 25*sqq.*

29*sq.* quercum Φ, quercum et hircum Ω (Nat. I 10 p. 79, 18 heram *A*, hircum *Leopold*) 32 paenitet Φ, paenitet ⟨iam⟩ *Thörnell*, paenitentia Ω 37 Iu⟨p⟩piteros *cf.* Nat. I 10 p. 79, 24 (*ubi* Iuppi⟨teros⟩, *non* Iuppi⟨teres⟩ *legendum*), Iupiteros Φ *det.*, iupitros *SΠM*, Iupiteres *det.* *R*[1] dicendum (Φ)τ *edd.* (Nat. *l. l.* dicendum est), dicendos Ω 37*sq.* inducit Φ (Nat. *l. l.*), introducit (-xit *det.*) Ω introducit. XIV (= 15) DE FABVLIS ET MIMIS DEORVM ET (*om.* *M*) FOEDITATIBVS *SΠM*
XV. 2 dispicite (Φ) *det.*, despicite *SΠM* (Nat. *l. l.* despici⟨te⟩ *A*) 2*sq.* Lentulorum Ω (Nat. *l. l.*), Lentulos Φ (*ex* Lentulor.?) 3 venustates *SΠM* (Nat. *l. l.*), vetustates Φ (*an errore?*) 5*sqq.* et Iovis — inrisos Ω, *om.* Φ 6 hircules *SΠ* *corr.* famelicos (Φ) *det.*, familicos *SΠM*

Ω sos'. **2.** Sed et histrionum litterae omnem foeditatem eorum designant. Luget Sol filium de caelo iactatum laetantibus vobis, et Cybele pastorem suspirat fastidiosum non erubescentibus vobis, et sustinetis Iovis elogia cantari et Iunonem Venerem Minervam a pastore iudicari. **3.** Ipsum quod imago dei vestri ignominiosum caput et famosum vestit, quod corpus impurum et ad istam artem effeminatione productum Minervam aliquam vel Herculem repraesentat, nonne violatur maiestas et divinitas constupratur laudantibus vobis? **4.** Plane religiosiores estis in cavea, ubi super sanguinem humanum, super inquinamenta poenarum proinde saltant dei vestri, argumenta et historias noxiis ministrantes, nisi quod et ipsos deos vestros saepe noxii induunt. **5.** Vidimus aliquando castratum Attin, illum deum ex Pessinunte, et qui vivus ardebat, Herculem induerat. Risimus et inter ludicras meridianorum crudelitates Mercurium mortuos cauterio examinantem; vidimus et Iovis fratrem gladiatorum cadavera cum malleo deducentem. **6.** Singula ista quaeque adhuc investigare quis posset, si honorem inquietant divinitatis, si maiestatis vestigia obsoletant, de contemptu utique censentur tam eorum, qui eiusmodi factitant, quam eorum, quibus factitant. **7.** Sed ludicra ista sint! Ceterum si adiciam, quae non minus conscientiae omnium

---

Φ 8 detractum de caelo 15*sq.* plaudentibus (*cf.* Pud. 6 p. 229, 1) vobis 20*sq.* deum vestrum e Pessinunte 26 maiestatis fastigium adsolant

---

19 *cf.* Min. Fel. 37, 12 26 *cf.* Nat. I 10 p. 80, 16 maiestatis fastigium adsolant

---

9 pastorem (Φ) *det. edd.* (Nat. I 10 p. 80, 4), pastorum *SΠM* 11 quid quod (Φ) *τ edd.*, ipsum quod *rel.* *Ω* (Nat. I 10 p. 75, 2) 12 ignominiosissimum (Φ) *det. edd.* 13 artem *SΠM*, arcem Φ *det.* 19 quod *Π*[1], quod et *Π*[2] (*s. l.*) *S al.* 20 deum vestrum Φ (*cf.* c. 11, 16), deum *Ω* 20*sq.* e Pessinunte Φ, ex Pessinunta *SΠM* (a Pessinunte Nat. I 10 p. 80, 10) 25 quaeque *i. e. et quae* (*cf.* De virg. vel. 14 p. 905, 6 *Oehler*) qui *Π corr. s. l.* quis posset investigare (Φ) *det. edd.*

recognoscent, in templis adulteria componi, inter aras lenocinia tractari, in ipsis plerumque aedituorum et sacerdotum tabernaculis, sub isdem vittis et apicibus et purpuris thure flagrante libidinem expungi, nescio, ne plus de vobis dei vestri quam de Christianis querantur. Certe sacrilegi de vestris semper apprehenduntur; Christiani enim templa nec interdiu norunt; spoliarent forsitan ea et ipsi, si et ipsi ea adorarent. **8.** Quid ergo colunt qui talia non colunt? Iam quidem intellegi subiacet veritatis esse cultores qui mendacii non sint, nec errare amplius in eo, in quo errasse se recognoscendo cessaverunt. Hoc prius capite et omnem hinc sacramenti nostri ordinem haurite, repercussis ante tamen opinionibus falsis! Ω

XVI. **1.** Nam, ut et quidam, somniastis caput asininum esse deum nostrum. Hanc Cornelius Tacitus suspicionem eiusmodi inseruit. **2.** Is enim in quinta Historiarum suarum bellum Iudaicum exorsus ab origine gentis et *t*am de ipsa [tam] origine quam de nomine et religione gentis quae voluit argumentatus, Iudaeos refert Aegypto expeditos sive,

---

XVI. 1 ut quidam 3 huiusmodi .... quarto 4 de bello Iudaico Φ

---

30 *cf.* Min. Fel. 25, 11. Lact. Inst. I 21, 12 34*sq. cf.* Ad Scap. 2 p. 540 (*Oehler*)

XVI. 1 *cf.* Nat. I 11 *in.* Min. Fel. 9, 3; 28, 7 3 Tac. Hist. V 3. *cf.* Nat. I 11 p. 80, 26

---

32 hisdem *SΠ* (*pro more cf.* c. 12, 2) 40 cessaverint (*Φ*) *det. edd.* 41 *a voce mutilata* repercus Φ^b *finem habet additis verbis*: Cetera vide in editione Iuniana 42 falsis. XV (= 16) DE CAPITE ASININO ET DE (*del.* Π^1, *om. SM al.*) CETERIS INSIGNIBVS QVAE VIDENTVR COLERE *SΠM al.*

XVI. 1 ut et *S*, ut $\Phi\Pi^1M$ (Nat. I 11 p. 80, 23), et ut Π^2 (*s. l.*) *det.* 2 hinc *Kroymann* 3 quarto *Φ* (*i.e. libro cf.* Anim. 25 p. 343, 10. quarta Nat. I 11 p. 80, 25 *Δ*), quinta *Ω* 4 etiam *ΦΩ* et tam *Löfstedt* (*coll.* Nat. I 10 p. 81, 1) 5 de ipsa *ΦΓ*, de ipsa tam *rel. Ω*

Ω ut putavit, extorres vastis Arabiae, in locis aquarum egentissimis cum siti macerarentur, onagris, qui forte de pastu potum petituri aestimabantur, indicibus fonti[bu]s usos ob eam gratiam consimilis bestiae superficiem consecrasse. **3.** Atque ita inde praesumptum opinor nos quoque, ut Iudaicae religionis propinquos, eidem simulacro initiari. At enim idem Cornelius Tacitus, sane ille mendaciorum loquacissimus, in eadem Historia refert Gnaeum Pompeium, cum Hierusalem cepisset proptereaque templum adisset speculandis Iudaicae religionis arcanis, nullum illic repperisse simulacrum. **4.** Et utique, si id colebatur, quod aliqua effigie repraesentabatur, nusquam magis quam in sacrario suo exhiberetur, eo magis, quia nec verebatur extraneos arbitros, quamquam vana cultura. Solis enim sacerdotibus adire licitum; etiam conspectus ceterorum velo oppanso interdicebatur. **5.** Vos tamen non negabitis et iumenta omnia et totos cantherios cum sua Epona coli a vobis. Hoc forsitan improbamur, quod inter cultores omnium pecudum bestiarumque asinarii tantum sumus. **6.** Sed et qui crucis nos religiosos putat consecraneus erit noster. Cum lignum aliquod propitiatur, viderit habitus, cum materiae qualitas

Φ 7 exterminatos vastis Arabiae in locis et aquarum 9 aestimarentur . . fontis 20*sq.* licitum erat 21 etiam conspectui 27 quando materiae

14 Tac. Hist. V 9 22 *cf.* Nat. I 11 p. 81, 17*sq.* Min. Fel. 28, 7 25 *cf.* Nat. I 12 p. 81, 22. Min. Fel. 29, 6

7 exterminatos Φ (*cf.* De virg. vel. 7 p. 894, 2 *Oehler*), extorres Ω (*cf.* c. 21, 5. Adv. Iud. 13 *ex.*) 9 aestimarentur Φ, aestimabantur (*vel* extimabantur) Ω (*cf.* Nat. I 11 p. 81, 4) fontis Φ, fontibus Ω (Nat. *l. l.* *eodem errore* fontibus *c. Agob.*) 10 consimilis Ω (Nat. *l. l.*), consimili Φ super faciem Φ superficiem *i. e. caput* 11 opinor praesumptum (Φ) *det. edd.* 12 eodem Φ (*errore cf.* Nat. p. 81, 7) 14 gneum *SΠ* 15 coepisset *SΠ* praetereaque (Φ) *Gel.* 21 oppasso *SΠ*[1], oppanso *Π*[2] 24 pecodum *SΠM* 26 noster erit (Φ) *det. edd.* 27 quando Φ, cum Ω, dum *Gel.* (*coll.* Nat. I 12 p. 81, 26)

Ω eadem sit; viderit forma, dum id ipsum dei corpus sit. Et tamen quanto distinguitur a crucis stipite Pallas Attica et Ceres Pharia[m], quae sine effigie rudi palo et informi ligno prostat? **7.** Pars crucis est omne robur, quod erecta statione defigitur. Nos, si forte, integrum et totum deum colimus. Diximus originem deorum vestrorum a plastis de cruce induci. Sed et Victorias adoratis in tropaeis, cum cruces intestina sint tropaeorum. **8.** Religio Romanorum tota castrensis signa veneratur, signa iurat, signa omnibus deis praeponit. Omnes illi imaginum suggestus in sign*i*s monilia crucum sunt; siphara illa vexillorum et cantabrorum stolae crucum sunt. Laudo diligentiam: noluistis incultas et nudas cruces consecrare. **9.** Alii plane humanius et verisimilius solem credunt deum nostrum. Ad Persas, si forte, deputabimur, licet solem non in linteo depictum adoremus habentes ipsum ubique in suo clipeo. **10.** Denique inde suspicio, quod innotuerit nos ad orientis regionem precari. Sed et plerique vestrum affectatione aliquando et caelestia adorandi ad solis ortum labia

Φ 28 est (*cf.* Pat. 7 *in.*, Hermog. 44 p. 174, 4) 34 in cruce 34*sq.* [cum] ⟨in⟩ tropaeis, ⟨cum cruces⟩ intestina sint ⟨tropaeorum⟩ 35*sqq.* religio tota .. veneratur, signa adorat, signa iurat 46 certa caelestia

41 *cf.* Nat. I 13 *in.*

28 sit Ω id *in marg. add.* Π[1] 30 pharia Φ, fariam *SΠM* informi Ω, infirmo Φ 31 prostat *det.* (Nat. I 12 p. 82, 2 repraesentatur), prostrat *SΠM*, prostant Φ (*fort. errore*) 34 in cruce Φ, de cruce Ω 34*sq.* adoratis in tropaeis, cum cruces intestina sint tropaeorum *corr. Thörnell*, cum trophaeis intestina sint Φ, cum in tropheis (*sic SΠ*) cruces intestina sint tropheorum Ω 35*sq.* religio Φ (Nat. I 12 p. 83, 15), religio Romanorum Ω 36*sq.* signa adorat Φ (*cf.* Scorp. 4 p. 153, 11), *om.* Ω 37 signa *ante voc.* omnibus *om.* (Φ) *det. edd.* deis] *ms. semper habet* Deis *et* Dei: *non* Dij Φ (*Modius*) 38 in signis Φ, insignes Ω laudo diligentiam (39*sq.*) *ante* siphara *transp.* Φ (*sed cf.* Nat. I 12 *ex.*) syphara Φ, sifara *SΠM* 39 cantaborum *Π corr. s. l.* 44 clypeo *SΠ* 46 certa caelestia Φ, caelestia Ω (*i.e. caelum cf.* Nat. I 13 p. 83, 24)

Ω vibratis. **11.** Aeque si diem solis laetitiae indulgemus, alia longe ratione quam religione solis, secundo loco ab eis sumus, qui diem Saturni otio et victui decernunt exorbitantes et ipsi a Iudaico more, quem ignorant. **12.** Sed nova iam dei nostri in ista proxime civitate editio publicata est, ex quo quidam frustrandis bestiis mercennarius noxius picturam proposuit cum eismodi inscriptione: ‘deus Christianorum ὀνοχοίτης.’ Is erat auribus asininis, altero pede ungulatus, librum gestans et togatus. Risimus et nomen et formam. **13.** Sed illi debebant adorare statim biforme numen, quia et canino et leonino capite commixtos et de capro et de ariete cornutos et a lumbis hircos et a cruribus serpentes et planta vel tergo alites deos receperunt. **14.** Haec ex abundanti, ne quid rumoris irrepercussum quasi de conscientia praeterissemus. Quae omnia conversi iam ad demonstrationem religionis nostrae repurga*b*imus.

XVII. **1.** Quod colimus deus unus est, qui totam molem istam cum omni instrumento elementorum corporum spirituum verbo quo iussit, ratione qua disposuit, virtute qua potuit, de nihilo expressit in ornamentum maiestatis suae, unde et Graeci nomen mundo κόσμον

Φ 48 quam de religione 56 debuerant 59 a planta et tergo (Nat. I 14 p. 84, 25)

---

50 *sqq. cf.* Nat. I 14 *in.* 57 *cf.* Min. Fel. 28, 7
XVII. 1 *sqq. cf.* Min. Fel. 18, 7. Cypr. Idol. 8. Lact. Inst. IV 9
5 *cf.* Adv. Marc. I 13 p. 307, 1. Isid. Orig. XIII 1, 2

XVI. 48 eius *SΠ corr.* 51 civitate proxime (Φ) *τ edd.* 54 ὀνοκοίτης (*i.e. asini proles*) *Leclercq*, Onochoites is erat Φ, onochoitisis erat *SΠ*, ὀνοχοιήτης *vel* ὀνοχοήτης *Oehler* 56 debuerant Φ, debebant (debeant *det.*) Ω 57 quia Ω, qui (Φ) (*probat Wa.*) 59 vel (*i.e. et?*) tergo Ω 61 de conscientia *i.e. scientes, consulto* preterisemus *SΠ*[1], preterissemus *Π*[2] 62 repurgabimus (Φ) *det. edd.*, repurgavimus *SΠM* (*cf.* c. 21, 26) repurgavimus. XVI (= 17, 1—18) DE DEO *SΠM al.*
XVII. 5 cosmon *SΠ*

accommodaverunt. **2.** Invisibilis est, etsi videatur; incomprehensibilis, etsi per gratiam repraesentetur; inaestimabilis, etsi humanis sensibus aestimetur; ideo verus et tantus est. Ceterum, quod videri communiter, quod comprehendi, quod aestimari potest, minus est et oculis, quibus occupatur, et manibus, quibus contaminatur, et sensibus, quibus invenitur; quod vero inmensum est, soli sibi notum est. **3.** Hoc *est, quod deum* aestimari facit, dum aestimari non capit; ita eum vis magnitudinis et notum hominibus obicit et ignotum. Et haec est summa delicti nolentium recognoscere, quem ignorare non possunt. **4.** Vultis ex operibus ipsius tot ac talibus, quibus continemur, quibus sustinemur, quibus oblectamur, etiam quibus exterremur, vultis ex animae ipsius testimonio comprobemus? **5.** Quae licet carcere corporis pressa, licet institutionibus pravis circumscripta, licet libidinibus et concupiscentiis evigorata, licet falsis deis exancillata, cum tamen resipiscit, ut ex crapula, ut ex somno, ut ex aliqua valetudine, et sanitatem suam patitur, 'deum' nominat, hoc solo, quia proprie verus hic unus. 'Deus bonus et magnus', et: 'quod deus dederit' omnium vox est. **6.** Iudicem quoque contestatur illum: 'Deus videt' et 'deo commendo' et 'deus mihi reddet'. O testimonium animae naturaliter Christianae! Denique pronuntians haec **Ω**

Φ 8*sq.* tantus. Ceterum 9 videri, quod 24 hoc solo nomine (*cf.* Adv. Marc. I 10 p. 303, 9), quia proprio dei veri 25 deus magnus, deus bonus

---

6*sqq. cf.* Min. Fel. 18, 8. Cypr. Idol. 9 15*sq. cf.* Cypr. *ibid.* p. 27, 4*sq.* at quae est haec summa delicti, nolle agnoscere quem ignorare non possis! 25*sq. cf.* Testim. anim. 2 p. 136, 14; 6*sq.* Anim. 41 p. 369, 1. Adv. Marc. I 10 p. 303, 10. Min. Fel. 18, 11. Cypr. *ibid.* p. 27, 3*sq.*

---

9 videri Φ, videri communiter Ω (*cf.* Nat. II 4 p. 100, 14) 12*sq.* hoc est quod Φ (*cf.* Bapt. 13 *ex.* Praescr. 42, 6), hoc quod est Ω (*errore, ut videtur*) 13 deum Φ *edd.*, dominum *SΠM* 14 obiecit (Φ) *det. edd.* 16 ignore *S* 19 comprobemus Ω, *om.* Φ (*errore*) 23 et Ω, *om.* Φ (*errore*)

Ω non ad Capitolium, sed ad caelum respicit. Novit enim sedem dei vivi; ab illo et inde descendit.

XVIII. 1. Sed quo plenius et impressius tam ipsum quam dispositiones eius et voluntates adiremus, adiecit instrumentum litteraturae, si qui velit de deo inquirere et inquisito invenire et invento credere et credito deservire. 2. Viros enim iustitiae innocentia dignos deum nosse et ostendere a primordio in saeculum emisit spiritu divino inundatos, quo praedicarent deum unicum esse, qui universa condiderit, qui hominem de humo struxerit — hic enim est verus Prometheus, qui saeculum certis temporum dispositionibus et exitibus ordinavit — 3. exinde quae signa maiestatis suae iudicantis ediderit per imbres, per ignes, quas demerendo sibi disciplinas determinaverit, quae ignoratis et deser[i]tis *et* observa*tis* his praemia destinarit, ut qui producto aevo isto iudicaturus sit suos cultores in vitae aeternae retributionem, profanos in ignem aeque perpetem et iugem, suscitatis omnibus ab initio defunctis et reformatis et recensitis ad utriusque meriti dispunctionem. 4. Haec et nos risimus aliquando. De vestris sumus: fiunt, non nascuntur Christiani. 5. Quos diximus praedicatores prophetae de officio praefandi vocantur. Voces eorum itemque virtutes, quas ad fidem divinitatis edebant, in thesauris

---

Φ **XVIII.** 11 [ediderit (*del. Wa.*)] iudicando ediderit 14 peracto 15 restitutionem 17 recensis

---

9 *cf.* Adv. Marc. I 1 p. 291, 21 18*sq.* Hier. Epist. 107, 1, 4 (*Hilberg*), *cf.* Testim. anim. 1 p. 135, 29

2*sq.* instrumentum adiecit (Φ) *det. edd.* 5 iustitia ac innocentia (Φ)R^3 13 desertis R^3, deseritis ΦΩ et observatis Φ, sed observantibus Ω (*falso*) 14 prodacto *Heraldus* (*cf. ad* c. 48, 9. Adv. Marc. V 6 p. 589, 3. Paenit. 10, 2) 15 restitutionem Φ (vitae aeternae *gen. defin.*), retributionem Ω 17 recensis Φ, recensetis (*SΠM*) *vel* recensitis Ω 18 sumus] fuimus (Φ) *det. edd.* 19 Christiani. XVII (= 18, 5—18, 6 Iudaei) DE PROPHETIS *SΠM al.*

litterarum manent, nec istae latent. Ptolemaeorum eruditissimus, quem Philadelphum supernominant, et omnis litteraturae sagacissimus, cum studio bibliothecarum Pisistratum, opinor, aemularetur, inter cetera memoriarum, quibus aut vetustas aut curiositas aliqua ad famam patrocinabatur, ex suggestu Demetri⟨i⟩ Phalerei, grammaticorum tunc probatissimi, cui praefecturam mandaverat, libros a Iudaeis quoque postulavit, proprias atque vernaculas litteras, quas soli habebant. **6.** Ex ipsis enim et ad ipsos semper prophetae peroraverant, scilicet ad domesticam dei gentem ex patrum gratia. Hebraei retro, qui nunc Iudaei; igitur et litterae Hebraeae et eloquium. **7.** Sed ne notitia vacaret, hoc quoque a Iudaeis Ptolemaeo subscriptum est septuaginta et duobus interpretibus indultis, quos Menedemus quoque philosophus, providentiae vindex, de sententiae communione suspexit. Affirmavit haec vobis etiam Aristaeus. **8.** Ita in Graecum stilum exaperta monumenta reliquit; hodie apud Serapeum Ptolemaei bibliothecae cum ipsis Hebraicis ex- **Ω**

22*sq.* Ptolemaeus, quem Philadelphum supernominant, eruditissimus rex et 27*sq.* grammaticorum probatissimi 38 mon*u*menta hodie **Φ**

22*sqq*. *cf.* Isid. Orig. VI 3, 5 35 *cf.* Ioseph. Antiq. XII 101 37 *cf. ibid.* VII 6

22*sq.* Ptolemeus quem (Philadelphum) supernominan⟨t⟩ eruditissimus rexit omni (rex et omnis *corr. Modius*) *Φ* (*cf.* Isid. Orig. VI 3, 5), ptolomeorum (⟨rex⟩ *Martin*) eruditissimus quem philadelphum (filadelphum *Π*) supernominant et omnis *Ω* 24 Pisistratum (*Φ*) *det. edd.* pisistratarum (pissistratarum *M*) *opt. Ω* 25 ut opinor (*Φ*) *det. edd.* 26 protrocinabatur *SΠ* 27 demetri phalerii *SΠ* 28 libros] librorum *Wendland* 32 Iudaei. XVIII (= 18, 6—19, 3 audistis) DE SCRIPTVRIS DOMINICIS *SΠM al.* 34 ptolomeo *S*, ptholomeo *Π* (*pro more*) Ptolemaeo a Iudaeis (*Φ*) *det. edd.* subscriptum (*i.e. concessum*) *Ω*, rescriptum *Φ* (*falso*) 37 suspexit *i.e. admiratus est* 38 exaperta *X Iun.*, ex aperta *Φ*, ex aperto (*vel* exaperto) *Ω* monimenta *Φ*, monumenta reliquit *Ω* (reliquit *fort. interpol.*) 39 hebra'icis *ΦSΠ[1]M*, hebraicis litteris *Π[2]* (litteris *add. s. l.*) *det.*

Ω hibentur. **9.** Sed et Iudaei palam lectitant. Vectigalis libertas; vulgo aditur sabbatis omnibus. Qui audierit, inveniet deum; qui etiam studuerit intellegere, cogetur et credere.

XIX. 1. Primam instrumentis istis auctoritatem summa antiquitas vindicat. Apud vos quoque religionis est instar, fidem de temporibus adserere.

FRAGMENTUM FULDENSE.

Φ **1.*** Auctoritatem litteris praestat antiquitas summa. Primus enim prophetes, Moyses, qui mundi conditionem et generis humani pul⟨lu⟩latione⟨m⟩ et mox ultricem iniquitatis illius aevi vim cataclysmi de praeterito exorsus est per vaticinationem usque ad suam aetatem, et deinceps per res suas futurorum imagines edidit, penes quem et temporum ordo, digestus ab initio, supputationem saeculi praestitit, superior invenitur annis circiter trecentis quam ille antiquissimus penes vos Danaus in Argo⟨s⟩ transvenisset. **2.*** Troiano denique proelio ad mille annos ante est, unde et ipso Saturno. Secundum enim historiam Thalli, qua relatum est Bel[l]um Assyriorum et Saturnum Titanorum reges cum Iove dimicasse, ostenditur Bel[l]um CCCXX et duobus annis Iliacum exitum antecessisse. Per hunc Moysen etiam illa lex propria Iudaeis a deo missa est. **3.*** Deinceps multa et alii prophetae, vetustiores litteris vestris; nam et qui ultimo cecinit aut aliquantulo praecucurrit aut certe concurrit aetate sapientiae auctoribus, etiam latoribus legis.

Φ **XIX.** 1 primam igitur (*i.e.* οὖν, *cf.* c. 1, 4) instrumentis 3 tempore

---

4 *cf.* Iustin. Apol. I 32, 1 11 *cf.* c. 19, 3. Theoph. Ad Autol. 3, 20 13 *cf.* Anim. 28 p. 347, 1 14 *cf.* Theoph. Ad Autol. 3, 29. Lact. Inst. I 23, 2

---

2 vendicat (Φ) *edd.* 5 conditionem *i.e. creationem* 6 pullulationem *Iun.*, pullatione Φ 8 per res suas] verissimas *coni. Hav.* 11 trecentis (CCC) Φ, quadringentis (CCCC) *coll.* c. 19, 3 *Heinze recte ut videtur* vos *Hav.*, nos Φ 12 Argos *Oehler*, Argo Φ transvenisset Φ, transvenit et *Hav.* 14 Belum *Lagarde* (*coll.* Theoph. *l. l.*), bellum Φ (*item v.* 15) 15 reges Φ, regem *Hav.* 16 exitum Φ (*i.e. interitum, cf.* c. 21, 5 *al.*), exitium *Hav.* 18 multa Φ (*intell.*: *cecinerunt*), multi *Hav.*

4.* Cyri enim et Darii regno fuit Zacharias, quo in tempore Φ Thales, physicorum princeps, sciscitanti *Croeso* nihil certum de divinitate respondit, turbatus scilicet vocibus prophetarum. Solon eidem regi finem longae vitae intuendum praedicavit, non aliter quam prophetae. **5.*** Adeo respici potest tam iura vestra quam studia de lege deque divina doctrina concepisse. Quod prius est, hoc sit semen necesse est. Inde quaedam nobiscum vel prope nos habetis: **6.*** de sophia amor eius philosophia vocitatus est; de prophetia adfectatio eius poeticam vaticinationem deputavit. Gloriae homines si quid invenerant, ut proprium facerent, adulteraverunt. Etiam fructibus a semine degenerare contigit. **7.*** Multis adhuc de vetustate modis consisterem divinarum litterarum, si non maior auctoritas illis ad fidem de veritatis suae viribus quam de aetatis annalibus suppetisset. Quid enim potentius patrocinabitur testimonio earum, nisi dispunctio cotidiana saeculi totius, cum disposítione⟨s⟩ regnorum, cum casus urbium, cum exitus gentium, cum status temporum ita omnibus respondent, quemadmodum ante milia annorum praenuntiabantur? **8.*** Unde et spes nostra, quam ridetis, animatur, et fiducia, quam praesumptionem vocatis, corroboratur. Idonea est enim recognitio praeteritorum ad disponendam fiduciam futurorum: ea*e*dem voces praedicaverunt utramque partem, ea*e*dem litterae notaverunt. **9.*** Unum est tempus apud illas quod apud nos separari videtur. Ita omnia, quae supersunt, i⟨a⟩m probata sunt nobis, quia cum illis, quae probata sunt, tunc futuris praedicabantur. **10.*** Habetis, quod sciam, et *v*os Sibyllam, quate*n*us appellatio ista vera*e* vat*is* dei veri passim super ceteros, qui vaticinari videbantur, usur-

21 *cf.* Theoph. *ibid.* 3, 23. Lact. Inst. IV 5, 8   22 *cf.* c. 46, 8. Nat. II 2 p. 96, 15. Min. Fel. 13, 4 (*qui idem de Hierone et Simonide narrat cf.* Cic. Nat. deor. I 60)   25 *cf.* Psalm. 38, 5   28 *sq. cf.* Theoph. *l. l.* 2, 9   30 *cf.* c. 47, 3 homines gloriae libidinosi   39 *cf.* Dan. 2, 37 *sqq.*   47 *cf.* Nat. II 12 p. 120, 11

21 quo tempore *Souter*   22 Croeso *Iun.*, Cyro Φ   27 hos Φ   30 deputavit *i. e. derivavit*   36 *sq.* dispositiones *Hav.* (*i. e. mutationes et successiones*), dispositione Φ   42 *sq.* eaedem (*bis*) *Woodham* (*coll.* c. 20, 4), eadem Φ   45 iam probata *Iun.*, improbata Φ, improbata, iam probata *Lagarde*, improbata, probata *Leopold*   46 habetis Φ, habemus *Hav.*   47 vos *Oehler*, nos Φ   quatinus Φ   appellatione *Woodham* verae vatis *Hav.*, vera vates Φ   48 ceteros qui Φ, ceteras quae *Hav.*   48 *sq.* usurpata est Φ, usu probata est *Hav.*

Φ pata est, sicut vestrae Sibyllae nomen de veritate mentitae, quemadmodum et dei *ve*stri.

Ω **2.** Omnes itaque substantias omnesque materias origines ordines venas veterani cuiusque stili vestri, gentes etiam plerasque et urbes insignes historiarum et canas memoriarum, ipsas denique effigies litterarum, indices custodesque rerum, et — puto adhuc minus dicimus — ipsos, inquam, deos vestros, ipsa templa et oracula et sacra unius interim prophetae scrinium saeculis vincit, in quo videtur thesaurus collocatus totius Iudaici sacramenti et inde iam et nostri. **3.** Si quem audistis interim Moysen, Argivo Inacho pariter aetate est; quadringentis paene annis — nam et septem minus — Danaum, et ipsum apud vos vetustissimum, praevenit; mille circiter cladem Priami antecedit; possem etiam dicere quingentis amplius et Homerum, habens quos sequar. **4.** Ceteri quoque prophetae etsi Moysi postumant, extremissimi tamen eorum non retrosiores reprehenduntur primoribus vestris sapientibus et legiferis et historicis? **5.** Haec quibus ordinibus probari possint, non tam difficile est nobis exponere quam enorme, nec arduum, sed interim longum. Multis instrumentis cum digi-

Φ 53*sq.* et arcana memoriarum 61 nam septem 63 possum dicere, etiam 69 longum dinumerare.

64*sqq.* *cf.* Theoph. Ad Autol. 3, 23

49 sicut Φ, sunt *Oehler*, sciunt *Hav.*, sic *Martin*; *fort.* sic et 50 vestri *Hav*, nostri Φ 51 substantias Ω, substantiae Φ materias Ω, materiae Φ 52 vestri Ω, nostri Φ 53 et arcana Φ, arcana et *Lagarde*, et canas (causas *det. edd.*) Ω (*cf.* Nat. II 12 p. 119, 11 antiquitatum canos) 59 quem Φ*SΠ*, quidem *M det.* audistis. XVIIII (= 19, 3–19, 4) DE MOYSE PROPHETA *SΠM al.* 63 possum dicere etiam Φ (*cf.* Cast. 7 p. 747, 5 *Oehler*), possem etiam dicere Ω (*cf.* c. 15, 6) 65 retrosiores Ω, retrossiores Φ (*probat Wa.*) 66 deprehenduntur (Φ) *det.* (deprenduntur *Z*), reprehenduntur *opt.* Ω (*cf.* c. 12, 2; Spect. 27 p. 26, 10 *Agob.*; Idol. 15 p. 48, 25 *al.*) 67 historicis. XX (= 19, 5–20, 5) DE STATV TEMPORVM *SΠM al.*

torum supputariis gesticulis adsidendum est; reseranda antiquissimarum etiam gentium archiva, Aegyptiorum Chaldaeorum Phoenicum; **6.** advocandi municipes eorum, per quos notitia subministrata est, ali[o]qui[n] Manethon Aegyptius et Berosus Chaldaeus, sed et Hieromus Phoenix, Tyri[i] rex; sectatores quoque ipsorum, Mendesius Ptolemaeus et Menander Ephesius et Demetrius Phalereus et rex Iuba et Apion et Thallus et, si quis istos aut probat aut revincit, Iudaeus Iosephus, antiquitatum Iudaicarum vernaculus vindex; **7.** Graecorum etiam censuales conferendi, et quae quando sint gesta, [a]ut concatenationes temporum aperiantur, per quae luceant annalium numeri; peregrinandum est in historias et litteras orbis. Et tamen quasi partem iam probationis intulimus, cum per quae probari possint, adspersimus. **8.** Verum differre praestat, vel ne minus persequamur festinando vel diutius evagemur persequendo. Ω

XX. **1.** Plus iam offerimus pro ista dilatione: maiestatem scripturarum, si non vetustate divinas probamus, si dubitatur antiquitas. Nec hoc tardius aut aliunde discendum; coram sunt quae docebunt: mundus et saeculum et

---

70 supputatoriis . . asserendum (*i.e. hoc*) 72*sq.* advocandi, per quos 74 [Hebraeus et] ⟨Berosus⟩ Chaldaeus et 75 Tyriorum Φ

---

74 *cf.* Theoph. Ad Autol. 3, 22 (*De Hieromo*)

70 reseranda (Φ) *det. edd.*, reservanda *opt.* Ω 73 aliqui Φ *edd.*, alioquin Ω manethon (-ona *M*) Ω, Manethos Φ 74 berosus chaldeus Ω, Hebraeus et Chaldeus (*om.* Berosus) Φ Hieromus *I. Scaliger*, hieronimus foenix *SΠ*, Proemis Phoenix Φ 75 Tyriorum Φ, tyrii *SΠM* ipsorum] eorum (Φ) *det. edd.* Mendesius (Φ) *det. edd.*, medesius *SΠM* 75*sq.* ptolomeus *SΠM* 76 Menander (Φ) *det. edd.*, menandar *SΠM* Phalereus (Φ) *Γ edd.*, phalerius (*vel* falerius) *rel.* Ω 77 si quis Ω, qui (Φ) *edd.* (*probat Wa.*) 78 Iosippus Φ, Iosephus *SΠM*, Iosepus *Martin* 79 et] ut *Oehler* 80 ut (Φ) *det. edd.*, aut (*i.e. vel?*) Ω 82 partem (Φ) *det. edd.*, patrem *SΠM* 84 vel ne *SΠM*, ne vel (Φ) *det. edd.*

XX. 1 offeremus *M* 3 antiquas *S det.*

Ω exitus. **2.** Quicquid agitur, praenuntiabatur; quicquid videtur, audiebatur. Quod terrae vorant urbes, quod insulas maria fraudant, quod externa atque interna bella dilaniant, quod regnis regna compulsant, quod fames et lues et locales quaeque clades et frequentiae plerumque mortium vastant, quod humiles sublimitate, sublimes humilitate mutantur, **3.** quod iustitia rarescit, iniquitas increbrescit, bonarum omnium disciplinarum cura torpescit, quod etiam officia temporum et elementorum munia exorbitant, quod et monstris et portentis naturalium forma turbatur, providenter scripta sunt. Dum patimur, leguntur; dum recognoscimus, probantur. Idoneum, opinor, testimonium divinitatis veritas divinationis. **4.** Hinc igitur apud nos futurorum quoque fides tuta est, iam scilicet probatorum, quia cum illis, quae cottidie probantur, praedicebantur: eaedem voces sonant, eaedem litterae notant, idem spiritus pulsat. Unum tempus est divinationi futura praefanti. **5.** Apud homines, si forte, distinguitur, dum expungitur, dum ex futuro praesens, dehinc ex praesenti praeteritum deputatur. Quid delinquimus, oro vos, futuro quoque credentes, qui iam didicimus illi per duos gradus credere?

Φ 5 exitus rerum (*cf.* Nat. II 8 p. 110, 1) 6*sq.* vorarent .... fraudarent 7 interna et externa .. dilaniarent 14*sq.* providentiae 19 praedicabantur

---

16*sq.* *cf.* Anim. 2 p. 300, 21 17*sq.* *cf.* Theoph. Ad Autol. 1, 14

---

5 exitus rerum Φ, rerum *om.* Ω (*fort. falso*) 6 vorarant Φ (*lege* -rent), vorant Ω 7 dilaniant *intrans.* (*item* 8 compulsant *i. e. confligunt*) 11 inquitas *Π corr. s. l.* 14*sq.* providentiae Φ (*i. e.* a providentia, *cf.* Monog. 4 p. 766, 9 *Oehler*), prophetiae R^1, providenter Ω (*i. e. per praescientiam*) 15 scripta sunt *i. e. scriptum est* (*cf.* Scorp. 15 p. 178, 9) 19 praedicabantur Φ*M det.*, praedicebantur *SΠ* eaedem *det. edd.* (*cf.* c. 21, 6), eadem Φ *SΠM* 20 eaedem *Π*, eadem Φ*S* 21 praefanti *SM det.*, praefandi Φ*Π* 22 distinguimur *Π corr.* (t *in marg.*) 24 futuro Φ, futura Ω (*errore*) 25 illi *SΠM*, illis (Φ) *det. edd.* credere. XXI (= 21, 1—26 Christianis) DE CHRISTO ET IVDAEIS *SΠ al.* (*om. M*)

Ω

XXI. **1.** Sed quoniam edidimus antiquissimis Iudaeorum instrumentis sectam istam esse suffultam, quam aliquanto novellam, ut Tiberiani temporis, plerique sciunt profitentibus nobis quoque, fortasse an hoc nomine de statu eius retractetur, quasi sub umbraculo insignissimae religionis, certe licitae, aliquid propriae praesumptionis abscondat, **2.** vel quia praeter aetatem neque de victus exceptionibus neque de solemnitatibus dierum neque de ipso signaculo corporis neque de consortio nominis cum Iudaeis agimus, quod utique oporteret, si eidem deo manciparemur. **3.** Sed et vulgus iam scit Christum ut hominum aliquem, qualem Iudaei iudicaverunt: quo facilius quis nos hominis cultores existimaverit. Verum neque de Christo erubescimus, cum sub nomine eius deputari et damnari iuvat, neque de deo aliter praesumimus. Necesse est igitur pauca de Christo ut deo. **4.** Totum Iudaeis erat apud deum gratia, ubi et insignis iustitia et fides originalium auctorum. Unde illis et generis magnitudo et regni sublimitas floruit et tanta felicitas, ut de dei vocibus, quibus edocebantur, de promerendo deo et non offendendo praemonerentur. **5.** Sed

---

Φ

XXI. 2*sq.* quam [scient] .. Tiberianis temporibus ortam 11 sciunt Christum hominem utique aliquem 13*sq.* erubescimus, ut quos sub 15 pauca dicamus 16*sq.* deum praerogativa ob insignem iustitiam et fidem 19 felicitas de dei vocibus affuit, quibus et docebantur 20 praemonebantur

---

3 *cf.* Arnob. Nat. II 69 *in.* novellum nomen est nostrum *cf.* c. 5, 2 *Tiberii* tempore 16*sqq.* *cf.* Cypr. Idol. 10 Iudaeis erat apud deum gratia

---

2 quam Ω, quam scient Φ (*errore*) 3 aliquando Φ X Ψ, aliquanto *rel.* Ω 5*sq.* relionis *S Π corr.* 8 signacolo *S* 9 agimus (Φ) *M det. edd.*, agamus *S Π* 11 vulgo *M det.* Christum hominem utique aliquem Φ, Christum ut hominum (-em *det.*) aliquem Ω (*cf.* Adv. Marc. V 9 p. 603, 19) 15 praesumimus Ω, sumus Φ (*errore*) 15*sq.* ut de deo (Φ) *edd.* 16 totum (Φ) Ω (*i. e. in totum, omnino*), tantum *Urs.* 19 de (*alterum*) *om.* Φ (*falso*)

Ω quanta deliquerint, fiducia patrum inflati ad declinandum, derivantes a disciplina in profanum modum, etsi ipsi non confiterentur, probaret exitus hodiernus ipsorum. Dispersi, palabundi, et soli et caeli sui extorres vagantur per orbem sine homine, sine deo rege, quibus nec advenarum iure terram patriam saltim vestigio salutare conceditur. **6.** Cum haec illis sanctae voces praeminarentur, eadem semper omnes ingerebant fore, uti sub extimis curriculis saeculi ex omni iam gente et populo et loco cultores sibi allegeret deus multo fideliores, in quos gratiam transferret pleniorem quidem ob disciplinae auctioris capacitatem. **7.** Venit igitur qui ad reformandam et illuminandam eam venturus a deo praenuntia⟨ba⟩tur, Christus ille filius dei. Huius igitur gratiae disciplinaeque arbiter et magister, illuminator atque deductor generis humani filius dei adnuntiabatur; non quidem ita genitus, ut erubescat in filii nomine aut de patris semine. **8.** Non de sororis incesto nec de stupro filiae aut coniugis alienae deum patrem passus est squamatum aut cornutum aut plumatum, amatorem in auro conversum Danaidis. Iovis ista sunt humana ⟨nomina⟩, numina vestra. **9.** Ceterum dei filius nullam de impudicitia habet matrem;

Φ 21 *sq.* ex fiducia .. ad *declinandum* disciplinam 30 *sq.* pleniorem ob 36 *sq.* de filii . . semine sicut de concubitu tauri 37 *sq.* aut de coniugis 40 et ista sunt humana vestra

26 *sq.* *cf.* *ibid.* 11. Tert. Adv. Iud. 13 37 *cf.* Isid. Orig. VIII 11, 35

21 deliquerint (Φ) *det. edd.*, dereliquerint *opt.* Ω ex fiducia Φ, fiducia Ω (Cypr. *l. l.*) 21 *sq.* ad delirandum (declinandum *Wa.*) disciplinam Φ, ad declinandum derivantes (dirivantes *M det.*) a (ad *M*) disciplina Ω 22 modum Ω, modis Φ 24 coeli (*vel* caeli) et soli sui (Φ) *det. edd.* (*sed cf.* Cypr. *l. l.*) 26 saltim *SΠ*, saltem *det.* salutare (Φ) *det. edd.*, salutari (-is *M*) *SΠ* 30 *sq.* pleniorem Φ, pleniorem quidem (*i. e. et quidem*, *cf.* c. 12, 5) Ω 31 auctoris Φ *det. edd.* 33 praenunciabatur (Φ) *det. edd.*, praenuntiatur *SΠM* 39 *sq.* plum. amatorem ⟨aut⟩ in auro conversum [Danaidis] *Kroymann*, Danaidis Ω (*i.e. Danaes*), Danaes (Φ) R^1 40 et ista Φ (*ut vid.*), ista Ω, enim ista *Urs.* humana Φ, numina (nomina *det.*) Ω, ⟨nomina⟩, numina *Thörnell*, sunt ista humana, nomina vestra *Kroymann*

Ω etiam quam videtur habere, non nupserat. Sed prius substantiam edisseram, et ita nativitatis qualitas intellegetur. **10.** Iam ediximus deum universitatem hanc mundi verbo et ratione et virtute molitum. Apud vestros quoque sapientes λόγον, id est sermonem atque rationem, constat artificem videri universitatis. Hunc enim Zeno determinat factitatorem, qui cuncta in dispositione formaverit; eundem et fatum vocari et deum et animum Iovis et necessitatem omnium rerum. Haec Cleanthes in spiritum congerit, quem permeatorem universitatis affirmat. **11.** Et nos autem sermoni atque rationi itemque virtuti, per quae omnia molitum deum ediximus, propriam substantiam spiritum inscribimus, cui et sermo insit pronuntianti et ratio adsit disponenti et virtus praesit perficienti. Hunc ex deo prolatum didicimus et prolatione generatum et idcirco filium dei et deum dictum ex unitate substantiae; nam et deus spiritus. **12.** Et cum radius ex sole porrigitur, portio ex summa; sed sol erit in radio, quia solis est radius, nec separatur substantia sed extenditur, ut lumen de lumine accensum. Manet integra et indefecta materia[e] matrix, etsi plures inde traduces qualitatis mutueris. **13.** Ita et quod de deo profectum est, deus est et dei filius et unus ambo; ita de spiritu spiritus et de deo

Φ 44 diximus 51*sq.* sermonem atque rationem itemque virtutem 53 adscribimus 55 dicimus 59*sq.* expanditur

46 *cf.* Lact. Inst. IV 9, 1, 2 50*sq. cf.* Arnim, *Stoicorum vet. frg.* I frg. 533 57*sq. cf.* Adv. Prax. 13 p. 249, 24; 22 p. 269, 3. Lact. Inst. IV 29, 4. 5. Alterc. ed. Caspari (*Kirchenh. Anecdota* I. Christianiae 1883) p. 143

44 diximus Φ *det.*, ediximus *SΠM* (*cf.* c. 21, 11) verbo et] et verbo *Π corr. s. l.* 47 Zeno *om.* Φ (*errore*) 50 chleantes *SΠ* 51 autem] etiam (Φ) *edd.* 53 spiritum (-ui *Martin*) Ω, *om.* Φ (*falso*) 57 et] etiam (Φ) *det. edd.* 59 seperatur *SΠ* (*sic semper*) 59*sq.* expanditur Φ, extenditur Ω Alterc. extenditur ita de spiritu spiritus et de deo deus Ω, *verba* ita — deus *om.* Φ Alterc., *ex v.* 63 *huc inserta vid.* 60 ut lumen Ω Alterc., et lumen Φ (*errore*) 61 materia Φ*M* Alterc., materiae *SΠ* (*vix gen. explic.*) matrix ΦΩ, *om.* Alterc. 63 unum Alterc. ita (Φ) *SΠ* Alterc., ita et *M det.*

Ω deus, modulo alter[num], numerum gradu, non statu fecit, et a matrice non recessit, sed excessit. **14.** Iste igitur dei radius, ut retro semper praedicabatur, delapsus in virginem quandam et in utero eius caro figuratus nascitur homo deo mixtus. Caro spiritu instructa nutritur adolescit affatur docet operatur et Christus est. Recipite interim hanc fabulam — similis est vestris — dum ostendimus, quomodo Christus probetur et qui penes vos eiusmodi fabulas aemulas ad destructionem veritatis istius modi praeministraverint. **15.** Sciebant et Iudaei venturum esse Christum, scilicet quibus prophetae loquebantur. Nam et nunc adventum eius exspectant, nec alia magis inter nos et illos compulsatio est, quam quod iam venisse non credunt. Duobus enim adventibus eius significatis, primo, qui iam expunctus est in humilitate condicionis humanae, secundo, qui concludendo saeculo imminet in sublimitate divinitatis exsertae, primum non intellegendo secundum, quem manifestius praedicatum sperant, unum existimaverunt. **16.** Ne enim intellegerent pristinum, credituri, si intellexissent, et consecuturi salutem, si credidissent, meritum fuit delictorum. Ipsi legunt ita scriptum multatos se sapientia et intellegentia et oculorum et aurium fruge. **17.** Quem igitur hominem solummodo prae-

---

Φ 68 structa 71*sq.* fabulas ad . . istius aemulas 79 in sublimitate paternae potestatis acceptae ⟨et⟩ divinitatis exsertae 80*sq.* sperabant

---

64 *cf.* Adv. Prax. 19 p. 262, 28 66 *cf.* Is. 7, 14 73 *cf.* Cypr. Idol. 12 76*sq. cf.* Tert. Adv. Iud. 14. Lact. Inst. IV 16, 13. Iust. Apol. I 52, 3 83*sq. cf.* Is. 6, 9. 10 85*sq. cf.* Cypr. Idol. 13

---

64 alter Φ (*i.e. diversus cf.* Adv. Prax. 9 p. 239, 23 modulo alius), alterum Alterc., alternum Ω 65 ipse Alterc. 68 structa Φ Alterc., instructa Ω adoliscit *S Π* 72 praeministraverit *Π corr.* (n *in marg.*) 80*sq.* sperabant Φ, sperant Ω (*cf. v.* 75*sq.* Adv. Iud. 7 p. 713, 6 *Oehler*) 81 ne (nec *det.*) enim intellegerent Ω (*cf.* Cypr. Idol. 12), nec intellexerunt Φ (*falso*) 83 delictorum *R*³ *Barraeus coll.* Cypr. *l. l.*, delictum eorum Ω 85 solum hominem modo (Φ) *det. edd.*

sumpserant de humilitate, sequebatur, uti magum aestimarent de potestate, cum ille verbo daemonia de hominibus excuteret, caecos reluminaret, leprosos purgaret, paralyticos restringeret, mortuos denique verbo redderet vitae, elementa ipsa famularet, compescens procellas et freta ingrediens, ostendens se esse verbum dei id est λόγον illud primordiale, primogenitum, virtute et ratione comitatum et spiritu fultum, eundem qui verbo omnia et faceret et fecisset. **18.** Ad doctrinam vero eius, qua revincebantur, magistri primoresque Iudaeorum ita exasperabantur, maxime quod ingens ad eum multitudo deflecteret, ut postremo oblatum Pontio Pilato, Syriam tunc ex parte Romana procuranti, violentia suffragiorum in crucem [Iesum] dedi sibi extorserint. Praedixerat et ipse ita facturos; parum, si non et prophetae retro. **19.** Et tamen suffixus multa mortis illius propria ostendit insignia. Nam spiritum cum verbo sponte dimisit praevento carnificis officio. Eodem momento dies medium orbem signante sole subducta est. Deliquium utique putaverunt Ω

Φ 86*sq.* existimarent 87*sq.* ille daemonia . . excuteret verbo 91*sq.* esse filium et illum olim a deo praedicatum et ad omnium salutem natum, verbum dei illud 92*sq.* fultum. Ad doctrinam 96 conflueret, ut

86*sq.* *cf.* Lact. Inst. V 3, 19 93 *cf.* Ioh. 1, 3 94 *cf.* Cypr. Idol. 13 96*sq.* *cf.* Lact. Inst. IV 18, 4 98 *cf.* Cypr. *ibid.* 14

86 sequebatur Ω, insequebantur Φ (*falso*) magnum *SΠ* 86*sq.* existimarent Φ*VL* (Cypr. *l. l.* existimabant), aestimarent *rel.* Ω 87 ille Φ (*ut vid.*), ille verbo Ω (Cypr. Idol. 13 vocis imperio) 88 excuteret verbo Φ, excuteret Ω reluminaret *SΠM* (*cf.* Carn. 4 p. 432 *Oehler*), illuminaret (Φ) *det. edd.* (Cypr. *l. l.*) 91*sq.* *in* Φ: et filium *Martin*, illum et *Wa.*, natum ⟨et⟩ *Martin* 92*sq.* fultum ΦΩ, sufultum *M det.*, instructum *edd.* 95*sq.* ad eum ingens (Φ) *det. edd.* 97 Romana Ω (Cypr. Idol. 13; *i. e. Romanorum*), Romanam Φ 98 dedi Φ, Iesum dedi Ω (*fort. interpolatum*) 99 parum Ω, parum hoc (Φ)R^1 (*cf.* Pat. 3) 100*sq.* multa mortis illius propria ostendit insignia. Nam Ω, *om.* Φ (*fort. errore*) 101 sponde *SΠ corr.* dimisit (Φ)*M det.* (Cypr. *l. l.*), demisit *SΠ* 102 medium Ω, media Φ (*errore*)

Ω qui id quoque super Christo praedicatum non scierunt. Et tamen eum mundi casum relatum in arcanis vestris habetis. **20.** Tunc Iudaei detractum et sepulcro conditum magna etiam militari manu custodiae diligentia circumsederunt, ne, quia praedixerat tertia die resurrecturum se a morte, discipuli furto amoliti cadaver fallerent suspectos. **21.** Sed ecce tertia die concussa repente terra et mole revoluta, quae obstruxerat sepulcrum, et custodia pavore disiecta, nullis apparentibus discipulis nihil in sepulcro repertum est praeterquam exuviae sepulti. **22.** Nihilominus tamen primores, quorum intererat et scelus divulgare et populum vectigalem et famularem sibi a fide revocare, subreptum a discipulis iactitaverunt. Nam nec ille se in vulgus eduxit, ne impii errore liberarentur, ut et fides, non mediocri praemio destinata, difficultate constaret. **23.** Cum discipulis autem quibusdam apud Galilaeam, Iudaeae regionem, ad quadraginta dies egit docens eos quae docerent. Dehinc ordinatis eis ad officium praedicandi per orbem circumfusa nube in caelum est receptus multo verius quam apud vos adseverare de Romulo Proculi solent. **24.** Ea omnia super Christo Pilatus, et ipse iam pro sua conscientia Christianus, Caesari tunc Tiberio nuntiavit — sed et Caesares credidissent

---

Φ 104 scierunt: ratione non deprehensa negaverunt, et 107 militaris custodiae 109*sq.* sed ad tertium diem 113 praeter exuvias sepulturae 114 primores Iudaeorum 115 avocare 117 sed ut fides 119 regionis 122 est ereptus 123 Romulis

---

104 *cf.* Am. 8, 9 106*sqq. cf.* Lact. Inst. IV 19, 6*sq.* 113 *cf. ibid.* IV 19, 7. Epit. 47, 1 121 *cf.* Lact. Inst. IV 21, 1 124*sqq. cf.* Euseb. Hist. eccl. II 2, 1 τὰ ... βεβοημένα Πιλᾶτος Τιβερίῳ βασιλεῖ κοινοῦται

---

104 qui id (Φ) *det.*, quid *SΠM* Christo (Φ) *SΠ*, Christum *M det.* 107 militaris custodiae Φ (*cf. l.* 111), militari manu custodiae Ω (*an* ⟨et⟩ militari m. c.?) 109 suspectos *i.e. suspicaces* (*cf.* Cult. fem. II 4 *ex.* Ad ux. I 1 *ex.*) 111 custodia (Φ) *det.*, custodiae *SΠM* 115 famularem *SΠM*, familiarem Φ *det.* (*errore*) 120 quadraginta Ω (Cypr. Idol. 14), quinquaginta Φ (*errore*) 125 *parenthesin indicavit Heinze*

Ω

super Christo, si aut Caesares non essent necessarii saeculo, aut si et Christiani potuissent esse Caesares — **25.** discipuli quoque diffusi per orbem ex praecepto magistri dei paruerunt, qui et ipsi a Iudaeis insequentibus multa perpessi utique pro fiducia veritatis libenter Romae postremo per Neronis saevitiam sanguinem Christianum seminaverunt. **26.** Sed monstra*b*imus vobis idoneos testes Christi ipsos illos, quos adoratis. Multum est, si eos adhibeam, ut credatis Christianis, propter quos non creditis Christianis. **27.** Interim hic est ordo nostrae institutionis, hunc edidimus et sectae et nominis censum cum suo auctore. Nemo iam infamiam incutiat, nemo aliud existimet, quia nec fas est ulli de sua religione mentiri. Ex eo enim, quod aliud a se coli dicit quam colit, negat, quod colit, et culturam et honorem in alterum transfert et transferendo iam non colit, quod negavit. **28.** Dicimus et palam dicimus et vobis torquentibus lacerati et cruenti vociferamur: 'Deum colimus per Christum.' Illum hominem putate; per eum et in eo se cognosci et coli deus vult. **29.** Ut Iudaeis respondeamus, et ipsi *deum* per hominem Moysen colere didicerunt; ut Graecis occurram, Orpheus Pieriae, Musaeus Athenis, Me-

---

Φ

126 aut et 127*sq.* discipuli vero (Cypr. Idol. 14) 129 persequentibus 135*sq.* edimus 137 concutiat (*cf.* Adv. Marc. V 3 p. 574, 18) 138 Eo enim 139*sq.* colit, et honorem 142 cruentati 143*sq.* per eum se . . voluit (*cf.* Lact. Epit. 49, 2) 144 respondeam 145 per Moysen

---

127*sq.* *cf.* Cypr. Idol. 14. Lact. Inst. IV 21, 1 143*sq.* *cf.* Lact. Epit. 49, 2

---

126 saeculo necessarii (*Φ*) *det. edd.* 129 persequentibus *ΦΓ*, insequentibus *rel. Ω* 132 monstrabimus ZR^{3}, monstravimus *rel. Ω* testes *i. e. daemones* (*cf.* c. 23, 11) 134 Christianis. XXII (= 21, 26 interim — 22, 12) DE DEO OMNIPOTENTE ET CHRISTO *SΠ al.* 140 transfert (*Φ*) *S* (*ex* transferet) *det. edd.*, transferet *Π* 145 deum (*Φ*) *det. edd.*, dominum *SΠM* per Moysen *Φ*, per hominem (hominem per *M al.*) moysen *Ω* 146*sq.* melamphus *SΠM*

Ω lamp[h]us Argis, Trophonius Boeotiae initiationibus homines obligaverunt; ut ad vos quoque dominatores gentium adspiciam, homo fuit Pompilius Numa, qui Romanos operosissimis superstitionibus oneravit. **30.** Licuerit et Christo commentari divinitatem, rem propriam, non qua rupices et adhuc feros homines multitudini tot *nu*minum demerendorum attonitos efficiendo ad humanitatem temperaret, quod Numa, sed qu[i]a iam expolitos et ipsa urbanitate deceptos in agnitionem veritatis ocularet. **31.** Quaerite igitur, si vera est ista divinitas Christi. Si ea est, qua cognita ad bonum quis reformatur, sequitur, ut falsae renuntietur comperta inprimis illa omni ratione, quae delitiscens sub nominibus et imaginibus mortuorum quibusdam signis et miraculis et oraculis fidem divinitatis operatur.

XXII. **1.** Atque adeo dicimus esse substantias quasdam spiritales. Nec novum nomen est; sciunt daemones philosophi Socrate ipso ad daemonii arbitrium exspectante. Quidni? cum et ipsi daemonium a pueritia adhaesisse dicatur, dehortatorium plane a bono. **2.** Omnes sciunt poëtae;

Φ 148*sq.* convertar 151 divinitatem, non qua rudes 156*sqq.* vera sit . . Christi, si ea est, qua cognita sequitur, ut XXII. 2 daemonas 3 daemonis 4 cum ipsi

---

155 *cf.* Cypr. Idol. 14 158 *cf.* Anim. 57 p. 392, 8. Min. Fel. 27, 1. Lact. Inst. II 15, 19

XXII. 1 *cf.* Min. Fel. 26, 8*sqq.* 3 *cf.* Plat. Apol. p. 31 D 4 *cf.* Anim. 1 p. 299, 23. Lact. Inst. II 14, 9 daemona

---

147 Tryphonius *Φ*, trophoenius *S*, trophenius *SM* boetiae *SΠ* 148*sq.* convertar *Φ* (*cf.* c. 9, 6), aspiciam *Ω* (*cf.* Res. 12 *in.* Pall. 2 p. 922, 6 *Oehler*) 151 qua *ΦSΠ*[1]*M*, quo *Π*[2], qui *R*[3] rudes *ΦO*[b 2], rupices *rel.* *Ω* (Pall. 4 p. 934. 941, 5. Anim. 6 p. 307, 6) 152 numinum *det. edd.*, nominum *ΦSΠ* (hominum *M al*) 154 quod *Ω*, quo *Φ* (*errore*) qua *Wa.*, quia *opt.* *Ω*, qui *R*[1], quod (*an.* quo?) *Φ* 155 occularet *SΠ* 155*sq.* igitur] ergo (*Φ*) *det. edd.* 157 falsa *M* 158 delitiscens *SΠM* (Nat. I 16 p. 88, 19 *A*), delitescens (*Φ*) *det.* (Spect. 17 p. 19, 7 *cod. Agob.*)

XXII. 3 daemonis *Φ* (*cf.* Min. Fel. 26, 9), daemonii *Ω* (*cf.* Anim. 1 p. 299, 23)

Ω

etiam vulgus indoctum in usu⟨m⟩ maledicti frequentat. Nam et Satanan, principem huius mali generis, proinde de propria conscientia animae eadem exs*e*cramenti voce pronuntiat. Angelos quoque etiam Plato non negavit. Utriusque nominis testes esse vel magi adsunt. **3.** Sed quomodo de angelis quibusdam sua sponte corruptis corruptior gens daemonum evaserit, damnata a deo cum generis auctoribus et, cum eo, quem diximus, principe, apud litteras sanctas ordo cognoscitur. **4.** Nunc de operatione eorum satis erit exponere. Operatio eorum est hominis eversio; sic malitia spiritalis a primordio auspicata est in hominis exitium. Itaque corporibus quidem et valetudines infligunt et aliquos casus acerbos, animae vero repentinos et extraordinarios per vim excessus. **5.** Suppetit illis ad utramque substantiam hominis adeundam subtilitas et tenuitas sua. Multum spiritalibus viribus licet, ut invisibiles et insensibiles in effectu potius quam in actu suo appareant, si poma, si fruges nescio quod aurae latens vitium in flore praecipitat, in germine exa*nim*at, in pubertate convulnerat, ac si caeca ratione temptatus aer pestilentes haustus suos offundit. **6.** Eadem igitur obscuritate contagionis adspiratio daemonum et angelorum mentis quoque corruptelas agit furoribus et amentiis foedis aut saevis libidinibus cum erroribus variis, quorum iste potissimus, quo deos istos captis et

Φ

13 et, quem diximus, principe[m] 20 adeundam mira subtilitas 28 libidinibus et erroribus

---

7 *cf.* Testim. anim. 3 p. 138, 1 11 *cf.* Gen. 6, 2 14 *sq. cf.* Lact. Inst. II 14, 11 20 *cf. ibid.* II 14, 14 spiritus tenues 27 *cf. ibid.* mentes furoribus quatiunt

---

6 usum (Φ) *M*, usu *SΠ* maledicti Φ*M*, maledictis *SΠ* 8 execramenti Φ*UX*, exsacramenti (*vel* ex sacramenti) *rel.* Ω 10 esse (Φ) Ω, *del. Rig.* adserunt Φ (*an errore?*), adsunt *opt.* Ω 13 principe Ω, principem ΦM^1 apud Ω, aut Φ 23 latens Ω, latentis Φ (*errore*) 24 exanimat (Φ) *M*, examinat *SΠ* ac si (sic *M*) Ω, si (Φ) R^3 (*probat Kroymann*) 25 offundit *SΠM*, effundit (Φ) *det.*

Ω circumscriptis hominum mentibus commendat, ut et sibi pabula propria nidoris et sanguinis procuret simulacris imaginibus oblata. **7.** Et quae illi⟨s⟩ accuratior pascua est, quam ⟨ut⟩ hominem a ⟨re⟩cogitatu verae divinitatis averta⟨n⟩t praestigiis falsis? Quas et ipsas quomodo [ut] opere⟨n⟩tur expediam. **8.** Omnis spiritus ales est: hoc angeli et daemones. Igitur momento ubique sunt. Totus orbis illis locus unus est; quid ubi geratur tam facile sciunt quam adnuntiant. Velocitas divinitas creditur, quia substantia ignoratur. Sic et auctores interdum videri volunt eorum, quae adnuntiant. Et sunt plane malorum nonnumquam, bonorum tamen numquam. **9.** Dispositiones etiam dei et tunc prophetis contionantibus exce*per*unt et nunc lectionibus resonantibus carpunt. Ita et hinc sumentes quasdam temporum sortes aemulantur divinitatem, dum furantur divinationem. **10.** In oraculis autem quo ingenio ambiguitates temperent in eventus, sciunt Croesi, sciunt Pyrrhi. Ceterum testudinem decoqui cum carnibus pecudis Pythius eo modo renuntiavit, quo supra diximus: momento apud Lydiam fuerat. Habent de incolatu aëris et de vicinia siderum et de commercio nubium caelestes sapere para-

---

Φ 30 circumscriptis mentibus 31*sq.* curet simulacris 33*sq.* nisi ut . . a recogitatu . . praestigiis falsae divinationis 35 et angeli 46 eventum 47 pecoris (*cf.* c. 9, 14) 49 fuerant

---

32 *cf.* Cypr. Idol. 7 p. 24, 16*sqq.* 45 *cf.* Lact. Inst. II 14, 6 47 *cf.* Herodot. I 47. Cic. Div. II 116

30 commedat *SΠ* 31 curet Φ (*cf.* Res. 7 p. 35, 23. Nat. II 5 *ex.*), procuret Ω (*cf.* Adv. Marc. I 11 p. 305, 10) 32 oblata Ω, *om.* Φ (*errore*) illis Φ, illi Ω 33 nisi ut Φ, quam (quam ut *det.*) Ω quam ⟨qua⟩ *Kroymann* a recogitatu Φ, e (a *det.*) cogitatu Ω (*errore*) 33*sq.* avertant Φ, avertat Ω 34*sq.* quomodo operentur Φ, quomodo ut (quomodo *det.*) operetur Ω 42 exceperunt Φ, excerpunt Ω (*errore*)
46 eventum Φ, eventus Ω (Lact. Inst. II 14, 6) croessi *SΠ* 49 fuerant Φ (*subaudi: daemones*, *cf.* c. 22, 8), fuerat Ω (*errore*) habent *XZR*[1] (*susp.*), habens *rel* Ω, habentes Φ (*errore*) habent et *Kroymann*

turas, ut et pluvias, quas iam sentiunt, repromittant. Ω **11.** Benefici plane et circa curas valetudinum. Laedunt enim primo, dehinc remedia praecipiunt ad miraculum nova sive contraria; post, quae desinunt laedere et curasse creduntur. **12.** Quid ergo de ceteris ingeniis vel etiam viribus fallaciae spiritalis edisseram, phantasmata Castorum et aquam cribro gestatam et navem cingulo promotam et barbam tactu inrufatam, ut numina lapides crederentur, ut deus verus non quaereretur?

XXIII. 1. Porro si et magi phantasmata edunt et iam defunctorum infamant animas, si pueros in eloquium oraculi elidunt, si multa miracula circulatoriis praestigiis ludunt, si et somnia inmittunt, habentes semel invitatorum angelorum et daemonum adsistentem sibi potestatem, per quos et caprae et mensae divinare consuerunt: quanto magis ea potestas de suo arbitrio et pro suo negotio studeat totis viribus operari quod alienae praestat negotiationi! **2.** Aut si eadem et angeli et daemones operantur, quae et dei vestri, ubi est ergo praecellentia divinitatis, quam utique superiorem omni potestate credendum est? Non ergo

---

52 circa medicinas 56*sqq.* edisseram, dum oracula profitetur, dum miracula exercet, phantasmata . . . inrufatam? Ut numina . . . quae⟨reretur⟩ effecerunt. Φ
XXIII. 10*sq.* quae . . superior . . credenda est

---

54 *cf.* Min. Fel. 27, 2 ut . . curasse videantur. Lact. Inst. II 14, 13
57 *cf.* Min. Fel. 27, 4. Suet. Nero 1. *T. alludit ad Claudiam, cf.* Sen. De matrim. frg. 21 (Hier. Adv. Iovin. I 41) 58*sq. cf.* Lact. Inst. II 17, 10 ne quaeratur ab illis verus deus

---

52 benefici *Ω* (*cf.* Anim. 46 p. 377, 26), venefici *Φ* (*errore*)
54 postquam (*Φ*) *det. edd.* 59 quae (*i. e. quae.* = *quaereretur*) effecerint (-unt *Hav.*) *Φ*, quaereretur (crederetur *Γ*) *Ω* quaereretur. XXIII (= 23—24, 10) DE FANTASMATIBVS MAGIAE ET DAEMONIIS *SΠM al.*
XXIII. 3 elidunt *Ω*, edunt *Φ* (*ex v.* 1 *errore*) 9 aut] at *Wa.*

Ω dignius praesumetur ipsos esse, qui se deos faciant, cum eadem edant, quae faciant deos credi, quam pares angelis et daemonibus deos esse? **3.** Locorum differentia distinguitur, opinor, ut a templis deos existimetis, quos alibi deos non dicitis, ut aliter dementire videatur qui sacras turres pervolat, aliter qui tecta viciniae transilit, et alia vis pronuntietur in eo, qui genitalia vel lacertos, alia ⟨in eo⟩, qui sibi gulam prosecat. Compar[a] exitus furoris et unȧ ratio est instigationis. **4.** Sed hactenus verba; iam hinc demonstratio rei ipsius, qua[m] ostendemus unam esse utriusque nominis qualitatem. Edatur hic aliqui ibidem sub tribunalibus vestris, quem daemone agi constet; iussus a quolibet Christiano loqui spiritus ille tam se daemonem confitebitur de vero quam alibi deum de falso. **5.** Aeque producatur aliquis ex his, qui de deo pati existimantur, qui aris inhalantes numen de nidore concipiunt, qui ructando curantur, qui anhelando praefantur. **6.** Ista ipsa Virgȯ Caelestis, pluviarum pollicitatrix, ipse iste Aesculapius, medicinarum demonstrator, alia die morituris socordio et t⟨h⟩anatio et ascle-

---

Φ 14*sq.* distinguit 15 in templis 18 alia in eo qui 22*sq.* hic ibidem sub tribunali vestro 24*sq.* confitebitur ⟨quod⟩ in vero est, quam alibi deum, quod in falso est 27 ructuando

---

19 *cf.* Min. Fel. 27, 3

13*sq.* angelis et daemonibus *Ω*, angeli et daemones *Φ* (*errore*) 16 dementare *ex* dementire *Π* 17 et alia] talia *S* 19 prosecat *Φ det. edd.*, prosectam *SΠM* compar Π^2 (cum par *det.*), compara *ΦS*Π^1*M* 20 actenus *SΠ* 21 qua (*Φ*)*XΓ edd.*, quam *rel. Ω* 22 hic *Φ* (*cf.* Monog. 11 *in.*), hic aliqui (aliquis *det. edd.*) *Ω* (*cf.* c. 23, 5) 23 angi (*Φ*)R^1. 24*sq.* de vero *i.e. vere*, de falso *i.e. falso* 26 his *opt. Ω*, iis (*Φ*) *det.* inhalantes (inalentes *M*, inhalatis *X*) *Ω*, inhalantibus *Φ* (*errore*) 27 ructuando *Φ* (*cf.* c. 9, 11. 48, 14), ructando *Ω* 29 iste ipse (*Φ*) *det. edd.* esculapius *SΠ*, Aescopius *Φ* 29*sq.* demonstrator *Ω*, *om. Φ* (*errore*) 30 alia (*i.e. crastina*) die morituris (alia demorituris *M*) *Ω*, alia die moriturus *Φ* (*errore*) scordio *Kellner* thanatio *Iun.*, tanatio *Φ*, denatio (thenacio *Y*) *Ω*

piodoto ⟨vitae⟩ subministrator, nisi se daemones confessi fuerint, Christiano mentiri non audentes, ibidem illius Christiani procacissimi sanguinem fundite! **7.** Quid isto opere manifestius? Quid hac probatione fidelius? Simplicitas veritatis in medio est; virtus illi sua adsistit; nihil suspicari licebit. Magia aut aliqua eiusmodi fallacia fieri [dictis non] dicetis, si oculi vestri et aures permiserint vobis. **8.** Quid autem inici potest adversus id, quod ostenditur nuda sinceritate? Si altera parte vere dei sunt, cur sese daemonia mentiuntur? an ut nobis obsequantur? Iam ergo subiecta est Christianis divinitas vestra; nec divinitas deputanda est, quae subdita est homini, et, si quid ad dedecus facit, aemulis suis. **9.** Si altera parte daemones sunt vel angeli, cur se alibi pro deis agere respondent? Nam sicut illi, qui dei habentur, daemones se dicere noluissent, si vere dei essent, scilicet ne se de maiestate deponerent, ita et isti, quos directo daemonas nostis, non auderent alibi pro deis agere, si aliqui omnino dei essent, quorum nominibus utuntur; vererentur enim abuti maiestatem superior*um* sine dubio et timendorum. **10.** Adeo nulla est divinitas ista, quam tenetis, quia, si esset, neque a daemoniis affectaretur in confessione neque a deis negaretur. Cum ergo utraque pars concurrit in confessionem deos esse negans, agnoscite unum genus esse, id est daemonas [verum] utrobique. **11.** Iam

31 daemonas 39 daemonas 41 nec utique (*cf. ad* c. 43, 2) divinitas 43 aemulo suo 53 esse se negans 54 daemonas utrobique

31 vitae *Φ*, *om. Ω* (*errore*) subministrator *Φ det.*, subministratur *SΠM* 36*sq.* fieri dicetis *Φ*, fieri dictis (dicitis *M det.*) non dicetis *Ω* 38 inici] niti (*Φ*)*R*[3] 42 decus (*Φ*)*Z edd.*, dedecus *rel. Ω* 45 daemonas *Rauschen* 49 maiestatem *SΠM*, maiestate *Φ* (*ut vid.*) *det.* (*cf.* c. 27, 3. Idol. 9 *ex.* Orat. 22 p. 196, 11. Coron. 10) superiorum *ΦLNV*, superiore *rel. Ω* 51 tenetis *i.e. adfirmatis, adseveratis* (*cf.* Anim. 28 p. 347, 20) 51*sq.* in confessione neque *Ω*, neque in confessione neque *Φ*, in confessione *del. Rig.* 54 utrobique *Φ*, verum utrobique *Ω*

Ω deos quaerite; quos enim praesumpseratis, daemonas esse cognoscitis. Eadem vero opera nostra ab eisdem deis vestris non tantum hoc detegentibus, quod neque ipsi dei sint neque ulli alii, etiam illud in continenti cognoscitis, qui[d] sit vere deus, et an ille et an unicus, quem Christiani profitemur, et an ita credendus colendusque, ut fides, ut disciplina disposita est Christianorum. **12.** Dicent ibidem: 'Et quis ille Christus cum sua fabula?' si homo communis condicionis, si magus, si post mortem de sepulcro a discipulis subreptus, si nunc denique penes inferos, si non in caelis potius et inde venturus cum totius mundi motu, cum orbis horrore, cum planctu omnium, sed non Christianorum, ut dei virtus et dei spiritus et sermo et sapientia et ratio, et dei filius. **13.** Quodcumque ridetis, rideant et illi vobiscum; negent Christum omnem ab aevo animam restituto corpore iudicaturum; dicant hoc pro tribunali, si forte, Minoën et Rhadamanthum secundum consensum Platonis et poëtarum hoc esse sortitos. **14.** Suae saltim ignominiae et damnationis notam refutent; renu[nti]ant se immundos spiritus esse, quod vel ex pabulis eorum, sanguine et fumo et putidis rogis pecorum, et impuratissimis linguis ipsorum vatum

Φ 55 praesumpseratis deos esse, iam daemonas esse 58 cognoscetis 60*sq.* fides et disciplina 63 post crucem 67*sq.* spiritus, ut ratio, ut dei filius et dei omnia 70 hoc tribunali 72 poetarum esse sortitos

71 *cf.* Plat. Gorg. 79 p. 523 E

59 qui (Φ) *ZR*[1], quid *rel.* Ω 61 dicent (dicant *Esser*) ibidem Ω, dicentibus nobis idem Φ, dicetis ibidem *Kroymann* 64 si nunc Ω, sine hunc Φ 65 potius Ω, ocyus Φ 66 horrore orbis (Φ) *det. edd.* sed Φ *SΠO*[b], si *rel.* Ω 67*sq.* spiritus ut (et *Löfstedt*, et ⟨dei⟩ *Wa.*) ratio ut (et *Löfstedt*) Dei filius et Dei omnia Φ (*cf.* Praescr. 43 et dei omnia), spiritus et sermo et sapientia et ratio et dei filius Ω 69 ab aevo (Φ) *det. edd.*, habebo *SΠM* 70 hoc tribunali Φ, huic tribunali *Rauschen*, hoc pro tribunali Ω, *secl. Martin* 71 minoen *SΠM*, Minoem (Φ) *det.* 73 notam Ω, notant Φ (*errore*) renuant Φ (*c. acc. c. inf.* Paenit. 6, 9), renuntiant (-ient *WXZ*) Ω (*errore*) 75 rogis (Φ) *det.*, rogiis *SΠ*, rogus *M*

Ω

intellegi debuit; renuant ob malitiam praedamnatos se in eundem iudicii diem cum omnibus cultoribus et operationibus suis. **15.** Atquin omnis haec nostra in illos dominatio et potestas de nominatione Christi valet et de commemoratione eorum, quae sibi a deo per arbitrum Christum imminentia exspectant. Christum timentes in deo et deum in Christo subiciuntur servis dei et Christi. **16.** Ita de contactu deque afflatu nostro, contemplatione et repraesentatione ignis illius correpti etiam de corporibus nostro imperio excedunt inviti et dolentes et vobis praesentibus erubescentes. **17.** Credite illis, cum verum de se loquuntur, qui mentientibus creditis! Nemo ad suum dedecus mentitur, quin potius ad honorem. Magis fides proxima est adversus semetipsos confitentes quam pro semetipsis negantes. **18.** Haec denique testimonia deorum vestrorum Christianos facere consuerunt; quam plurimum illis credendo in Christo *deum* credimus. Ipsi litterarum nostrarum fidem accendunt, ipsi spei nostrae fidentiam aedificant. **19.** Colitis illos, quod sciam, etiam de sanguine Christianorum. Nollent itaque vos tam fructuosos, tam officiosos sibi amittere, vel ne a vobis, quandoque [a] Christianis, fugentur, si illis sub Christiano volente vobis veritatem probare mentiri liceret.

XXIV. 1. Omnis ista confessio illorum, qua se deos negant esse quaque non alium deum respondent praeter unum, cui nos mancipamur, satis idonea est ad depellen-

---

Φ

88 sed potius 91*sq.* per Christum et in deum
94 nollent ubique

---

77 *cf.* Min. Fel. 35, 2 80*sq.* *cf.* Lact. Inst. II 15, 3 84*sq.* *cf.* Min. Fel. 27, 5*sq.* de corporibus exiguntur ... victi dolore

76 rennuant *SΠ* 77*sq.* operatoribus (Φ) R^3 79 nominatione Ω, dominatione Φ (*errore*) 86 locuntur *SΠM* 88 sed Φ, quin Ω (*cf.* c. 24, 2) proxima Ω, prona (Φ) R^1 91 quam Ω, quia (Φ) *edd.* 92 deum *Thörnell*, domino Ω 93 fiduciam (Φ) *det. edd.* 94 itaque] ubique Φ, utique *Colombo* 96 christianis (Φ) *det. edd.*, a christianis *SΠM*

Ω dum crimen laesae maxime Romanae religionis. Si enim non sunt dei pro certo, nec religio pro certo est; si religio non est, quia nec dei pro certo, nec nos pro certo rei sumus laesae religionis. **2.** At e contrario in vos exprobratio resultabit, qui mendacium colentes veram religionem veri dei non modo neglegendo, quin insuper expugnando, in verum committitis crimen verae irreligiositatis. **3.** Nunc ut constaret illos deos esse, nonne conceditis de aestimatione communi aliquem esse sublimiorem et potentiorem, velut principem mundi perfectae [peritiae] maiestatis? Nam et sic plerique disponunt divinitatem, ut imperium summae dominationis esse penes unum, officia eius penes multos velint, ut Plato Iovem magnum in caelo comitatum exercitu describit deorum pariter et daemonum; itaque oportere et procurantes et praefectos et praesides pariter suspici. **4.** Et tamen quod facinus admittit, qui magis ad Caesarem promerendum et opera⟨m⟩ et spem suam transfert nec appellationem dei, ita ut imperatoris, in ali⟨o⟩ quam principe confitetur, cum capitale esse iudicetur alium praeter Caesarem et dicere et audire? **5.** Colat alius deum, alius Iovem; alius ad caelum manus supplices tendat, alius ad aram Fidei manus; alius (si hoc putatis) nubes numeret orans, alius

---

Φ **XXIV.** 4 public⟨a⟩e et maxime 7 *sq.* [re] ista resultabit 11 concederetis 15 officia vero eius 25 alius nubes

---

16 *cf.* Plat. Phaedr. p. 246 E

---

7 exprobatio *ΦΠ*¹ (*add.* r *in marg.*) 7 *sq.* re (*del. Rauschen*) ista *Φ*, *om.* *Ω*, re. (*i.e. resultabit*) ista *in Φ fuisse censet Wohleb*, resultabit *ΦZ*, resultavit *rel.* *Ω* (*cf.* c. 16, 14) 9 in verum (-o *M*) *ΦΩ* (*nisi Φ habebat* in verum deum, *quod R*¹ *habet*) 10 inreligiositatis *SΠ* (*cf.* c. 24, 6), religiositatis *ΦM* (*falso*) 13 perfectae maiestatis *Φ*, perfectae peritiae (⟨et⟩ *MR*¹, potentiae et *Z* (*probat Kroymann*), maiestatis *Ω* 15 dominationis (*Φ*) *SΠ*, divinationis *M* 18 suspici (suscipi *det.*) *Ω*, suspicari *Φ* (*errore*) 20 operam (*Φ*) *det. edd.*, opera *SΠM* 21 alio quam principe *Rig.*, aliquam principe *SΠ*, aliquem (-i *M*) principem (*Φ*) *det. edd.* 22 capitale *Ω*, capitalis *Φ* 24 Fidei *det. edd.*, Fidem *Φ*, fidiae *SΠM* 25 manus *del. Gel.* (*fort. recte*)

lacunaria; alius suam animam deo suo voveat, alius hirci. Ω **6.** Videte enim, ne et hoc ad irreligiositatis elogium concurrat, adimere libertatem religionis et interdicere optionem divinitatis, ut non liceat mihi colere quem velim, sed cogar colere quem nolim. Nemo se ab invito coli volet, ne homo quidem. **7.** Atque adeo et Aegyptiis permissa est tam vanae superstitionis potestas avibus et bestiis consecrandis et capite damnandis, qui aliquem huiusmodi deum occideri⟨n⟩t. **8.** Unicuique etiam provinciae et civitati suus deus est, ut Syriae A*t*argatis, ut Arabiae Dusares, ut Norici⟨s⟩ Belenus, ut Africae Caelestis, ut Mauritaniae reguli sui. Romanas, ut opinor, provincias edidi, nec tamen Romanos deos earum, quia Romae non magis coluntur quam qui per ipsam quoque Italiam municipali consecratione censentur: Casi[a]niensium Deluentinus, Narnensium Visidianus, A[e]sculanorum Ancharia, Volsiniensium Nor*t*ia, Ocriculanorum Valentia, Sutrinorum Ho*st*ia; Faliscorum in honore⟨m⟩ patris Curris et accepit cognomen Iuno. **9.** Sed nos soli arcemur a religionis proprietate. Laedimus Romanos nec Romani habemur, qui non Romanorum deum coli-

---

26 ali*u*s hircum 28*sq.* optione (*cf.* Idol. 4 *in.* Coron. 7 *in.*) 37*sq.* Romani dei 45 quia nec Φ

29*sq.* *cf.* Lact. Inst. V 13, 18 31*sq.* *cf.* Nat. II 8 32*sq.* *cf.* Min. Fel. 28, 8

---

26 alias (*sic*) hircum Φ, alius hirci (-um *U*) Ω 27 eologium *SΠ* (*pro more*) 31 ideo (Φ) *det. edd.* 34 occiderint *Gel.*, occiderit (Φ) Ω 35 Atargatis *Hav.* (*coll.* Nat. II 8 p. 108, 16), Adargatis Φ, adstartes (*vel* astartes) Ω Dusares *Hav.*, Duzares Φ, dysares *SΠM* 35*sq.* Noricis Φ, norici Ω 36 belenus *SΠM*, Belienus Φ mauretaniae *SΠO*ᵇ¹, mauritaniae *rel.* Ω(Φ) 39 per Ω, *om.* Φ ipsam *SΠ*¹, ipsum *Π*²*M* 40 Casiniensium Φ (Nat. II 8 p. 108, 19), casianiensium *SΠ*, casianensium *M* narnensium *SΠM* (Nat. *l. l.*), Narniensium (Φ) *det.* 41 Asculanorum *Turnebus*, aesculanorum (Φ) *SΠM* (Nat. *l. l.* *Agob.*) Nortia Φ*M*, norcia *SΠ* 42 hostia Φ, norcia *SΠ*, nortia *M* 43 curris *SΠM*, Curis *XΓ edd.*, Chumis Φ 45 quia (qui *Martin*) nec Φ, qui non Ω, quia non *edd.*

Ω mus. **10.** Bene quod omnium deus est, cuius, velimus ac nolimus, omnes sumus. Sed apud vos quodvis colere ius est praeter deum verum, quasi non hic magis omnium sit deus, cuius omnes sumus.

XXV. 1. Satis quidem mihi videor probasse de falsa et vera divinitate, cum demonstravi, quemadmodum probatio consistat, non modo disputationibus nec argumentationibus, sed ipsorum etiam testimoniis, quos deos creditis, ut nihil iam ad hanc causam sit retractandum. **2.** Quoniam tamen Romani nominis proprie menti⟨o⟩ occurrit, non omittam congressionem, quam provocat illa praesumptio dicentium Romanos pro merito religiositatis diligentissimae in tantum sublimitatis elatos, ut orbem occuparint, et adeo deos esse, ut praeter ceteros floreant qui illis officium praeter ceteros faciant. **3.** Scilicet ista merces Romano nomini a Romanis deis pro gratia expensa est: Sterculus et Mutunus et Larentina provexit imperium. Peregrinos enim deos non putem extraneae genti magis fa⟨c⟩tum voluisse quam suae, et patrium solum, in quo nati, adulti, nobilitati

Φ 48*sq.* sit, cuius

XXV. 6 proprie intercedit auctoritas 7 omitto 8 religionis 9 elatos et impositos 12 a deis praerogativa 14*sq.* potius quam suae maluisse nec patrium

46*sq. cf.* Lact. Inst. V 20, 9

XXV. 1*sqq. cf.* Aug. Civ. I 3 7*sqq. cf.* Nat. II 17 p. 130, 5*sqq.* 11*sqq. cf.* Prud. C. Symm. II 488*sqq.*

46*sq.* ac nolimus *Π*² (*cf.* Anim. 58 *in.*), ac nolumus *SΠ*¹*M*, aut nolimus *det.*, nolimus (*Φ*)*R*³ 49 sumus. XXIV (= 25, 1—9) DE RELIGIOSITATE ROMANORVM *SΠM al.*

XXV. 4 testimoniis de Romanis *Φ* (*an ex marginali inscriptione ortum?*), testimoniis *Ω* 6 proprie intercedit auctoritas *Φ*, propriae menti (-is *M*, -io *det. edd.*) occurrit *Ω* 13 Mutunus *Φ*, muthunus *SΠ*, mutianus *M* Larentina *SΠM*, Larentia (*Φ*)*R*¹ (*cf.* c. 13, 9) 14*sq.* potius quam suae maluisse nec *Φ* (*cf.* Pall. 1 p. 916 *Oehler*), magis fatum (factum *vel* fautum *det. edd.*) voluisse quam suae et *Ω*

sepultique sunt, transfretanis dedisse. **4.** Viderit Cybele, si urbem Romanam ut memoriam Troiani generis adamavit, vernaculi sui scilicet, adversus Achivorum arma protecti, si ad ultores transire prospexit, quo⟨s⟩ sciebat Graeciam Phrygiae debellatri*cem* subacturos. **5.** Itaque maiestatis suae in urbem collatae grande documentum nostra etiam aetate proposuit, cum M. Aurelio apud S*i*rmium rei publicae exempto die sexto decimo Kalendarum Aprilium archigallus ille sanctissimus die nono Kalendarum earundem, quo sanguinem impurum lacertos quoque castrando libabat, pro salute imperatoris Marci iam intercepti solita aeque imperia mandavit. **6.** O nuntios tardos, o somnic*u*losa diplomata, quorum vitio excessum imperatoris non ante Cybele cognovit, ne deam talem riderent Christiani! **7.** Sed non statim et Iuppiter Cretam suam Romanis fascibus concuti sineret, oblitus antrum illud Idaeum et aera Corybantia et iucundissimum illic nutricis suae odorem. Nonne omni Capitolio tumulum illum suum praeposuisset, ut ea potius orbi terra[e] praecelleret, quae cineres Iovis texit? **8.** Vellet ⟨et⟩ Iuno Punicam urbem **Ω**

---

16 transfretaneis 17 ob memoriam 19 transferre 23 subito interem⟨p⟩to 24 ille impurissimus 26 salute Marci 35 vellet et Iuno **Φ**

---

30 *cf.* Nat. II 17 p. 130, 13

---

16 cibele *SΠ* 18*sq.* vernaculis suis .. protectis (*Φ*) *R*[3] 19 transferre *Φ* (*intrans.*), transferri *Rauschen*, transire *Ω* quos (*Φ*) *det.*, quo *SΠM* 20 debellatricem (*Φ*) *det. edd.*, debellatorem *SΠM* 22*sq.* Sirmium *X*[2], sermium *SΠM*, Syrmium (*Φ*) 23 subito interemto *Φ*, reipublicae (*cf.* c. 44, 1) exempto *Ω* (*vix interpolatum, sed fort. leg.* erepto *cf.* c. 40, 4) die sexto decimo *SΠ*, sexto decimo die *M*, die 18. *Φ* 26*sq.* interempti (*Φ*) *det.* *R*[1] 28 somniculosa (*Φ*) *det.*, somnicolosa *SΠM* dyplomata *SΠ* 29 cognovit. Nae *R*[1] 31 fascibus (*Φ*) *M det.*, facibus *SΠ* 32 Idaeum (*Φ*) *X*, ydreum *SΠM* iocundissimum *SΠ* 33 illum *om.* (*Φ*) *det. edd.* 34 terra *det.* *R*[1], terrae *Φ* *opt.* *Ω* 35 et *Φ*, *om.* *Ω*

Ω 'posthabita Samo' dilectam ab Aeneadarum utique gente deleri? Quod sciam:

'hic illius arma,
hic currus fuit; hoc regnum dea gentibus esse,
si qua fata sinant, iam tum tenditque fovetque.'

Misera illa 'coniu⟨n⟩x Iovis et soror' adversus fata non valuit! Plane 'fato stat Iuppiter ipse'. **9.** Nec tantum tamen honoris fatis Romani dicaverunt dedentibus sibi Carthaginem adversus destinatum votumque Iunonis, quantum prostitutissimae lupae La[u]rentinae. **10.** Plures deos vestros regnasse certum est. Igitur si conferendi imperii tenent potestatem, cum ipsi regnarent, a quibus acceperant eam gratiam? Qu*e*m coluerat Saturnus et Iuppiter? aliquem, opinor, Sterculum. Sed postea Romani cum indig⟨e⟩nis suis. **11.** Etiam si qui non regnaverunt, tamen regnabantur ab aliis nondum cultoribus suis, ut qui nondum dei habebantur. Ergo aliorum est regnum dare, quia regnabatur multo ante quam isti dei indicerentur. **12.** Sed quam vanum est fasti*g*ium

---

Φ 40 iam tunc 44*sq.* prostratissimae 49 apud Romam indi⟨gi⟩tamentis 53*sqq.* in*dic*erentur. Auctis age iam rebus religio profecerit. Sed

---

36, 38—40 Verg. Aen. I 16—18, *cf.* Lact. Inst. II 16, 18 41 *cf.* Verg. Aen. I 46*sq.* 42*sq.* *cf.* Nat. II 17 p. 131, 9

---

40 tunc ΦΨ (Nat. II 17 *Agob.*), tum *rel.* Ω 41 coniunx (Φ) *det.*, coniux *SΠM* 43 chartaginem *SΠ* 45 Larentinae *Pamel.* (*cf.* c. 13, 9. 25, 3), Laurentinae (Laurentiae Γ) ΦΩ Laurentinae. XXV (= 25, 10—17) DE REGNO DEORVM *SΠM al.* 48 quem (Φ)*ZR*[1], quam *rel.* Ω 48*sq.* Sterculum Φ*M*, stercolum *SΠ* 49 apud Romam Φ, Romani *det.*, romam *SΠ*, romanam *M* indigitamentis *Iun.* (*coll.* Arnob. Nat. II 73), inditamentis Φ, indigenis *det.* (*fort. interpolatum*), indignis *SΠM* 50 regnabantur Φ*SΠM* (*cf.* c. 26, 1), regnabatur *det.* 53 indicerentur Γ*X*[2], inciderentur (-rent *Y*) *rel.* ΩΦ auctis age iam rebus religio profecerit Φ, *om.* Ω (*cf. v.* 55*sq.*) fastigium Φ *det.*, fastidium *SΠM* (*errore*)

Romani nominis religiositatis meritis deputare, cum post imperium sive adhuc regnum ⟨auctis⟩ [age] iam rebus religio profecerit. Nam, etsi a Numa concepta est curiositas superstitiosa, nondum tamen aut simulacris aut templis res divina apud Romanos constabat. **13.** Frugi religio et pauperes ritus et nulla Capitolia certantia ad caelum, sed temeraria de caespite altaria et vasa adhuc Samia et nidor exil[l]is et deus ipse nusquam. Nondum enim tunc ingenia Graecorum atque Tuscorum fingendis simulacris urbem inundaverant. Ergo non ante religiosi Romani quam magni, ideoque non ob hoc magni, quia religiosi. **14.** Atquin quomodo ob religionem magni, quibus magnitudo de irreligiositate provenit? Ni fallor enim, omne regnum vel imperium bellis quaeritur et victoriis propagatur. Porro bella et victoriae captis et eversis plurimum urbibus constant. Id negotium sine deorum iniuria non est; eaedem strages moenium et templorum, pares caedes civium et sacerdotum nec dissimiles rapinae sacrarum divitiarum et profanarum. **15.** Tot igitur sacrilegia Romanorum quot tropaea, tot ⟨de⟩ deis quot de gentibus triumphi, tot manubiae quot manent adhuc simu- Ω

55 sive hoc regnum 56 Numa Po⟨m⟩pilio 59 temporaria 64 propterea magni 69 eadem strages et moenium Φ

55 *cf.* Nat. *ibid.* p. 132, 8 auctis iam rebus superstitio quaesita est 56 *cf.* Nat. *ibid.* 58 *cf.* Nat. *ibid.* p. 132, 10 64*sqq.* *cf.* Min. Fel. 25, 4–6 66*sq.* *cf.* Nat. II 17 p. 132, 16*sqq.* Isid. Orig. XVIII 2, 1

55*sq.* sive hoc regnum religio profecerit *Φ*, sive adhuc regnum religio proficerit *SΠM* (profecerit *det.*), *sequitur* age iam rebus religio proficerit (*vel* profecerit) *in Ω*, *om. Φ*, *corr. Rig. ex* Nat. II 17 p. 132, 8, *cf. Φ ad v.* 53 56 Numa Popilio *Φ*, numa *Ω* 59 ad caelum] coelo (*Φ*) *edd.* temporaria *Φ*, temeraria *Ω* (Nat. II 17 p. 132, 11 ⟨tem⟩eraria)
60 exilis *ΦZ*, ex illis *rel. Ω* *fort.* exilis ex illis (*sic Borleffs* Nat. II 17 p. 132, 11) 63 non ergo *M* 64 atquin *SΠM*, atqui (*Φ*) *det. edd.* 69 eadem *ΦW* (Nat. II 17 p. 132, 18), eaedem *rel. Ω* 72 de (*Φ*) *det.* (Nat. p. 133, 2 ⟨de⟩ deis), *om. SΠM*

Ω lacra captivorum deorum. **16.** Et ab hostibus ergo suis sustinent adorari et illis ‘imperium sine fine’ decernunt, quorum magis iniurias quam adulationes remunerasse debuerant. Sed qui nihil sentiunt tam impune laeduntur quam frustra coluntur. **17.** Certe non potest fides convenire, ut religionis meritis excrevisse videantur qui, ut suggessimus, religionem aut laedendo creverunt aut crescendo laeserunt. Etiam illi, quorum regna conflata sunt in imperii Romani summam, cum ea amitterent, sine religionibus non fuerunt.

XXVI. **1.** Videte igitur, ne ill*e* regna dispenset, cuius est et orbis qui regnatur et homo ipse qui regnat; ne ille vices dominationum ipsis temporibus in saeculo ordinarit, qui ante omne tempus fuit et saeculum corpus temporum fecit; ne ille civitates extollat aut deprimat, sub quo fuit sine civitatibus aliquando gens hominum. **2.** Quid erratis? Prior est quibusdam deis suis silvestris Roma; ante regnavit quam tantum ambitum Capitolii extrueret[ur]. Regnaverant et Babylonii ante pontifices et Medi ante quindecimviros et Aegyptii ante Salios et Assyrii ante Lupercos et Amazones ante virgines Vestales. **3.** Postremo si Romanae reli-

---

Φ 74 hostibus suis
XXVI. 3 dominationum temporibus 4 qui saeculum 7 suis Roma 11 Vestae (*cf.* Cast. 13 p. 756, 3 *Oehler*)

---

75 Verg. Aen. I 279 79*sq.* *cf.* Nat. II 17 p. 133, 6*sqq.*
XXVI. 7 *cf.* Verg. Aen. VIII 348 silvestribus horrida dumis 9 *cf.* Min. Fel. 25, 12. Lact. Inst. VII 15, 13

---

76 adolationes *SΠ* (*pro more*) 78 fides *Φ*, fidei *Ω* (*falso*), convenire *i. e. constare* (*cf.* Adv. Marc. IV 22 p. 492, 28) 82 fuerunt. XXVI (= 26–27, 1 non esse) DE REGNO DEI *SΠM al.*
XXVI. 1 ille (*Φ*) *det. edd.*, illa *SΠM* 3 ordinaverit (*Φ*) *det. edd.* 5*sq.* aliquando sine civitatibus genus (*Φ*) *det. edd.* 8 tantum ambitum Capitolii extrueret (*Φ*) R^3, tantum ambitum (tantus ambitus *det.*) capitolii extrueretur *Ω* regnaverunt (*Φ*) *det. edd.* 9 babillonii *S*, babyllonii Π^1, *corr.* Π^2 11*sq.* religionis $S\Pi^1$, *corr.* Π^2

giones regna praestant, numquam retro Iudaea regnasset despectrix communium istarum divinitatum, cuius et deum victimis et templum donis et gentem foederibus aliquamdiu, Romani, honorastis, numquam dominaturi eius, si deo non deliquisset, ultimo in Christum. Ω

XXVII. 1. Satis haec adversus intentationem laesae divinitatis, quo non videamur laedere eam, quam ostendimus non esse. Igitur provocati ad sacrificandum obstruimus gradum pro fide conscientiae nostrae, qua certi sumus, ad quos ista perveniant officia sub imaginum prostitutione et humanorum nominum consecratione. **2.** Sed quidam dementiam existimant, quod, cum possimus et sacrificare in praesenti et illaesi abire manente apud animum proposito, obstinationem saluti praeferamus. **3.** Datis scilicet consilium, quo vobis abutamur; sed agnoscimus, unde talia suggerantur, quis totum hoc agitet, et quomodo nunc astutia suadendi, nunc duritia saeviendi ad constantiam nostram deiciendam operetur: **4.** ille scilicet spiritus daemonicae et angelicae paraturae, qui noster ob divortium aemulus et ob dei gratiam invidus, de mentibus vestris adversus nos proeliatur occulta inspiratione modulatis et subornatis ad omnem, quam in primordio exorsi sumus, et iudicandi perversitatem et saeviendi iniquitatem. **5.** Nam licet subiecta sit nobis tota vis daemonum et eiusmodi spirituum, ut nequam tamen [et] servi, metu⟨i⟩ nonnumquam

---

15*sq.* si non ultimo deliquisset in Christum Φ
XXVII. 1*sq.* laesae religionis ac divinitatis 2*sq.* divinitatis; .... eam, ostendimus 20*sq.* metum .. contumaciae

---

XXVII. 1 intentionem (Φ) *M det.* 2 eam Φ, eam (etiam Π ti *expuncto*) quam Ω 3 esse. XXVII (= 27, 1 igitur—7) DE SPIRITV DAEMONIACO *SΠM al.* 7 possumus *M* 14 daemonicae *SΠM*, daemoniacae (Φ), *det. edd.* 16 nos *ex* vos *Π* 20 ut Ω, et Φ (*errore*) servi Φ, et servi Ω metum Φ, metui *R*[1], metu Ω

Ω contumaciam miscent et laedere gestiunt quos alias verentur (odium enim etiam timor spirat); **6.** praeterquam et desperata condicio eorum ex praedamnatione solatium reputat fruendae interim malignitatis de poenae mora. Et tamen apprehensi subiguntur et condicioni suae succidunt, et quos de longinquo oppugnant, de proximo obsecrant. **7.** Itaque, cum vice rebellantium ergastulorum sive carcerum vel metallorum vel hoc genus poenalis servitutis erumpunt adversus nos, in quorum potestate sunt, certi et impares se esse et hoc magis perditos, ingratis resistimus ut aequales et repugnamus perseverantes in eo, quod oppugnant, et illos numquam magis detriumphamus, quam cum pro fidei obstinatione damnamur.

XXVIII. **1.** Quoniam autem facile iniquum videretur liberos homines invitos urgeri ad sacrificandum — nam et alias divinae rei faciundae libens animus indicitur —, certe ineptum existimaretur, si quis ab alio cogeretur ad honorem deorum, quos ultro sui causa placare deberet, ne prae manu esset iure libertatis dicere: 'nolo mihi Iovem propitium; tu quis es? me conveniat Ianus iratus ex qua velit fronte;

Φ 22 inspirat 25 apprehensi subiciuntur . . suae parent et succedunt 27 dum vice repugnantium vel rebellantium 29*sq.* ⟨et⟩ adversus nos proeliantur . . . . certi et iam perisse et hoc

XXVIII. 1 Sed quoniam 7 iratus qua

---

22 *cf.* Min. Fel. 27, 8 26 *cf. ibid.* 27, 7 Christianos de proximo fugitant, quos longe in coetibus per vos lacessebant

---

21 contumaciaè *Φ*, contumatiam *Π*, contumatia *SM det.* 25 subijciuntur *Φ* (*cf.* Hermog. 7 p. 134, 5), subiguntur *Ω* 27 dum *Φ* (*iterat.*, *cf.* Anim. 17 p. 323, 27), cum *Ω* (*cf.* c. 29, 5) 29 *ad Φ:* ⟨et⟩ *addidi*, proeliaturi *Hav. corr. pro* etiam*:* et iam *Wa.* 33 damnamur. XXVIII (= 28) DE GENIO (REGNO *M al.*) IMPERATORIS *SΠM al.*

XXVIII. 3 indicitur (*i.e. postulatur*) *Ω*, inducitur (*Φ*) *det. edd.* 7 ex] et *Iun.*

quid tibi mecum est?' **2.** formati estis ab isdem utique spiritibus, uti nos pro salute imperatoris sacrificare cogatis, et imposita est tam vobis necessitas cogendi quam nobis obligatio periclitandi. **3.** Ventum est igitur ad secundum titulum laesae augustioris maiestatis, siquidem maiore formidine et callidiore timiditate Caesarem observatis quam ipsum de Olympo Iovem. Et merito, si sciatis. Quis enim ex viventibus quilibet non mortuo potior? **4.** Sed nec hoc vos ratione facitis potius quam respectu praesentaneae potestatis; adeo et in isto irreligiosi erga deos vestros deprehendemini, cum plus timoris humano dominio dicatis. Citius denique apud vos per omnes deos quam per unum genium Caesaris peieratur. Ω

XXIX. **1.** Constet igitur prius, si isti, quibus sacrificatur, salutem imperatoribus vel cuilibet homini impertire possunt, et ita nos crimini maiestatis addicite, si angeli aut daemones, substantia pessimi spiritus, beneficium aliquod operantur, si perditi conservant, si damnati liberant, si denique, quod in conscientia vestra est, mortui vivos tuentur. **2.** Nam utique suas primo statuas et imagines et aedes tuerentur, quae, ut opinor, Caesarum milites excubiis salva prae-

---

15 non omni mortuo potior est? 18 qui plus .. domino Φ
XXIX. 2 imperatori 7*sq.* aedes vindicarent

14*sq.* *cf.* Eccles. 9, 4 19*sq.* *cf.* Nat. I 10 p. 78, 8. Min. Fel. 29, 5

---

8 eisdem *Φ*, hisdem *SΠM* (*pro more*) ut (*Φ*) *det. edd.* 11 pereclitandi $S\Pi^1$ (i *s. l.* Π^2) 13 callidiore (*vel* -i) *Ω*, calidiore *ΦX* (*i.e. maiore?*) 14 olimpo *SΠ* sciatis *i. e. sapiatis* 15 quilibet non $\Phi S\Pi^1 M$, cuilibet non Π^2, non cuilibet *det.*, non quilibet *Souter* omni *Φ*, *om.* *Ω*, [cuilibet] non omni *Martin* 18 deprehendimini (*Φ*)*M al. edd.*, deprehendemini *SΠ* domino *Φ det.*, dominio *SΠM* 20 peieratur. XXVIIII (= 29, 1—3) AN POSSINT PRODESSE IDOLA *SΠM al.*

XXIX. 1 si *i.e. num* (*sed non v.* 3. 5) 2 imperator. (*i. e. imperatori, ut videtur*) *Φ*, imperatoribus (-ori *Z*) *Ω* impertiri (*vel* impartiri) (*Φ*) *det. edd.* 6 quod *Ω*, quos *Φ* 7 iam (*Φ*) R^1 8 excubiis suis *M*

Ω stant. Puto autem, eae ipsae materiae de metallis Caesarum veniunt, et tota templa de nutu Caesaris constant. **3.** Multi denique dei habuerunt Caesarem iratum; facit ad causam, si et propitium, cum illis aliquid liberalitatis aut privilegii confert. Ita qui sunt in Caesaris potestate, cuius et toti sunt, quomodo habebunt salutem Caesaris in potestate, ut eam praestare posse videantur, quam facilius ipsi a Caesare consequantur? **4.** Ideo ergo committimus in maiestatem imperatorum, quia illos non subicimus rebus suis, quia non ludimus de officio salutis ipsorum, qui eam non putamus in manibus esse plumbatis! **5.** Sed vos irreligiosi, qui eam quaeritis ubi non est, petitis a quibus dari non potest, praeterito eo, in cuius est potestate, insuper eos debellatis, qui eam sciunt petere, qui etiam possunt impetrare, dum sciunt petere!

XXX. 1. Nos enim pro salute imperatorum deum invocamus aeternum, deum verum, deum vivum, quem et ipsi imperatores propitium sibi praeter ceteros malunt. Sciunt, quis illis dederit imperium; sciunt, qua homines, quis et animam; sentiunt eum esse deum solum, in cuius solius

---

Φ 9 et hae ipsae 12 aliquid aut liberalitatis 13*sq.* cuius et nunc et toti sumus 16 ideo enim (*i.e. enimvero*) 19 religiosi 21 praeteritis eum . . . insuper debellatis (*subaudi: eos*)

XXX. 3 mallent

13*sq.* Lact. Inst. I 11, 42 cuius toti sumus

---

12 propitius illis (Φ) *edd.* 13 ita qui *SΠM*, itaque Φ *det.* 13*sq.* et nunc et toti sumus Φ (*an* et nos toti sumus?) 14 ut] at (Φ) 16 consequuntur (Φ) *det.* consequantur. XXX (= 29, 4—30, 7) DE POTESTATE IMPERATORVM *SΠM al.* 17 imperatorum (Φ) *det. edd.*, imperatoris *opt.* Ω 19 religiosi Φ Γ *edd.* (*ironice ut* c. 25, 5 sanctissimus Ω), inreligiosi *rel.* Ω 22 dum *SΠ* (*om. M*), cum Φ (*cf.* c. 27, 7)

XXX. 5 eum esse deum *SΠ*, eum deum esse (Φ) *det.*, deum eum esse *M*

Ω potestate sint, a quo sint secundi, post quem primi, ante omnes et super omnes deos. Quidni? cum super omnes homines, qui utique vivunt et mortuis antistant. **2.** Recogitant, quousque vires imperii sui valeant, et ita deum intellegunt; adversus quem valere non possunt, per eum valere se cognoscunt. Caelum denique debellet imperator, caelum captivum triumpho suo invehat, caelo mittat excubias, caelo vectigalia imponat! Non potest. **3.** Ideo magnus est, quia caelo minor est; illius enim est ipse, cuius et caelum est et omnis creatura. Inde est imperator, unde et homo antequam imperator; inde potestas illi, unde et spiritus. **4.** Illuc suspicientes Christiani manibus expansis, quia innocuis, capite nudo, quia non erubescimus, denique sine monitore, quia de pectore oramus, precantes sumus semper pro omnibus imperatoribus vitam illis prolixam, imperium securum, domum tutam, exercitus fortes, senatum fidelem, populum probum, orbem quietum, quaecumque hominis et Caesaris vota sunt. **5.** Haec ab alio orare non possum quam a quo scio consecuturum, quoniam et ipse est, qui solus praestat, et ego sum, cui impetrare debetur, famulus eius, qui eum solus observo, qui propter disciplinam eius occidor, qui ei offero opimam et maiorem hostiam, quam ipse mandavit, orationem de carne pudica, de anima innocenti, de spiritu sancto profectam, **6.** non grana turis unius assis, Arabicae arboris lacrimas, nec duas meri guttas, nec sanguinem reprobi bovis mori optantis, et post omnia inquina-

---

Φ 8 viventes mortuis antestant   17 illuc sursum suspicientes   18 capite nudato   26 pro disciplina

---

6*sq.* *cf.* Ad Scap. 2   17 *cf.* Orat. 14 p. 189, 12 manus expandimus   27 *cf.* Min. Fel. 32, 3. Idol. 6 *ex.* (*idolis*) maiorem hostiam caedis

---

6 sint *SΠM*, sunt (Φ) *det.* (*fort. recte*)   7 deos — omnes *om.* Φ (*errore*)   8*sq.* recogitant Ω, recogitent Φ   9 imperis *SΠ*[1], *corr.* *Π*[2] *s. v.*   17 suscipientes *SΠ*[1], *corr.* *Π*[2] *s. l.*   22*sq.* et quaecunque (Φ) *ΓR*[1] quietum. Quaecumque .... sunt, haec *Kroymann*   24 scio me (Φ) *Γ* *edd.*   26 solum (Φ) *det.*   27 maiorem ⟨vestris⟩ hostiam *Kroymann*   30*sq.* ne sanguinem (Φ)   31 bonis Φ

Ω menta etiam conscientiam spurcam: ut mirer, cum hostiae probantur penes vos a vitiosissimis sacerdotibus, cu*r* [quibus] praecordia potius victimarum quam ipsorum sacrificantium examinantur. **7.** Sic itaque nos ad deum expansos ungulae fodiant, cruces suspendant, ignes lambant, gladii guttura detruncent, bestiae insiliant: paratus est ad omne supplicium ipse habitus orantis Christiani. Hoc agite, boni praesides, extorquete animam deo supplicantem pro imperatore! Hic erit crimen, ubi veritas et dei devotio est!

XXXI. 1. Adulati nunc sumus imperatori et mentiti vota, quae diximus, ad evadendam scilicet vim? Plane proficit ista fallacia; admittitis nos enim probare quodcumque defendimus. Qui ergo putaveris nihil nos de salute Caesarum curare, inspice dei voces, litteras nostras, quas neque ipsi supprimimus et plerique casus ad extraneos transferunt. **2.** Scitote ex illis praeceptum esse nobis ad redundantiam benignitatis etiam pro inimicis deum orare et persecutoribus nostris bona precari. Qui magis inimici et persecutores Christianorum quam de quorum maiestate convenimur in crimen? **3.** Sed etiam nominatim atque manifeste: 'Orate', inquit, 'pro regibus et pro principibus et potestatibus, ut omnia tranquilla sint vobis!' Cum enim

---

Φ 40 veritas est dei et devotio!

XXXI. 2*sq.* tamen proficit 13 ut tranquilla[e]

---

35 *cf.* Pud. 22 p. 271, 24 corpore expanso

XXXI. 8*sq.* *cf.* Matth. 5, 43*sq.* 12*sq.* *cf.* Tim. I 2, 2

---

33 probentur (Φ) Γ *edd.* cur (Φ) *edd.*, cum quibus Ω (*errore*), cum cuivis *Oehler* 40 veritas est Dei et devotio Φ, veritas et dei (dī *SΠ*) devotio (*vel* devocio) est Ω est. XXXI (= 31) DE ORATIONE PRO INIMICIS *SΠM al.*

XXXI. 1 adolati *SΠM* 2 tamen Φ (*supple: sit hoc verum, tamen*), plane Ω 3 admittis (Φ) *M al.* enim nos (Φ) *det. edd.* 4 putas (Φ) 10 de quorum] decorum *S*, corum $Π^1$ *corr.* qu *in marg.* $Π^2$ 13 tranquilla *Rig.*, tranquillae Φ, omnia tranquilla Ω (*cf.* Res. 24 p. 60, 5)

concutitur imperium, concussis etiam ceteris membris eius, utique et nos, licet extranei a turbis aestimemur, in aliquo loco casus invenimur. Ω

XXXII. **1.** Est et alia maior necessitas nobis orandi pro imperatoribus, etiam pro omni statu imperii rebusque Romanis, qui vim maximam universo orbi imminentem ipsamque clausulam saeculi acerbitates horrendas comminantem Romani imperii commeatu scimus retardari. Itaque nolumus experiri et, dum precamur differri, Romanae diuturnitati favemus. **2.** Sed et iuramus sicut non per genios Caesarum, ita per salutem eorum, quae est augustior omnibus geniis. Nescitis genios daemonas dici et inde diminutiva voce daemonia? Nos iudicium dei suspicimus in imperatoribus, qui gentibus illos praefecit. **3.** Id in eis scimus esse, quod deus voluit, ideoque et salvum volumus esse quod deus voluit, et pro magno id iuramento habemus. Ceterum daemonas, id est genios, adiurare consuevimus, ut illos de hominibus exigamus, non deierare, ut eis honorem divinitatis conferamus.

Φ

15 a turbis, in

XXXII. 2 imperatoribus et ita universo orbe et statu 7 sic⟨ut⟩ iuramus non 12*sq.* volumus quod 15 expellamus (*cf.* Ad Scap. 2)

11*sq. cf.* Ad Scap. 2 15 *ibid.* p. 542, 8 *Oehler* de hominibus expellimus. Testim. anim. 3 *in.*: (*daemonia*) de corporibus exigimus

---

XXXI. 15 a turbis Φ (*i.e. seditiosis?*), a turbis aestimemur Ω, *secl. Martin* 16 invenimur. XXXII (= 32) ITEM PRO IMPERIO ET POTESTATE IMPERATORIS *SΠM al.*

XXXII. 7 sicutiuramus *scripsi:* sic (*pro* sic. *apud Modium*, *i.e. sicut*) iuramus Φ, iuramus sicut Ω 10 suscipimus *Π*, *quidam correxerat, sed correctio erasa est* 12*sq.* volumus Φ (*cf.* c. 34, 3. 28, 1), volumus esse *SΠ* 13 id iuramento (adiumento *Γ*) Ω, adiuramento Φ (*errore*) 15 degerare *SΠ* eis *SΠM*, illis (Φ) *det. edd.* 16 conferamus. XXXIII (= 33) PRO IMPERATORE *SΠM al.*

Ω **XXXIII. 1.** Sed quid ego amplius de religione atque pietate Christiana in imperatore⟨m⟩? Quem necesse est suspiciamus ut eum, quem dominus noster elegit, ut merito dixerim: 'Noster est magis Caesar, a nostro deo constitutus.' **2.** Itaque ut meo plus ego illi operor in salutem, si quidem non solum ab eo postulo eam, qui potest praestare, aut quod talis postulo, qui merear impetrare, sed etiam quod temperans maiestatem Caesaris infra deum magis illum commendo deo, cui soli subicio; subicio autem, cui non adaequo. **3.** Non enim deum imperatorem dicam, vel quia mentiri nescio, vel quia illum deridere non audeo, vel quia nec ipse se deum volet dici. Si homo sit, interest homini deo cedere; satis habeat appellari imperator; grande et hoc nomen est, quod a deo traditur. Negat illum imperatorem qui deum dicit; nisi homo sit, non est imperator. **4.** Hominem se esse etiam triumphans in illo sublimissimo curru admonetur; suggeritur enim ei a tergo: 'Respice post te! hominem te memento!' Et utique hoc magis gaudet tanta se gloria coruscare, ut illi admonitio condicionis suae sit necessaria. Minor erat, si tunc deus diceretur, quia non vere diceretur. Maior est qui revocatur, ne se deum existimet.

Φ 5*sq.* salutem, non solum quod eam ab eo postulo 9 soli eum subicio 13 habet (*cf.* Ad Scap. 2 p. 542, 1 volet) 18 te esse memento 19 monitio

---

6 *cf.* Ad Scap. 2 p. 542, 9 *Oehler* 11 *cf.* Nat. I 17 p. 89, 20 17*sq.* *cf.* Plin. Nat. Hist. XXVIII 39. Hier. Epist. 39, 2, 8

---

2 imperatorem (Φ) *edd.*, imperatore Ω (*cf.* c. 12, 5) 3 elegerit (Φ) *det. edd.* 4 ut a nostro (Φ) *det. edd.* 6 postolo *S* 12 hominis *Gel.* (*cf.* c. 21, 22) 13 habet Φ*ZY*, habeat (habeta *SΠ corr. ex* habeata) *rel.* Ω 19 monitio Φ (*cf.* Ad Scap. 3 *ex. codd.*), admonitio Ω (*cf.* c. 41, 4. Anim. 46. Pat. 11. Monog. 3) 22 existimet. XXXIV (= 34) DE AVGVSTO IMPERATORE *SΠM al.*

Ω

XXXIV. 1. Augustus, imperii formator, ne dominum quidem dici se volebat. Et hoc enim dei est cognomen. Dicam plane imperatorem dominum, sed more communi, sed quando non cogor, ut dominum dei vice dicam. Ceterum liber sum illi; dominus enim meus unus est, deus omnipotens, aeternus, idem qui et ipsius. **2.** Qui pater patriae est, quomodo dominus est? Sed et gratius est nomen pietatis quam potestatis; etiam familiae magis patres quam domini vocantur. **3.** Tanto abest, ut imperator deus debeat dici (quod non potest credi) non modo turpissima, sed et perniciosa adulatione. Tamquam si habens imperatorem alterum appelles, nonne maximam et inexorabilem offensam contrahes eius, quem habuisti, etiam ipsi timendam, quem appellasti? Esto religiosus in deum, qui vis illum propitium imperatori! Desine alium deum credere atque ita et hunc deum dicere, cui deo opus est! **4.** Si non de mendacio erubescit adulatio eiusmodi hominem deum appellans, timeat saltim de infausto: maledictum est ante apotheosin deum Caesarem nuncupari.

Φ

3*sq.* dominum, sed quando 6*sq.* Quomodo qui pater patriae est, dominus est? 10*sq.* dici, non modo .... adulatione, quod non potest credi. Si habens 19 nuncupare. Sci⟨t⟩o te isto nomine male velle et male abominari, ut, vivente adhuc imperatore, deum appelles, quod nomen illi mortu*o* acc*e*dit

---

3 *cf.* Bapt. 11 *in.* dictum more communi 18*sq. cf.* Nat. I 17 p. 89, 22

---

6 ⟨et⟩ aeternus *Heraldus* 7 nomen est (Φ) *det. edd.* 10 quod non potest credi Ω, quod non potest ⟨nisi⟩ *Hav.*, quod non potest (*esse*) *Wa.*, *secl. Colombo*, *post* adulatione (*v.* 11) Φ sed *om.* *S*Π^1 *add.* Π^2 11 adolatione *SΠ* 16 deo Ω, deis Φ (*falso*) 18 male traditum (*i. e. ein übles Herkommen?*) Φ, maledictum est Ω (*cf.* Nat. I 17 *ex.* maledicitis) 19 nuncupare Φ *det. edd.*, nuncupari *SΠM* (*fort. errore*) nuncupari. XXXV DE SOLLEMNIBVS CAESARVM *SΠM al.* *ad* Φ: sci⟨to⟩ *Wa.*, adominari *Hav.* ut ⟨qui⟩ *Martin* viventem .. imperatorem *Iun.* (*sed cf.* Nat. II 2 p. 96, 4*sq.*) mortuum accidit Φ, mortuo accedit *Iun.*

Ω

XXXV. **1.** Proptera igitur publici hostes Christiani, quia imperatoribus neque vanos neque mentientes neque temerarios honores dicant, quia verae religionis homines etiam solemnia eorum conscientia potius quam lascivia celebrant. **2.** Grande videlicet officium focos et toros in publicum educere, vicatim epulari, civitatem tabernae habitu abolefacere, vino lutum cogere, catervatim cursitare ad iniurias, ad impudentias, ad libidinis illecebras! Sicine exprimitur publicum gaudium per dedecus publicum? Haecine solemnes dies principum decent, quae alios dies non decent? **3.** Qui observant disciplinam de Caesaris respectu, hi eam propter Caesarem deserunt, et malorum morum licentia pietas erit, occasio luxuriae religio deputabitur! **4.** O nos merito damnandos! Cur enim vota et gaudia Caesarum casti et sobrii et probi expungimus? Cur die laeto non laureis postes obumbramus nec lucernis diem infringimus? Honesta res est solemnitate publica exigente induere domui tuae habitum alicuius novi lupanaris! **5.** Velim tamen in hac quoque religione secundae maiestatis, de qua in secundum sacrilegium convenimur Christiani non celebrando vobiscum solemnia Caesarum, quo more

---

Φ

6 *sqq.* deducere (*cf.* Cor. 13 *in.*) ... in tabernae habitum demutare, vinulentiam facere .... ad impudicitias 8 ad libidinum ludibria! 21 *sqq.* quo modo celebranda occasio volu*pt*atis magis quam digna ratio persuasit, si nec modestia nec verecundia nec pudicitia permittunt, fidem et veritatem

---

18 *cf.* Idol. 15 p. 49, 15 **ne indueris domui tuae faciem novi lupanaris**

---

2 quia Ω, an quia Φ (*falso*) 5 toros *SΠ*[1], thoros *Π*[2] (h *s. v.*) 7 obolefacere *Gel.* 8 libidinum ludibria Φ (*cf.* c. 14, 2), libidinis illecebras Ω (*cf.* c. 50, 13) sicine Ω (*cf.* Scorp. 1 p. 145, 16. 17), sic enim Φ (*errore*) 10 haecine Ω, haec in Φ dies Ω, dixi Φ decent quae Ω, decernuntque (*i. e. decernunt quae*) Φ 11 decent Ω, decet Φ qui Ω, quae Φ 13 luxoriae *SΠ* 16 *sq.* infringimus Ω (*i. e. irritum reddimus cf.* Carn. 6 *ex.*), effringimus Φ 21 modo Φ, more Ω (*cf.* Nat. I 4 p. 64, 12)

Ω

celebrari nec modestia nec verecundia nec pudicitia permittunt, sed occasio voluptatis magis quam digna ratio persuasit, fidem et veritatem vestram demonstrare, ne forte et istic deteriores Christianis deprehendantur qui nos nolunt Romanos haberi, sed ut hostes principum Romanorum. **6.** Ipsos Quirites, ipsam vernaculam septem collium plebem convenio, an alicui Caesari suo parcat illa lingua Romana: testis est Tiberis et scholae bestiarum. **7.** Iam si pectoribus ad translucendum quandam specularem materiam natura obduxisset, cuius non praecordia insculpta appare⟨re⟩nt novi ac novi Caesaris scaenam congiario dividundo praesidentis, etiam illa hora, qua acclamant: 'De nostris annis tibi Iuppiter augeat annos!' Haec Christianus tam enuntiare non novit quam de novo Caesare optare. **8.** 'Sed vulgus', inquis. Ut vulgus, tamen Romani, nec ulli magis depostulatores Christianorum quam vulgus. Plane ceteri ordines pro auctoritate religiosi ex fide; nihil hosticum de ipso senatu, de

---

Φ

27 ipsamque 29*sq.* pectoribus humanis 31*sqq.* parere⟨n⟩t novum ac novum Caesarem ⟨in⟩ scaena congiario dividundo praesidentem, etiam illa hora, qu*a* reclamant 34*sq.* Sed (⟨haec⟩ *Wa.*) Christianus tam pronuntiare .. quam novum Caesarem

---

33*sq.* Act. Arv. a. 213 (Corp. VI 2086, 17), 218 (VI 2104, 36)

---

22 celebranda Φ (*intell. ea esse*), celebrari Ω nec modestia — (23) sed Ω *om.* Φ, *sed habet post* persuasit (*v.* 24): si nec modestia — permittunt, *cf.* Φ *ad* p. 84, 21*sqq.* 23 voluptatis Ω, voluntatis Φ (*errore*) 24 nostram Φ *det. edd.* (*errore*) 26 ut *i.e. tamquam* 29 Tyberis Φ scolae *SΠ* 30 translucendum Ω, transducendum Φ (*errore*) quandam Ω, quoddam Φ 31 insculta $S\Pi^1$, inculta Π^2 pareret (-nt *Löfstedt*) Φ, *an singularis servari potest?* (*cf. ad* c. 20, 3), apparerent *Z edd.*, apparent *rel.* Ω 32*sq.* novum ac novum Caesarem (⟨in⟩ *Thörnell*) scena conceario (*lege* congiario) dividundo praesidentem Φ, novi ac novi Caesaris scenam congiario dividundo praesidentis Ω 33 quo reclamant Φ (*cf.* Pud. 5 p. 227, 4. Res. 22 p. 56, 11), qua acclamant Ω (*cf.* c. 40, 2) 33*sq.* tibi Iuppiter augeat *Harrisius*, augeat tibi Iuppiter ΦΩ 36 depostulatores Ω (*cf.* Scorp. 8 p. 161, 29), depopulatores Φ (*errore*)

Ω equite, de castris, de palatiis ipsis spira[n]t! **9.** Unde Cassii et Nigri et Albini? unde qui inter duas laurus obsident Caesarem? unde qui faucibus eius exprimendis palaestricam exercent? unde qui armati palatium irrumpunt, omnibus tot Sigeriis atque Partheniis audaciores? De Romanis, nisi fallor, id est de non Christianis. **10.** Atque adeo omnes illi sub ipsa usque impietatis eruptione et sacra faciebant pro salute imperatoris et genium eius deierabant, alii foris, alii intus, et utique publicorum hostium nomen Christianis dabant. **11.** Sed et qui nunc scelestarum partium socii aut plausores cottidie revelantur, post vindemiam parricidarum racematio superstes, quam recentissimis et ramosissimis laureis postes praestruebant, quam elatissimis et clarissimis lucernis vestibula nebulabant, quam cultissimis et superbissimis toris forum sibi dividebant, non ut gaudia publica celebrarent, sed ut vota propria iam edicerent in aliena solemnitate et exemplum atque imaginem spei suae inaugurarent nomen principis in corde mutantes. **12.** Eadem officia dependunt et qui astrologos et haruspices et augures et magos de Caesarum capite consultant; quas artes ut ab angelis desertoribus proditas et a deo interdictas ne suis quidem causis adhibent Christiani. **13.** Cui autem opus est perscrutari super Caesaris salute, nisi a quo aliquid adversus illam cogitatur vel optatur, aut post illam speratur et

---

Φ 42*sq.* omnibus Sigeriis 45 ipsa impietatis 52 nubilabant 54 vota publica propria

---

39*sq.* *cf.* Ad Scap. 2 p. 541, 4 *Oehler* 43 *cf.* Martial. IV 78, 8 Sigeriosque meros Partheniosque sonas

---

39 equite Ω, aequitate Φ (*errore*) spirat *Rig.*, spirant (Φ) Ω 46 degerabant *S Π corr.* (*cf.* c. 32, 3) 50 superstes Ω, superest Φ *servat Kroymann parenthesin indicans* 52 nubilabant Φ, enubilabant *Γ edd.*, nebulabant *rel.* Ω 54 celebrabant *Π corr.* re *in marg.* edicerent *det. edd.*, ediserent *S Π*, edisserent *M*, ediscerent (Φ) *al. det.* 54*sq.* *ad* Φ: vota publica, propria iam, ediscerent et in .. [et] exemplum *Kroymann* 55 et in (Φ) R^1 61 caesariis $S\Pi^1$ *corr.* Π^2 *s. v.* salutem *M*

Ω

sustinetur? Non enim ea mente de caris consulitur qua de dominis. Aliter curiosa est sollicitudo sanguinis, aliter servitutis.

XXXVI. 1. Si haec ita sunt, ut hostes deprehendantur qui Romani vocabantur, cur nos, qui hostes existimamur, Romani negamur? Non possumus et Romani non esse et hostes esse, cum hostes reperiantur qui Romani habebantur. **2.** Adeo pietas et religio et fides imperatoribus debita non in huiusmodi officiis consistit, quibus et hostilitas magis ad velamentum sui potest fungi, sed in his moribus, quibus divinitas imperat ⟨imperatori⟩ tam vere, quam circa omnes necesse habet, exhiberi. **3.** Neque enim haec opera bonae mentis solis imperatoribus debentur a nobis. Nullum bonum sub exceptione personarum administramus, quia nobis praestamus, qui non ab homine aut laudis aut praemii expensum captamus, sed a deo exactore et remuneratore indifferentis benignitatis. **4.** Iidem sumus imperatoribus, qui et vicinis nostris. Male enim velle, male facere, male dicere, male cogitare de quoquam ex aequo vetamur. Quodcumque non licet in imperatorem, id nec in quemquam; quod in neminem, eo forsitan magis nec in ipsum, qui per deum tantus est.

Φ

XXXVI. 2 vocantur 14 imperatoribus, ex ipso, qui 18 in ipsum imperatorem, qui

---

XXXV. 63 caris *SΠ*, Caesaris *ΦM* (*falso*) 64 dominis *Ω*, hominis *Φ* (*errore*) servitutis. XXXVI (= 36) DE AEQVALITATE OMNIVM PERSONARVM *SΠM al.*

XXXVI. 3 negemur (*Φ*) R^{3} 4 *sq.* habebantur *Ω*, habeantur (*Φ*) R^{1} 5 debita *ΦM det.*, dedita *SΠ* 7 his *Ω* (*cf.* c. 40, 9. 41, 6), iis (*Φ*) R^{1} 8 imperat ⟨imperatori⟩ ***scripsi*** (*cf.* c. 36, 4), imperat (*Φ*) *Ω*, imperat ⟨eam⟩ *Wa.*, divinitas ⟨imperatori⟩ ***Rauschen***, divinitus (***Esser***) imperat⟨ur⟩ ***Kroymann*** 9 habet exhiberi *Ω* (*cf.* Adv. Marc. I 23 p. 322, 5. 6), habent exhibere *Φ* (*errore*) 11 sub] sed *Π* 13 indifferentis *Ω*, indifferentia *Φ* (*errore*) 14 idem *SΠM* (*cf.* c. 6, 7) ex ipso *Φ*, *om.* *Ω*, ex ipso quia *Hav.* 19 est. XXXVII (= 37) NE MALVM CONTRA MALVM *SΠM al.*

Ω **XXXVII. 1.** Si inimicos, ut supra diximus, iubemur diligere, quem habemus odisse? Item, si laesi vicem referre prohibemur, ne de facto pares simus, quem possumus laedere? **2.** Nam de isto ipsi recognoscite! Quotiens enim in Christianos desaevitis, partim animis propriis, partim legibus obsequentes! Quotiens etiam praeteritis vobis suo iure nos inimicum vulgus invadit lapidibus et incendiis! Ipsis Bacchanalium furiis nec mortuis parcunt Christianis, quin illos de requie sepulturae, de asylo quodam mortis, iam alios, iam nec totos avellant, dissecent, distrahant. **3.** Quid tamen de tam conspiratis umquam denotatis, de tam animatis ad mortem usque pro iniuria repensatis, quando vel una nox pauculis faculis largiter ultionis posset operari, si malum malo dispungi penes nos liceret? Sed absit, ut aut igni humano vindicetur divina secta aut doleat pati, in quo probatur! **4.** Si enim et hostes exsertos, non tantum vindices occultos agere vellemus, deesset nobis vis numerorum et copiarum? Plures nimirum Mauri et Marcomanni ipsique Parthi, vel quantaecumque unius tamen loci et suorum finium gentes quam totius orbis. Hesterni sumus, et vestra omnia implevimus, urbes insulas castella municipia conciliabula castra ipsa tribus decurias palatium senatum forum; sola vobis reliquimus templa. **5.** Cui bello non idonei, non prompti fuissemus etiam impares copiis, qui tam

Φ 2 si iidem laesi 7 *sq.* invadit! Ipsis 8 ne mortuis quidem 10 avellant, dissipent 13 possit 15 divinitas sectae aut ut 21 et orbem iam et vestra 23 *sq.* templa. Possumus dinumerare exercitus vestros: unius provinciae plures erunt. Cui

14 *cf.* Rom. 13, 17 20 *sq.* *cf.* Adv. Iud. 7 p. 714 *Oehler*

4 quoties (*item v.* 6) *SΠ* 8 bachanalium *SΠ* 9 requie *Ω*, reliquiis *Φ* (*falso*) 16 *sq.* vindices (*Φ*) *SM*, iudices *Π det.* 20 hesterni *SΠWO*[b] (*cf.* Adv. Prax. 2 p. 229, 16), externi *rel. ΩΦ* 23 *sq.* reliquimus *ΦSΠ*, relinquamus *M*, relinquimus *det.* *ad Φ:* nostros *Rauschen*, erimus *Wa.*, ⟨Christiani⟩ plures erunt *Hav.*, plures erunt ⟨nostri⟩ *Kroymann* 24 etiam (*Φ*) *SΠ*, et *M det.*

Ω

libenter trucidamur, si non apud istam disciplinam magis occidi liceret quam occidere? **6.** Potuimus et inermes nec rebelles, sed tantummodo discordes, solius divortii invidia adversus vos dimicasse. Si enim tanta vis hominum in aliquem orbis remoti sinum abrupissemus a vobis, suffudisset utique dominationem vestram tot quali⟨um⟩cumque civium amissio, immo etiam et ipsa destitutione punisset. **7.** Procul dubio expavissetis ad solitudinem vestram, ad silentium rerum et stuporem quendam quasi mortui orbis; quaesissetis quibus imperaretis; plures hostes quam cives vobis remansissent. **8.** Nunc enim pauciores hostes habetis prae multitudine Christianorum paene omnium civi⟨tat⟩um paene omnes cives Christianos habendo. Sed hostes maluistis vocare generis humani potius quam erroris humani. **9.** Quis autem vos ab illis occultis et usquequaque vastantibus mentes et valetudines vestras hostibus raperet, a daemoniorum incursibus dico, quae de vobis sine praemio, sine mercede depellimus? Suffecisset hoc solum nostrae ultioni, quod vacua exinde possessio immundis spiritibus pateret⟨is⟩. **10.** Porro nec tanti praesidii compensationem cogitantes non modo non molestum vobis genus, verum etiam necessarium hostes iudicare maluistis, qui[a] sumus plane, non generis humani tamen, sed potius erroris.

Φ

28*sq.* aliquem angulum orbis remotissimum 37 [hostes] habendo, hostes 44 recogitantes 47 humani hostes, sed

---

29 angulum orbis remotissimum Φ, orbis remoti sinum Ω (*fort. alterum corruptum*) suffudisset Ω, suffudisset pudor Φ (*falso*) 30 tot — *v.* 32 vestram Ω, *om.* Φ (*errore*) qualiumcunque (Φ) *det.*, qualicunque *SΠM* 33 orbis Φ, urbis Ω 36 civitatum (-ium *Oehler*) *Hav.*, civium (Φ) Ω, paene omnium civium *secl. Martin* 37 christianos hostes Φ, christianos Ω habendo Φ *det. edd.*, habendos *SΠM* hostes Φ, et (sed *det. edd.*) hostes Ω 37*sq.* maluistis Ω, maluissetis Φ (*errore*), *verba* generis — erroris humani *ut interpolata ex v.* 47 *del. Kroymann* 42 sufficisset *SΠ* 43 pateretis Φ, pateret Ω (*errore*) 46 qui Φ, quia Ω (*errore*) 47 hostes sed potius Φ, tamen sed potius *SΠ*[1]*M*, sed potius tamen *Π*[2] *det.* erroris. XXXVIII (= 38) DE COETV *SΠM al.*

Ω **XXXVIII.** **1.** Proinde nec paulo lenius inter ⟨il⟩licitas factiones sectam istam deputari oportebat, a qua nihil tale committitur, quale de illicitis factionibus timeri solet. **2.** Nisi fallor enim, prohibendarum factionum causa de providentia constat modestiae publicae, ne civitas in partes scinderetur, quae res facile comitia concilia curias contiones, spectacula etiam aemulis studiorum compulsationibus inquietaret, cum iam et in quaestu habere coepissent venalem et mercennariam homines violentiae suae operam. **3.** At enim nobis ab omni gloriae et dignitatis ardore frigentibus nulla est necessitas coetus, nec ulla magis res aliena quam publica. Unam omnium rem publicam agnoscimus, mundum. **4.** Aeque spectaculis vestris in tantum renuntiamus, in quantum originibus eorum, quas scimus de superstitione conceptas, cum et ipsis rebus, de quibus transiguntur, praetersumus. Nihil est nobis dictu visu auditu cum insania circi, cum impudicitia theatri, cum atrocitate arenae, cum xysti vanitate. **5.** Quo vos offendimus? Si

Φ 3 factionibus praecavetur 6 *sqq.* qua facile ... (8) inquietarent 9 mercennariam violentiae 13 Atque adeo 16 Nihil enim nobis 18 vanitate. Licuit Epicureis aliam decernere voluptatis veritatem, id est anim*i* aequitatem: in quo

13 *sq.* *cf.* Min. Fel. 37, 11 16 *sq.* *cf.* Isid. Orig. XVIII 59

1 *incipit* Σ nec] ne ΦΣ *det.* 1 *sq.* illicitas ΦΣ, licitas Ω (*perperam*) 3 praecavetur ΦΣ (*cf.* Idol. 2 p. 31, 20. Monog. 9 *ex.*), timeri solet Ω 5 costat Σ 6 scideretur *S*Π[1] *corr.* Π[2] qua ΦΣ, quae res Ω curias concilia Σ 6 *sq.* conditiones Σ 8 inquietarent ΦΣ, inquietaret Ω questum Σ coepisse Σ 9 violentiae ΦΣ, homines violentiae Ω 10 vobis Σ gloriae Ω, gloria ΦΣ (*errore*) 11 caetus Σ 12 una Σ 13 atque adeo ΦΣ, aeque Ω 14 renuntiavimus Σ illorum Σ qua Π *corr. s. v.* 15 et ipsis Ω, ipsis (Φ)*R*[1] 16 enim ΦΣ, est Ω dictum Σ 18 harenae Σ*S*Π xysti (Φ) *det. edd.*, xisti Σ *det.*, systi *S*Π *post* vanitate *lacunam indicat Heinze* licuit — aequitatem ΦΣ (*verba* decernere voluptatis veritatem id est *cum lacuna om.* Σ) *om.* Ω, *sunt in fine capitis post* delectant. *ad* Φ: animae (-i *Wa.*) Φ (*cf.* p. 91, 23), anima Σ in quo ΦΣ, quo Ω

alias praesumimus voluptates, si oblectari noviss⟨im⟩e nolumus, nostra iniuria est, si forte, non vestra. Sed reprobamus, quae placent vobis. Nec vos nostra delectant. Sed licuit Epicureis aliquam decernere voluptatis veritatem, id est animi aequitatem [et ampla negotia Christianae]. Ω

XXXIX. 1. Edam iam nunc ego ipse negotia Christianae factionis, ut, qui mala refutaverim, bona ostendam. Corpus sumus de conscientia religionis et disciplinae unitate et spei foedere. **2.** Coimus in coetum et congregationem, ut ad deum quasi manu facta precationibus ambiamus orantes. Haec vis deo grata est. Oramus etiam pro imperatoribus, pro ministris eorum et potestatibus, pro statu saeculi, pro rerum quiete, pro mora finis. **3.** Coimus ad litterarum divinarum commemorationem, si quid praesentium temporum qualitas aut praemonere cogit aut recognoscere. Certe fidem sanctis vocibus pascimus, spem erigimus, fiduciam figimus, disciplinam praeceptorum nihilominus incul-

---

XXXIX. 2 quo [minus] ⟨qui⟩ .... ostendam, si etiam veritatem revelaverim 3*sq.* divinitate 4*sq.* congregationem facimus 5*sq.* ambiamus. Haec 7 pro ministeriis Φ

XXXVIII. 19 oblectari ΣΩ, oblectare Φ novissime ΦΣ, novisse Ω (*errore*) 20*sq.* probamus Σ 21*sq.* delectant Φ, delectant. Sed licuit epicureis (-iis *SΠ corr.*) aliquam (*an* aliam?) decernere voluptatis veritatem id est animi aequitatem et ampla negotia christianae (christianae factionis *vel* fidei *det.*, christianae *om. det. edd.*) Ω, *verba* et ampla negotia christianae *ex sequente versu irrepsisse mihi videntur* 23 christianae. XXXVIIII (= 39) DE DISCIPLINA CHRISTIANORVM *SΠM al.*

XXXIX. 2 quo qui *Martin*, quominus ΦΣ, quo melius *Esser*, ut qui Ω si etiam veritatem revelaverim (revelaverim veritatem Σ) Φ, *om.* Ω 3 relegionis Σ 3*sq.* disciplinae unitate ΣΩ, divinitate Φ (*fort. fuerat* disciplinae divinitate) 4 faedere *ΣSΠ* coetum Ω (*recte*), caetu Φ, coetu Σ 4*sq.* congregationem facimus ΦΣ, congregationem Ω 5*sq.* ambiamus ΦΣ, ambiamus orantes Ω 7 ministeriis ΦΣ (*cf.* c. 11, 4), ministris Ω et *SΠM*, ac (Φ)Σ *det. edd.* statu *SΠ*[1], natu *Π*[2] 11 poscimus Σ *a verbo* erigimus *M finem habet* 12 nihilominus praeceptorum Σ 12*sq.* inculcationibus Ω (*cf.* Praescr. 8 *in.*), in compulsationibus ΦΣ (*perperam*)

Ω cationibus densamus. **4.** Ibidem etiam exhortationes, castigationes et censura divina. Nam et iudicatur magno cum pondere, ut apud certos de dei conspectu, summumque futuri iudicii praeiudicium est, si quis ita deliquerit, ut a communicatione orationis et conventus et omnis sancti commercii rel*e*getur. **5.** Praesident probati quique seniores, honorem istum non pretio, sed testimonio adepti, neque enim pretio ulla res dei constat. Etiam, si quod arcae genus est, non de honoraria summa quasi redemptae religionis congregatur. Modicam unusquisque stipem menstrua die, vel cum velit et si modo velit et si modo possit, apponit. Nam nemo compellitur, sed sponte confert. **6.** Haec quasi deposita pietatis sunt. Nam inde non epulis nec potaculis nec ingratis voratrinis dispensatur, sed egenis alendis humandisque et pueris ac puellis re ac parentibus destitutis, iamque domesticis senibus, item naufragis et si qui in metallis et si qui in insulis vel in custodiis, dumtaxat ex causa dei sectae, alumni confessionis suae fiunt. **7.** Sed eiusmodi vel maxime dilectionis operatio notam nobis inurit penes quosdam. 'Vide', inquiunt, 'ut invicem se diligant' — ipsi enim invicem oderunt — 'et ut pro alterutro mori sint pa-

Φ 25*sq.* Quippe non epulis inde ⟨nec⟩ potaculis 27*sq.* pueris ⟨re⟩ ac parentibus .. iamque domesticis senibus iam otiosis 30 sectae, conflictantur, alumni

26*sq.* *cf.* Iustin. Apol. I 67, 6 30*sqq.* *cf.* Min. Fel. 31, 8

15*sq.* iuditii futuri Σ 16 itaque Σ 18 relegetur (Φ)ΣR^1, religetur Ω (*errore*) 21 honoraria *S*Π (hônoraria), oneraria Σ(Φ) *det. edd.* 22 menstra Σ 24 conpellitus Σ confret Σ 25*sq.* quippe non epulis inde nec (*om.* Φ) potaculis ΦΣ, nam inde non epulis nec potaculis Ω 26 ingratis ΦΣ *det.* (*i.e. inutilibus*, *importunis*), ingratiis *S*Π 27 pueris ⟨re⟩ ac *Esser*, pueris ac ΦΣ, pueris ac puellis re ac Ω destitus Σ 28 domesticis senibus iam otiosis ΦΣ (iam otiosis *fort. del.*), domesticis senibus Ω naufragis Σ*S*$Π^2$, naufragiis Φ$Π^1$ 30 *post nomen* sectae: conflictantur (-atur Φ) Σ, *om.* Ω 31 maximae *S*Π vobis Σ 33 ut *om.* Σ *det. edd.* sunt (Φ) *det. edd.*

Ω

rati'; ipsi enim ad occidendum alterutrum paratiores erunt. **8.** Sed et quod fratres nos vocamus, non alias, opinor, insaniunt, quam quod apud ipsos omne sanguinis nomen de adfectione simulatum est. Fratres autem etiam vestri sumus iure naturae matris unius, etsi vos parum homines, quia mali fratres. **9.** At quanto dignius fratres et dicuntur et habentur, qui unum patrem deum agnover*i*nt, qui unum spiritum biberint sanctitatis, qui de uno utero ignorantiae eiusdem ad unam lucem expaverint veritatis! **10.** Sed eo fortasse minus legitimi existimamur, quia nulla de nostra fraternitate tragoedia exclamat, vel quia ex substantia familiari fratres sumus, quae penes vos fere dirimit fraternitatem. **11.** Itaque qui animo animaque miscemur, nihil de rei communicatione dubitamus. Omnia indiscreta sunt apud nos praeter uxores. **12.** In isto loco consortium solvimus, in quo solo ceteri homines consortium exercent, qui non amicorum solummodo matrimonia usurpant, sed et sua amicis patientissime subministrant; ex illa, credo, maiorum et sapientissimorum disciplina, Graeci Socratis et Romani Catonis, qui uxores suas amicis communicaverunt, quas in matrimonium duxerant liberorum causa et alibi creando-

---

Φ

34 enim sunt . . . paratiores. 35 fratrum appellatione censemur 39 Quanto nunc dignius 40 *sqq.* agnoverunt . . . biberunt . . . expaverunt 52 sapientiorum suorum

---

35 *cf.* Min. Fel. 31, 8 nos . . fratres vocamus 51 *cf.* Salvian. Gub. VII 102

---

34 enim sunt Σ, enim Ω alterutro Σ paratiores ΦΣ, paratiores erunt Ω 35 fratrum appellatione censemur (-mus Φ) ΦΣ, fratres nos vocamus Ω opinior Σ 36 quod] cum Σ 39 quanto (quando Φ) nunc dignius ΦΣ (*cf.* Anim. 10 p. 314, 18), at (ad SΠ[1]) quanto dignius Ω 40 deum patrem Σ agnoverint *Rauschen*, agnoverunt (Φ)ΣΩ 41 biberunt (Φ)Σ *det. edd.*, biberint SΠ sanctitatis spiritum biberunt Σ 42 expaverunt ΦW, expaverint *rel.* Ω 43 nulli SΠ *corr. in marg.* 44 exclamant Σ 48 loco Ω (*cf.* Anim. 5 p. 304, 8); solo ΦΣ (*cf.* c. 39, 15) *errore* 51 patientissimac ΣΠ malorum Σ 52 sapientiorum suorum Φ, suorum sapientiorum Σ, sapientissimorum Ω

Ω rum, **13.** nescio quidem an invitas; quid enim de castitate curarent, quam mariti tam facile donaverant? O sapientiae Atticae, o Romanae gravitatis exemplum: leno[n] est philosophus et censor! **14.** Quid ergo mirum, si tanta caritas conviv*a*tur? Nam et cenulas nostras, praeterquam sceleris infames, ut prodigas quoque suggillatis. De nobis scilicet Diogenis dictum est: 'Megarenses obsonant quasi crastina die morituri, aedificant vero quasi numquam morituri.' **15.** Sed stipulam quis in alieno oculo facilius perspicit quam in suo trabem. Tot tribubus et curiis et decuriis ructantibus acescit aër; Saliis cenaturis creditor erit necessarius; Herculanarum decimanarum et pol*lu*ctorum sumptus tabularii supputabunt; Apaturiis, Dionysiis, mysteriis Atticis cocorum dilectus indicitur; ad fumum cenae Serapiacae sparteoli excitabuntur: de solo triclinio Christianorum retractatur. **16.** Cena nostra de nomine rationem sui ostendit: id vocatur quod dilectio penes Graecos. Quantiscumque sumptibus constet, lucrum est pietatis nomine facere sumptum, siquidem inopes quosque refrigerio isto iuvamus, non qua penes vos parasiti adfectant ad gloriam famulan-

---

Φ 62 nunquam moriantur

---

61 *sq. cf.* Hier. Epist. 123, 14, 6 *Hilberg* (*cf.* 128, 5, 1) 63 *sq. cf.* Matth. 7, 3. Luc. 6, 41

---

56 quas *Σ*, quam *Ω* donaverunt *Σ* sapientia *Π corr.* 57 anticae *Σ* laeno (*vel* leno) est *Σ*(*Φ*) *det.*, lenon est *SΠ*, lenones (e⟨t⟩ *Kroymann*) *Hav.* 57 *sq.* philosopus *Σ* 58 χaritas *Σ* 59 convivatur *ΦΣ* (*cf.* Ieiun. 17 p. 297, 4), conviolatur (violatur *det.*) *Ω* (*errore*) caenula *Σ* 61 megrenses *SΠ* 62 quasi vero *SΠ corr.* nunquam moriantur *ΦΣ*, nunquam morituri *Ω* (*cf.* Hier. Epist. 123, 14, 6) 64 *sq.* et ructantibus (*Φ*) 65 Saliis *Gel.*, si aliis *ΦΣΩ* 66 herculanorum *Σ* polluctorum *R*[3], polinctorum (*vel* pollinctorum) *Ω*, polincto lucitorum *ΦΣ* 67 supputabant *Σ* Apaturiis] apparaturis *Σ*, appaturiis *SΠ* Dionysiis] aconisi *Σ*, Dionysii (*Φ*) *R*[1] 68 dilectus (delectus *R*[3]) indicitur *SΠ* (*cf. ad* c. 28, 1), dilectus inducitur (*Φ*)*Σ* serapiacae *det.*, sarapiacae *SΠ*, Serapiae *Φ*, se arapia ae *Σ* 69 spartioli *Σ* de solo *Ω* (*cf.* c. 39, 12), de loco *Φ*, doloso *Σ* 71 vocatur *Ω*, vocatum *ΦΣ* quod *Ω*, quo *Φ*, quō *Σ* 73 refrigiorio *Σ* 74 parasti *Σ*

dae libertatis sub auctoramento ventris inter contumelias saginandi, sed qua penes deum maior est contemplatio mediocrium. **17.** Si honesta causa est convivii, reliquum ordinem disciplinae de causa aestimate! Quod sit de religionis officio, nihil vilitatis, nihil immodestiae admittit. Non prius discumbitur quam oratio ad deum praegustetur; editur quantum esurientes capiunt; bibitur quantum pudicis utile est. **18.** Ita saturantur, ut qui meminerint etiam per noctem adorandum deum sibi esse; ita fabulantur, ut qui sciant dominum audire. Post aquam manualem et lumina, ut quisque de scripturis sanctis vel de proprio ingenio potest, provocatur in medium deo canere; hinc probatur quomodo biberit. Aeque oratio convivium dirimit. **19.** Inde disceditur non in catervas caesionum nec in classes discursationum nec in eruptiones lasciviarum, sed ad eandem curam modestiae et pudicitiae, ut qui non tam cenam cenaverint quam disciplinam. **20.** Haec coitio Christianorum merito sane illicita, si illicitis par, merito damnanda, si quis de ea queritur eo titulo, quo de factionibus querela est. **21.** In cuius perniciem aliquando convenimus? Hoc sumus congregati, quod et dispersi, hoc universi, quod et singuli: neminem laedentes, neminem contristantes. Cum probi, cum boni coeunt, cum pii, cum casti congregantur, non est factio dicenda, sed curia.

Φ 89 in inceptiones 92 merito sane damnanda, si non dissimilis damnandis, si quis

---

76 sagenandi Σ quia Σ 77 mediocrum Π^{1} convivii est Σ 78 quid (Φ) *det. edd.* 82 est utile (Φ) *det. edd.* ut qui Ω, ut ΣΦ (*ut videtur*) 83 sibi deum Σ 84 deum ΦΣZO^{a}, dominum *rel.* Ω 85 sanctis] divinis Σ 86 deo Ω (*cf.* c. 2, 6. Orat. 24), de deo ΦΣ (*perperam*) potest dė deo canere provocatur in medio (*sic!*) hinc Σ 89 in inceptiones Φ, ad inreptiones Σ, in eruptiones Ω (*cf.* c. 35, 10. Testim. anim. 5) 90 ut] et Σ 92 merito sane Σ, sane *om.* Ω damnanda si non dissimilis damnandis ΦΣ, damnanda Ω (*fort. errore*) 93 deaquaeritur Σ quo] quō Σ 94 cuius] civius Σ 96 neminem laedentes Ω, *om.* Σ 98 curia. XXXX (= 40, 1–9 occupaverant) ET CONTRA ETHNICAM RATIONEM *SΠ al.*

Ω **XL.** **1.** At e contrario illis nomen factionis accommodandum est, qui in odium bonorum et proborum conspirant, qui adversum sanguinem innocentium conclamant, praetexentes sane ad odii defensionem illam quoque vanitatem, quod existiment omnis publicae cladis, omnis popularis incommodi Christianos esse in causa[m]. **2.** Si Tiberis ascendit in moenia, si Nilus non ascendit in arva, si caelum stetit, si terra movit, si fames, si lues, statim: 'Christianos ad leonem!' acclamatur. Tantos ad unum? **3.** Oro vos, ante Tiberium, id est ante Christi adventum, quantae clades orbem et urbes ceciderunt! Legimus Hieran, Anap*h*en et Delon et Rhodon et Co insulas multis cum milibus hominum pessum abisse. **4.** Memorat et Plato maiorem Asiae vel Africae terram Atlantico mari ereptam. Sed et mare Corinthium terrae motus ebibit, et vis undarum Lucaniam abscisam in Siciliae nomen relegavit. Haec utique non sine iniuria incolentium accidere potuerunt. **5.** Ubi vero tunc, non dicam deorum vestrorum contemptores Christiani, sed

Φ 3 adversus 4 plane 5*sq.* incommodi *a* primordio temporum 7 rura 9 inclamant

5*sqq.* *cf.* Nat. I 9 p. 73, 5*sqq.* 8*sq.* *cf.* Res. 22 p. 56, 12. Cast. 12 p. 754 *Oehler* 10*sq.* *cf.* Nat. I 9 p. 73, 12*sqq.* 11*sq.* *cf.* Plin. Nat. Hist. II 87. Pall. 2 p. 921*sq.* (*Oehler*) 13*sq.* *cf.* Plat. Tim. p. 24E Λιβύης .. καὶ Ἀσίας μείζων *cf.* Plin. Nat. Hist. II 86

1 factionum (Φ) *det. edd.* 3 qui adversum Ω, quid adversus Σ 4 plane Σ (*i.e. sane*), sane Ω 5*sq.* omnis popularis omnis puplicae cladis incommodi Σ incommodi in (a *Hav.*) primordio temporum ΦΣ, incommodi Ω 6 in causa Φ *det.*, in causam ΣSΠ, causam *det.* 7 maenia Σ rura ΦΣ, arva Ω 8 non stetit Σ (*sed cf.* Adv. Marc. IV 42 p. 564, 13) 9 leonenem SΠ (*ex* leonenim) inclamant ΦΣ, adclamatur Ω (*cf.* Ad Scap. 3 *in.* Cast. 12), *utrumque deleri vult Hav.* *a voce* unum *finem habet* Σ 11 orbem] urbem Π *corr.* urbem (Φ) *det. edd.* (*cf.* Anim. 1 p. 300, 7), urbes *opt.* Ω (*cf.* Nat. I 9 p. 73, 13) Hieran, Anaphen et *Hav.*, hieran napean et SΠ, Hienarranda penes Φ, *fort.* Hieran et Anaphen et 12 Co *Rig.*, cho SΠ 14 vel] et (Φ) *det.* ereptam Ω (*cf.* Nat. *l. l.*, Pall. 2 p. 922, 13 *Oehler*), inereptam Φ (*fort.* interceptam *coll.* Pall. 2 p. 922, 2, *nisi* 'in' *auget vim verbi ut saepe*, *cf.* c. 13, 7 inhonorandos)

Ω ipsi dei vestri, cum totum orbem cataclysmus abolevit, vel, ut Plato putavit, campestre solummodo? **6.** Posteriores enim illos clade diluvii contestantur ipsae urbes, in quibus nati mortuique sunt, etiam quas condiderunt; neque enim alias in hodiernum manerent nisi et ipsae postumae cladis illius. **7.** Nondum Iudaeum ab Aegypto examen Palaestina susceperat, nec iam illic Christianae sectae origo consederat, cum regiones adfines eius, Sodoma et Gomorra, igneus imber exussit. Olet adhuc incendio terra, et si qua illic arborum poma, conantur oculis tenus, ceterum contacta cinerescunt. **8.** Sed nec Tuscia iam tunc atque Campania de Christianis querebantur, cum Vulsinios de caelo, Pompeios de suo monte perfudit ignis. Nemo adhuc Romae deum verum adorabat, cum Hannibal apud Cannas per Romanos anulos caedes suas modio metiebatur. Omnes dei vestri ab omnibus colebantur, cum ipsum Capitolium Senones occupaver*u*nt. **9.** Et bene quod, si quid adversi urbibus accidit, eaedem clades templorum quae et moenium fuerunt, ut iam hoc revincam non ab eis evenire, quia et ipsis evenit. **10.** Semper humana

---

Φ 22 nati moratique sunt 22*sq.* enim illae in 24 Iudaeorum 29 iam atque 32 Cannas Romanos . . caede sua 36*sq.* iam et hoc (*abl.*) . . ab his evenire, quae et ipsis similia evenerunt

---

20*sq.* *cf.* Nat. I 9 p. 73, 25 26 *cf.* Gen. 19, 24. Pall. 2 p. 922 29*sq.* *cf.* Plin. Nat. Hist. II 52 (53) 33 *cf.* Ambros. Epist. 18, 4

19*sq.* velud *SΠ* 22 moratique Φ (Nat. I 9 p. 73, 25 nati, morati, sepulti sunt), mortuique Ω *fort.* morati mortuique 23 illae Φ, alias Ω (Nat. *l. l.*) in hodiernum *ΦΓZ edd.*, hodiernum *rel.* Ω 27 si qua] quasi *Π*¹, *corr.* *Π*² *s. l.* 28 conantur *ΦSΠ* (*i.e. enituntur*), oriantur *det. edd.* cinerescunt Ω, cineres sunt Φ (*errore*) 29 atque] neque *Kroymann* 30 ulscinios *S*, ulcinios *Π*¹, ulsinios *Π*² 32 caede (*fort.* ⟨ex⟩ caede) sua Φ, caedes suas Ω (*i.e. caesos*) 33 dii *SΠ* (*ex* dei; *cf.* c. 10, 2) colebrantur *Π* *corr.* 34 occupaverunt (Φ) *edd.*, occupaverant Ω occupaverant. XXXXI (= 40, 9–15) DE ADVERSIS VRBIVM *SΠ al.* 35 accidit urbibus (Φ) *det. edd.* eaedem *SΠ*, eadem Φ (*idem error* c. 20, 4) 37 his Φ (*cf.* c. 36, 2. 41, 6), eis (*i.e. deis*) Ω quia] quibus *Kroymann* semper enim (Φ) *R*³

Ω gens male de deo meruit, primo quidem ut inofficiosa eius, quem cum intellegeret ex parte, non requisivit, sed et alios insuper sibi commentata, quos coleret; dehinc quod non inquirendo innocentiae magistrum et nocentiae iudicem et exactorem omnibus vitiis et criminibus inolevit. **11.** Ceterum si requisisset, sequebatur, ut cognosceret requisitum et recognitum observaret et observatum propitium magis experiretur quam iratum. **12.** Eundem igitur nunc quoque scire debet iratum, quem et retro semper, priusquam Christiani nominarentur. Cuius bonis utebatur ante editis quam sibi deos fingeret, cur non ab eo etiam mala intellegat evenire, cuius bona esse non sensit? Illius rea est, cuius et ingrata. **13.** Et tamen, si pristinas clades comparemus, leviora nunc accidunt, ex quo Christianos a deo orbis accepit. Ex eo enim et innocentia saeculi iniquitates temperavit et deprecatores dei esse coeperunt. **14.** Denique cum ab imbribus aestiva hiberna suspendunt et annus in cura est, vos quidem cottidie pasti statimque pransuri balneis et cauponis et lupanaribus operantibus aquilicia Iovi immolatis, nudipedalia populo denuntiatis, caelum apud Capitolium quaeritis, nubila de laquearibus exspectatis, aversi ab ipso et deo et caelo. **15.** Nos vero ieiuniis aridi et omni continentia expressi, ab omni vitae fruge dilati, in sacco et

---

Φ 39*sq.* non solum non requisivit timendum, sed et alios sibi citius commenta 49*sq.* cuius bonis ingrata est 52 Exinde enim

---

57 *cf.* Ieiun. 16 p. 295, 24 nudipedalia denuntiantur

---

39 intellegerent *SΠ corr.* 40 commenta *Φ* (*subaud. est*; *cf.* Nat. I 16 *in.*), commentata *Ω* (*est*; *cf.* c. 21, 30) 44 magis propitium (*Φ*) *det. edd.* 45 eundem ergo (*Φ*) *det. edd.* (*cf.* c. 21, 31) 48 deos sibi (*Φ*) *det. edd.* intellegant *SΠ corr.* 49 cuius] cui *Kroymann* 49*sq. ad Ω cf.* ingratus *c. gen.*: Adv. Marc. II 24 p. 367, 11 *al.* 51 a deo *Ω*, adeo *Φ* 52 exinde *Φ*, ex eo (quo *det.*) *Ω* 55 codie *Π corr. in marg.* 56 cauponis (*Φ*) *WL edd.*, cauponiis (*vel* cauponeis) *rel. Ω* aquicilia *Π corr.*

Ω cinere volutantes invidia caelum tundimus, deum tangimus et, cum misericordiam extorserimus, Iuppiter honoratur.

XLI. 1. Vos igitur importuni rebus humanis, vos [rei] publicorum incommodorum inlices semper, apud quos deus spernitur, statuae adorantur. Etenim credibilius haberi debet eum irasci, qui neglegatur quam qui coluntur; **2.** aut ne illi iniquissimi, si propter Christianos etiam cultores suos laedunt, quos separare deberent a meritis Christianorum! 'Hoc', inquitis, 'et in deum vestrum repercutere est, si quod et ipse pati[a]tur, propter profanos etiam suos cultores laedi.' Admittite prius dispositiones eius, et non retorquebitis. **3.** Qui enim semel aeternum iudicium destinavit post saeculi finem, non praecipitat discretionem, quae est condicio iudicii, ante saeculi finem. Aequalis est interim super omne hominum genus, et indulgens et increpans; communia voluit esse et commoda profanis et incommoda suis, ut pari consortio omnes et lenitatem eius et severitatem experiremur. **4.** Quia haec ita didicimus apud ipsum, diligimus lenitatem, metuimus severitatem; vos contra utramque despicitis; et sequitur, ut omnes saeculi plagae nobis, si forte, in admonitionem, vobis in castigationem

---

Φ 62 honoratur a vobis, deus neglegitur.

XLI. 3 Utique enim (*cf.* Nat. I 5 *ex.* Res. 5. 42) 4*sq.* coluntur. Sed ne .. iniquissimi, qui 8 qui et ipse patitur 13 indulgens et incessens 16 Qui autem ita discimus

---

11*sq.* *cf.* Matth. 13, 29*sq.* 37*sqq.* 25, 32

XL. 61 volvitantes *SΠ* invidia (*i. e. desiderio impetuoso*; *cf.* Ieiun. 16 p. 296, 1 *B*) 62 *ad Φ*: negligitur honoratur. XXXXII (= 41) QVOD DEVS SPERNITVR ET STATVAE ADORANTVR *SΠ al.*

XLI. 1*sq.* publicorum *Φ*, rei publicorum *Ω* (*falso*) 4*sq.* sed ne *Φ*, aut ne (*i.e. nae*) *Ω* (anne *det.*) 8 qui *Φ*, si quod (quid *Z*) *Ω*, quod *Rig.*, si quidem *edd.* patitur *Φ*, patiatur *Ω* 8*sq.* cultores suos (*Φ*) *det.* R^1 13 incessens *Φ* (*cf.* Adv. Marc. V 13 p. 620, 15), increpans *Ω* 18 dispicitis *SΠ* 19*sq.* a Deo obveniunt (*sic*), vobis in castigationem *Φ*, vobis in castigationem a deo obveniant (eveniant *O*ᵃ) *Ω*

Ω a deo obveniant. **5.** Atquin nos nullo modo laedimur; inprimis quia nihil nostra refert in hoc aevo nisi de eo quam celeriter excedere; dehinc quia, si quid adversi infligitur, vestris meritis deputatur. Sed et si aliqua nos quoque praestringunt ut vobis cohaerentes, laetamur magis recognitione divinarum praedicationum, confirmantium scilicet fiduciam et fidem spei nostrae. **6.** Sin vero ab eis, quos colitis, omnia vobis mala eveniunt nostri causa, quid colere perseveratis tam ingratos, tam iniustos, qui magis vos in dolore Christianorum iuvare et adserere debuerant [quos separare deberent a meritis Christianorum]?

XLII. 1. Sed alio quoque iniuriarum titulo postulamur: et infructuosi [in] negotiis dicimur. Quo pacto homines vobiscum degentes, eiusdem victus habitus instructus, eiusdem ad vitam necessitatis? Neque enim Brachmanae aut Indorum gymnosophistae sumus, silvicolae et exsules vitae. **2.** Meminimus gratiam debere nos deo domino creatori: nullum fructum operum eius repudiamus, plane temperamus, ne[c] ultra modum aut perperam utamur. Itaque non

---

Φ 20 a deo obveniant, vobis in castigationem. 23 vestris id meritis 25*sq.* praedicationum; confirmamur ut scilicet (*cf.* Carn. 10) . . . nostrae agnoscentes. 26*sq.* iam vero si ab his, ⟨quos⟩ colitis . . male ⟨e⟩veniunt 28 cur colere eos (*cf.* c. 1, 12)

XLII. 1 alio adhuc (*cf.* Val. 26)

XLI. 22 *cf.* Min. Fel. 38, 2. Coron. 5 p. 428 *Oehler*.

24 perstringunt (Φ) *det. edd.* (*cf. ad* c. 13, 3) 26 iam vero si Φ, sin (si *det.*) vero Ω (*cf.* Nat. I 1 p. 59, 18) 27 his Φ (*cf.* c. 36, 2) eis Ω molitis Φ (*errore*), quos colitis Ω male Φ, mala (*om.* *Π*[1] *add. s. l.* *Π*[2]) Ω (*cf.* c. 40, 12) eveniunt Ω, veniunt Φ (*errore*) 30 debuerant Φ, debuerant quos separare (seperare *SΠ*) deberent a meritis christianorum Ω (*ex* c. 41, 2) Christianorum. XXXXIII (= 42) QVOD INFRVCTVOSOS NOS (*om. S*) DICVNT *SΠ al.*

XLII. 2 negotiis Φ (*cf.* c. 43, 2), in negotiis Ω 4 brahmanae *SΠ* 5 gymnosofistae *SΠ* 6 nos debere domino deo (Φ) *det. edd.* 8 ne (Φ) *edd.*, nec Ω utamur (Φ) *det. edd.*, mutamur *SΠ*

sine foro, non sine macello, non sine balneis tabernis officinis stabulis nundinis vestris ceterisque commerciis cohabitamus in hoc saeculo. **3.** Navigamus et nos vobiscum et militamus et rusticamur et mercatus proinde miscemus, artes, opera nostra publicamus usui vestro. Quomodo infructuosi videmur negotiis vestris, cum quibus et de quibus vivimus, non scio. **4.** Sed si caerimonias tuas non frequento, attamen et illa die homo sum. Non lavor diluculo Saturnalibus, ne et noctem et diem perdam; attamen lavor honesta hora et salubri, quae mihi et calorem et sanguinem servet; rigere et pallere post lavacrum mortuus possum. **5.** Non in publico Liberalibus discumbo, quod bestiariis supremam cenantibus mos est; attamen ubi, de copiis tuis ceno. **6.** Non emo capiti coronam; quid tua interest, emptis nihilominus floribus quomodo utar? Puto gratius [esse] liberis et solutis et undique vagis; sed et si in coronam coactis, nos coronam naribus novimus; viderint qui per capillum odorantur! **7.** Spectaculis non convenimus; quae tamen apud illos coetus venditantur si desideravero, liberius de propriis locis sumam. Tur*a* plane non emimus; si Arabiae Ω

Φ 11*sq.* hoc saeculum . . . vobiscum et vobiscum militamus 13 operas nostras 15 nescio. Et si 16 lavo sub noctem 17*sq.* sed lavo et debita hora 21 ubicunque 27*sq.* de suis [de propriis] locis

---

11*sq.* vobiscum et vobiscum militamus Φ, vobiscum et militamus Ω 12 mercatus *SΠ*, mercamur (Φ) *det. edd.* 12*sq.* mercamur; proinde miscemus artes *Wa.*, mercatus miscemus; proinde artes *Kroymann* 14 videamur (Φ) *edd.* 15 nescio Φ, non scio Ω (*cf.* Hermog. 18 *ex.* 38 *ex.*) caerimonias *SΠ* 15*sqq.* sed [si] . . . frequento; attamen *Kroymann* 17*sq.* sed lavo et debita Φ (*i. e. iusta*; *cf.* Paen. 3 *in.*), attamen (ad tamen *SΠ*) lavor honesta Ω 18 colorem (Φ)*NVL* (= *M*)*G*, calorem *rel.* Ω 19 rigere Ω (*cf.* Pall. 5 p. 947), frigere Φ 21 suprema (Φ) *det. edd.* ubiubi *Pamel.* 23 gratius (*i. e. uti*) Φ, gratius esse Ω 25 nos coronam naribus Ω, vos enim non Φ (*falso*) 27 si Ω, quod (*fort.* quando) ego si Φ 27*sq.* de suis, de propriis Φ, de suis *Rauschen*, de propriis Ω, de suis propriis *Esser* 28 sumam. Thura Φ, sumantur Ω

Ω queruntur, sciant Sabaei plures et cariores suas merces Christianis sepeliendis profligari quam deis fumigandis. **8.** ‘Certe’, inquitis, ‘templorum vectigalia cottidie decoquunt; stipes quotusquisque iam iactat?’ Non enim sufficimus et hominibus et deis vestris mendicantibus opem ferre, nec putamus aliis quam petentibus impertiendum. Denique porrigat manum Iuppiter et accipiat, cum interim plus nostra misericordia insumit vicatim quam vestra religio templatim. **9.** Sed cetera vectigalia gratias Christianis agent ex fide dependentibus debitum, qua alieno fraudando abstinemus, ut, si ineatur, quantum vectigalibus pereat fraude et mendacio vestrarum professionum, facile ratio haberi possit, unius speciei querela compensata pro commodo ceterarum rationum.

XLIII. 1. Plane confitebor, quinam, si forte, vere de sterilitate Christianorum conqueri possint. Primi erunt lenones perductores aquarioli, tum s*i*carii venenarii magi, item haruspices harioli mathematici. **2.** His infructuosos esse magnus est fructus. Et tamen, quodcumque dispendium est rei vestrae per hanc sectam, cum aliquo praesidio compensari potest. Quanti habetis, non dico iam qui de vobis daemonia excutiant, non dico iam qui pro vobis quoque

---

Φ 37 Sed et cetera vectigalia laeduntur! Sufficit, si cetera gratias Christianis agunt   38 cum alieno   39 publico pereat et fraude   41 *sq.* pro ceterarum rationum securitate.

XLIII. 2 possunt   6 aliquo utique (*cf.* c. 23, 8) praesidio   8 discutiant

---

29 plures et chariores Φ, pluris et carioris Ω   39 publico Φ, vectigalibus Ω *fort. interpol.*, ⟨de⟩ vectigalibus *Kroymann*   41 conpensata Ω, compensato Φ (*errore*)   42 rationum. XXXXIIII (= 43, 1–2 potest) DE LENOCINIO *SΠ al.*

XLIII. 1 quinam Ω, quoniam Φ (*errore*)   2 possunt Φ *det. edd.*, possint *SΠ*   3 aquarioli] harioli Φ*W* (*ex sequentibus*) secarii *SΠ*   4 arioli *SΠ*   7 potest. XXXXV (= 43, 2 quanti — possitis) DE EXORCISMATE *SΠ al.*   iam qui Φ, qui iam Ω (*errore*)

vero deo preces sternant, quia forte non creditis, sed a quibus nihil timere possitis? Ω

XLIV. **1.** At enim illud detrimentum rei publicae tam grande quam verum nemo circumspicit, illam iniuriam civitatis nullus expendit, cum tot iusti impendimur, cum tot innocentes erogamur. **2.** Vestros enim iam contestamur actus, qui cottidie iudicandis custodiis praesidetis, qui sententiis elogia dispungitis. Tot a vobis nocentes variis criminum elogiis recensentur: quis illic sicarius, quis manticularius, quis sacrilegus aut corruptor aut lavantium praedo, quis ex illis etiam Christianus adscribitur? aut cum Christiani suo titulo offeruntur, quis ex illis etiam talis quales tot nocentes? **3.** De vestris semper aestuat carcer, de vestris semper metalla suspirant, de vestris semper bestiae saginantur, de vestris semper munerarii noxiorum greges pascunt. Nemo illic Christianus, nisi plane tantum Christianus; aut, si et aliud, iam non Christianus.

XLV. **1.** Nos ergo soli innocentes! Quid mirum, si necesse est? Enimvero necesse est. Innocentiam a deo edocti et perfecte eam novimus, ut a perfecto magistro

---

9 preces fundant, sed a Φ

XLIV. 1*sq.* tam verum, tam grande 6*sq.* Quot (*i.e. quotquot*) a vobis ..... recensentur, 9 praedo, idem etiam .. adscribitur? Proinde, cum 11 qualis etiam notatur nomine? 14*sq.* nisi hoc tantum; aut (*cf.* Val. 2 *in.*)

XLIV. 11 *cf.* Min. Fel. 35, 6

---

9 quia (*an*: quod?) forte non creditis Ω (*del. Kroymann*), *om.* Φ 10 possitis. XXXXVI (= 44) DE CVSTODIIS ETHNICORVM *SΠ al.*

XLIV. 1*sq. ad* Φ: quam grande *Wa.* 3 nullis *Π corr.* 6 (*et* 7) eologia (-is) *SΠ pro more* quot Φ, tot Ω 8 corrumptor *SΠ* 10 *ad* Φ: ex illis [etiam] talis *Wa.*, ⟨non⟩ talis *Kroymann* 11 ⟨isti⟩ tot *Kroymann* 12*sq.* semper bestiae Ω, etiam bestiae Φ (*errore*) 15 non Christianus. XXXXVII (= 45, 1—50, 16) DE INNOCENTIA CHRISTIANORVM *SΠ al.*

XLV. 3 edocti Ω, doctore Φ (*ex v.* 5 *errore*)

Ω revelatam, et fideliter custodimus, ut ab incontemptibili dispectore mandatam. **2.** Vobis autem humana aestimatio innocentiam tradidit, humana item dominatio imperavit; inde nec plenae nec adeo timendae estis disciplinae ad innocentiae veritatem. Tanta est prudentia hominis ad demonstrandum bonum quanta auctoritas ad exigendum; tam illa falli facilis quam ista contemni. **3.** Atque adeo quid plenius dicere: 'Non occides' an docere: 'Ne irascaris quidem'? Quid perfectius, prohibere adulterium an etiam ab oculorum solitaria concupiscentia arcere? Quid eruditius, de maleficio an et de maliloquio interdicere? Quid instructius, iniuriam non permittere an nec vicem iniuriae sinere? — **4.** dum tamen sciatis ipsas leges quoque vestras, quae videntur ad innocentiam pergere, de divina lege ut antiquiore forma mutuatas. Diximus iam de Moysi aetate. **5.** Sed quanta auctoritas legum humanarum, cum illas et evadere homini contingat [et] plerumque in admissis delitiscenti et aliquando contemnere ex voluntate vel necessitate delinquenti? **6.** Recogitate ea⟨m⟩ etiam pro brevitate supplicii cuiuslibet,

---

Φ 4*sq*. in⟨con⟩temptibili deo doctore praeceptam 5 humana doctrina 8 Quanta prudentia 9 demonstrandum, quid vere bonum, tanta 11 plenius dictum est .. an vero 21*sq*. necessitate, recogitate etiam

---

11 *cf*. Matth. 5, 21. 22 13 *cf*. Matth. 5, 28 15 *cf*. Matth. 5, 39 18 *cf*. c. 19, 3

---

4 intemtibili *Φ* 7 ó (*s. v.*) disciplinae *Π det.* 8 quanta *Φ*, tanta est *Ω* (*fort.* tanta) 11 dictum est *Φ*, dicere *Ω* (*cf.* Matth. 9, 5) 14 maleloquio *S* 16 quoque leges (*Φ*) *det. edd.* 17*sq*. antiquiore (anquiore *Π corr.*) forma mutuatas *SΠ*, antiquiorem formam mutatas *Φ* (*errore*), lege, ut antiquiore, formam mutuatas *Rig.* 18 Moysi *Φ det.*, moysei *SΠ* 19 illas et *Φ det.*, illa sed *SΠ* 20 contingat plerumque *Φ*, contingat et (ut *Kroymann*) plerumque *Ω* delitescenti *ΦZ*, delitiscendi (*vel* delitescendi) *rel. Ω* 21 delinquenti *Rig.*, deliquendi *Π*, diliquendi *ex* dilinquendi *S*, delinquendi *rel. Ω*, *om. Φ* 22 etiam *Φ*, ea (eam *Kellner*) etiam *Ω* (*fort.* ea *delend.*) brevitate *Ω*, veritate *Φ* (*perperam*)

Ω

non tamen ultra mortem remansuri. Sic et Epicurus omnem cruciatum doloremque depretiat, modicum quidem contemptibilem pronuntiando, magnum vero non diuturnum. **7.** Enimvero nos, qui sub deo omnium speculatore dispungimur quique aeternam ab eo poenam providemus, merito soli innocentiae occurrimus et pro scientiae plenitudine et pro latebrarum difficultate et pro magnitudine cruciatus, non diuturni, verum sempiterni, eum timentes, quem timere debebit et ipse, qui timentes iudicat, deum, non proconsulem timentes.

XLVI. 1. Constitimus, ut opinor, adversus omnium criminum intentationem, quae Christianorum sanguinem flagitat; ostendimus totum statum nostrum, et quibus modis probare possimus ita esse sicut ostendimus, ex fide scilicet et antiquitate divinarum litterarum, item ex confessione spiritalium potestatum. Qui nos revincere audebit, non arte verborum, sed eadem forma, qua probationem constituimus, de veritate? **2.** Sed dum unicuique manifestatur veritas nostra, interim incredulitas, dum de bono sectae huius obducitur, quod usu[i] iam et de commercio innotuit, non utique divinum negotium existimat, sed magis philosophiae

---

Φ

30*sq.* verum tamen (Pat. 5 *in.*) ..... debebit ipse, qui iudicat, deum

XLVI. 3*sq.* quibus probare 6 Existat qui 8 veritate debebit reni*ti*. Sed dum tamen (*ex* c. 45, 4*?*)

23*sq.* *cf.* *Usener*, *Epicurea* p. 288*sqq.*

---

28 pro scientiae (Φ) *edd.* (*cf.* c. 45, 1), prospicientiae *SΠ* (*ex* prospientiae) *det.*, pro sapientiae *Kayser* 30 sempiterni eum Ω, semper ternum deum Φ (*errore*) 31 timentes Ω, *om.* Φ 31*sq.* deum, non proconsulem ΦΩ, *del.* *Kroymann*

XLVI. 2 intentionem (Φ) *det.* *edd.* (*cf.* c. 27, 1) 3 quibus Φ (*probat Kroymann*) quibus modis Ω (*cf.* Adv. Iud. 13 p. 737 *Oehler*. Adv. Marc. I 9 p. 301, 19. Spect. 24 *in.*) 6 spiritalium *SΠ*(Φ), spiritualium *det.* existat qui Φ (*cf.* c. 23, 5. *fort. interpol.*), qui (*i.e. quis*) *SΠ* (*cf.* Scorp. 12 *in. Agob.*), quis *det.* 8 veritate debebit renidi (reniti *Rig.*) Φ, veritate Ω 10 usu *ZR*[1], usui *rel.* ΩΦ 11 existimat Ω, existimatis Φ (*errore*)

Ω genus. 'Eadem', inquit, 'et philosophi monent atque profitentur, innocentiam iustitiam patientiam sobrietatem pudicitiam.' **3.** Cur ergo quibus comparamur de disciplina, non proinde illis adaequamur ad licentiam impunitatemque disciplinae? vel cur et illi, ut pares nostri, non urgentur ad officia, quae nos non obeuntes periclitamur? **4.** Quis enim philosophum sacrificare aut deierare aut lucernas meridie vanas proferre compellit? Quin immo et deos vestros palam destruunt et superstitiones vestras commentariis quoque accusant laudantibus vobis. Plerique etiam in principes latrant sustinentibus vobis, et facilius statuis et salariis remunerantur quam ad bestias pronuntiantur. **5.** Sed merito; philosophi enim, non Christiani, cognominantur. Nomen hoc philosophorum daemonia non fugat. Quidni? cum secundum deos philosophi daemonas deputent. Socratis vox est: 'si daemonium permittat.' Idem et cum aliquid de veritate sapiebat deos negans, Aesculapio tamen gallinaceum prosecari iam in fine iubebat, credo, ob honorem patris eius, quia Socratem Apollo sapientissimum omnium cecinit. **6.** O Apollinem inconsideratum! Sapientiae testimonium reddidit ei viro, qui negabat deos esse. In quantum odium flagrat veritas, in tantum qui eam ex fide praestat offendit;

Φ 15 proinde adaequamur d*e* li*c*entia et immunitate 19 vanas prostituere (*cf.* Adv. Marc. I 9 p. 301, 1) 20 superstitiones publicas commentariis 25 fugiunt 27 et qui 29 mandabat

---

27 *sqq. cf.* Plat. Phaed. 118 A 28 *sq. cf.* Nat. II 2 p. 96, 17. Anim. 1 p. 299, 29. 300, 4. Coron. 10. Min. Fel. 38, 5

---

12 atque] et (Φ) *det.* 15 diligentia (de licentia *Iun.*) et immunitate Φ, ad licentiam impunitatemque Ω (*cf.* Nat. I 3 p. 62, 17) 16 illi ut Ω, illud Φ patres *Π corr.* 18 degerare *SΠ pro more* 25 fugiunt Φ, fugat Ω (*cf.* Coron. 11 p. 443 *Oehler*) 28 sapiebant *Π corr.* gallenatium $S\Pi^1$, gallinatium Π^2 (*s. v.*) 29 mandabat Φ (*cf.* Adv. Marc. IV 12 p. 454, 19), iubebat Ω (*cf.* Nat. II 2 p. 96, 19) 30 *et* 31 Appollo (-inem) *SΠ* 32 odio *Kroymann* 33 flagrat *i.e. accendit*

Ω qui autem adulterat et adfectat, hoc maxime nomine gratiam pangit apud insectatores veritatis. **7.** Quam illusores et corruptores inimice philosophi adfectant veritatem et adfectando corrumpunt, ut qui gloriam captant, Christiani et necessario appetunt et integre praestant, ut qui saluti suae curant. **8.** Adeo neque de scientia neque de disciplina, ut putatis, aequamur. Quid enim Thales, ille princeps physicorum, sciscitanti Croeso de divinitate certum renuntiavit, commeatus deliberandi saepe frustratus? **9.** Deum quilibet opifex Christianus et invenit et ostendit et exinde totum, quod in deum quaeritur, re quoque adsignat; licet Plato adfirmet factitatorem universitatis neque inveniri facilem et inventum enarrari in omnes difficilem. **10.** Ceterum si de pudicitia provocemur, lego partem sententiae Atticae in Socratem corruptorem adulescentium pronuntiatum. Sexum nec femineum mutat Christianus. Novi et Phrynen meretricem Diogenis supra recumbentis ardore[m] subantem; audio et quendam Speusippum de Platonis schola in adulterio perisse. Christianus uxori suae soli masculus nascitur.

Φ 35*sq*. Quam et illusores et contemptores 48*sq*. Socratem: corruptor . . pronuntiatur. Christianus ad sexum nec femina[e] mutat

---

40 *cf.* Frag. Fuld. c. 19, 4*. Nat. II 2 p. 96, 15. Min. Fel. 13, 4 42*sq. cf.* Iustin. Apol. II 10, 6 44*sq.* Plat. Tim. p. 28 C (*cf.* Min. Fel. 19, 14) 48 *cf.* Tatian. Ad Graec. 2. Xenoph. Memor. I 5

---

35 qua (Φ) *edd.* 36 inimice (mimice *det. edd.*) Ω (*cf.* Adv. Marc. I 29), inimici Φ (*errore*) 38 et necessario] eam necessario (Φ) *edd.* 41 croesso *SΠ* 44 in deum Ω (*i. e. circa deum, de deo*), in deo (Φ) *det. edd.* 45 inveniri facilem (-e -em *det.*) Ω (*cf.* c. 45, 2), inveniri facile Φ 46 difficile Φ*W*, difficilem *rel.* Ω 47 provocemur (Φ) *det. edd.* provocemus *opt.* Ω 48 corruptor adulescentium pronunciatur Φ, corruptorem adulescentium (adoliscentium *S*) pronuntiatum (-ciatam *Γ*) Ω 49*sq.* Christianus ad (at christianus *Martin*) sexum (*i. e. concubitum*) nec foeminae (femina *Rauschen*) mutat Φ, sexum nec femineum mutat christianus Ω 50 recubantis (Φ) *det. edd.* ardore *X in marg.*, ardorem *rel.* Ω, ardori Φ (*errore*) 51 Speudipsum Φ, spesippum *SΠ* scola *SΠ*

Ω **11.** Democritus excaecando semetipsum, quod mulieres sine concupiscentia adspicere non posset et doleret, si non esset potitus, incontinentiam emendatione profitetur. At Christianus salvis oculis feminas non videt; animo adversus libidinem caecus est. **12.** Si de probitate defendam, ecce lutulentis pedibus Diogen*e*s superbos Platonis toros alia superbia deculcat; Christianus nec in pauperem superbit. **13.** Si de modestia certem, ecce Pythagoras apud Thurios, Zenon apud Prienenses tyrannidem adfectant; Christianus vero nec aedilitatem. **14.** Si de aequanimitate congrediar, Lycurgus apocarteresin optavit, quod leges eius Lacones emendassent; Christianus etiam damnatus gratias agit. Si de fide comparem, Anaxagoras depositum hos⟨pi⟩tibus denegavit; Christianus et extra fidelis vocatur. **15.** Si de simplicitate consistam, Aristoteles familiarem suum Hermian turpiter loco excedere fecit; Christianus nec inimicum suum laedit. Idem Aristoteles tam turpiter Alexandro, regendo potius, adulatur, quam Plato a Dionysio ventris gratia venditatur. **16.** Aristippus in purpura sub magna gravitatis superficie nepotatur, Icthy[di]as, dum civitati insidias dis-

Φ 59 dec*u*lcat; Christianus contumeliosus nec 62 animi aequitate 64 emendarint 65 hospitibus 69 tam indecore 70 ⟨Plato⟩ Dionysio . . venditatur (*i. e. se venditat, se insinuat?*)

57*sq.* *cf.* Hier. Adv. Iovin. II 9 58*sq.* Diog. Laert. VI 2, 4; *cf.* Pall. 4 p. 940, 3 non coenulentis pedibus, ut tori Platonici sciunt 69*sq.* *cf.* Tatian. *ibid.* τὸ μεμηνὸς μειράκιον 70 *cf.* Tatian. *l. l.* ὑπὸ Διονυσίου διὰ γαστριμαργίαν ἐπιπράσκετο 70*sq.* *cf. ibid.* Ἀρίστιππος ἐν πορφυρίδι περιπατῶν ἀξιοπίστως ἠσωτεύσατο

53 democretus *SΠ* 54 et doleret, si non esset *Ω*, *om.* *Φ* (*errore*) 55 potius (*Φ*) *det.* 58 diogenis *SΠ* 59 deculcat *Ω*, decalcat *Φ* (*errore*) 60 phitagoras *SΠ* tyrios *SΠ* 61 priennenses *SΠ* 62 animi aequitate *Φ* (*cf.* c. 38, 4 *in Φ*, 5 *in Ω*), aequanimitate *Ω* (*cf.* Anim. 1 p. 299, 18 *al.*) 65 hospitibus *Φ*, hostibus *Ω* (*errore*) 66 et] etiam (*Φ*) *det. edd.* extra *i. e. inter extraneos* 69 regendo *Ω*, regi *Φ* (*errore*) 70 Plato *Ω*, *om.* *Φ* (*errore*) Dionysio *Φ*, a dionysio *Ω* vestris *Π* 72 Ycthyas *Φ* *i. e.* Ἰχθύας ὁ Μεγαρικὸς φιλόσοφος (Diog. Laert. II 112, v. H. Edmonds, Mus. Rhen. 1937, 184), icthydias *SΠ*, et Hippias *edd.*

Ω ponit, occiditur. Hoc pro suis omni atrocitate dissipatis nemo umquam temptavit Christianus. **17.** Sed dicet aliquis etiam de nostris exc*i*dere quosdam a regula disciplinae. Desinunt tamen Christiani haberi penes nos; philosophi vero illi cum talibus factis in nomine et honore sapientiae perseverant. **18.** Adeo quid simile philosophus et Christianus, Graeciae discipulus et caeli, famae negotiator et vitae, verborum et factorum operator, et rerum aedificator et d*e*structor, amicus et inimicus erroris, veritatis interpolator et integrator et expressor, et furator eius et custos?

XLVII. 1. Antiquior omnibus veritas, nisi fallor: et hoc mihi proficit antiquitas praestructa divinae litteraturae, quo facile credatur thesaurum eam fuisse posteriori cuique sapientiae. Et si non onus iam voluminis temperarem, excurrerem in hanc quoque probationem. **2.** Quis poëtarum, quis sophistarum, qui non omnino de prophetarum fonte potaverit? Inde igitur philosophi sitim ingenii sui rigaverunt, ut quae de nostris habent, ea nos comparent illis.

Φ 78 perseverant apud vos. 79*sqq.* negotiator et [salutis] vitae . . . destructor, [et] interpolator erroris et integrator veritatis, furator eius et custos?

XLVII. 2. Adhuc enim (*i. e. enimvero*) mihi proficit 4*sq.* excucurrissem 6 non de 7*sq.* igitur et philosophi . . . rigaverunt. N*a*m, quia quaedam de nostris habent, eapropter nos compar*a*nt illis.

XLVII. 2 *cf. c.* 19 7*sq. cf.* Min. Fel. 34, 5

LXVI. 75 etiam etiam *Π corr.* excidere Φ, excedere Ω (*ex v.* 68) quosdam Ω, q. Φ (*i.e. quosdam, non quaedam, quod lemma praebet*) 76 tamen] tum (Φ) *det. edd.* 78 perseverant apud vos Φ*Z*, perseverant *rel.* Ω 80*sq. ad* Φ*:* salutis *del. Rig.* et *ante* interpolator *del. Kroymann*, *ad* Ω: et *ante* rerum (80) *et ante* expressor (82) *del. Kroymann* 81 distructor *SΠ*

XLVII. 1 antiquior omnibus veritas nisi fallor et Ω, *om.* Φ 5 hanc Ω, hac Φ 7*sq. ad* Φ*:* num Φ, nam *Hav.* . . comparent Φ, comparant *Hav.*

Ω Inde, opinor, et a quibusdam philosophia quoque eiecta est, a Thebaeis dico et a Spartiatis et Argivis. **3.** Dum ad nostra conantur et homines gloriae, ut diximus, et eloquentiae solius libidinosi, si quid in sanctis [scripturis] offenderunt digestis [ex] pro instituto curiositatis, ad propria opera verterunt, neque satis credentes divina esse, quo minus interpolarent, neque satis intellegentes, ut adhuc tunc subnubila, etiam ipsis Iudaeis obumbrata, quorum propria videbantur. **4.** Nam et si qua simplicitas erat veritatis, eo magis scrupulositas humana fidem aspernata *n*utabat, per quod ⟨in⟩ incertum miscuerunt etiam quod invenerant certum. **5.** Inventum enim solummodo deum non ut invenerant disputaverunt, ut et de qualitate et de natura eius et de sede disceptent. **6.** Alii incorporalem adseverant, alii corporalem, ut tam Platonici quam Stoici; alii ex atomis, alii ex numeris, qua Epicurus et Pythagoras; alius ex igni, qua Heraclito visum est; et Platonici quidem curantem rerum, contra Epicurei otiosum et inexercitum, et, ut ita dixerim, neminem humanis rebus; **7.** positum vero extra mundum

---

Φ 9 legibus quoque 10 ab Spartanis et Arg[a]eis 11 ut homines 20 deum nostrum 23 qua Platoni⟨ci⟩ et Stoici 24*sq.* alius igni . . visum; 25*sq.* rerum, factorem et actorem rerum 26 inexercitatum 27 in rebus humanis

---

17 *cf.* Nat. II 2 p. 95, 24 20 *cf.* Nat. II 2 p. 96, 4. Isid. Orig. VIII 6, 19 25*sq. cf.* Nat. II 2 p. 96, 6*sqq.* Min. Fel. 19, 8. Isid. Orig. VIII 6, 20

9 *ad* Ω: ⟨legibus⟩ quoque *Kroymann*; *ad* Φ: quoque legibus *Wa.* 10 sparciacis Ω 11 et (ut Ψ) homines Ω, sed homines Φ, homines et *Wa.* 12 sanctis Φ, sanctis scripturis (scripturis sanctis *det.*) Ω, scripturis *del. Rig.* 13 digestis *i. e. libris cf.* Adv. Marc. IV 3 p. 428, 11 pro instituto (Φ) XR^3, ex pro instituto *SΠ*, ex proprio instituto *Oehler* opera (Φ) Ω, *om.* R^1 (*sed cf.* Nat. II 2 p. 96, 2) 17 et *om. S* 18 nutabat Φ*Z* (Nat. *l. l.*), mutabat *rel.* Ω 19 in incertum Φ, incertum Ω (*idem error* Nat. *l. l.*) 20 deum nostrum Φ, deum Ω (*cf.* Isid. Orig. VIII 6, 19) 22*sq.* alii corporalem Ω, *om.* Φ (*errore*) 24 phitagoras *SΠ* 25 Heracleto Φ platonici Ω, Platoni et Φ *ad* Φ: auctorem *Wa.*, earum (*pro* rerum) *Esser* 26 epicurei Ω, Epicuri Φ (*errore*) inexercitatum Φ (Isid. *l. l.*), inexercitum Ω (Nat. II 2 p. 96, 8)

Stoici, qui figuli modo extrinsecus torqueat molem hanc; Ω intra mundum Platonici, qui gubernatoris exemplo intra id maneat, quod regat. **8.** Sic et de ipso mundo, natus innatusve sit, decessurus mansurusve sit, variant; sic et de animae statu, quam alii divinam et aeternam, alii dissolubilem contendunt; ut quis sensit, ita et intulit aut reformavit. **9.** Nec mirum, si vetus instrumentum ingenia philosophorum interverterunt. Ex horum semine etiam nostram hanc noviciolam paraturam viri quidam suis opinionibus ad philosophicas sententias adulteraverunt et de una via obliquos multos et inexplicabiles tramites sciderunt. Quod ideo suggesserim, ne cui nota varietas sectae huius in hoc quoque nos philosophis adaequare videatur, et ex varietate defensionum iudicet veritatem. **10.** Expedite autem praescribimus adulteris nostris illam esse regulam veritatis, quae veniat a Christo transmissa per comites ipsius, quibus aliquanto posteriores diversi isti commentatores probabuntur. **11.** Omnia adversus veritatem de ipsa veritate constructa sunt, operantibus aemulationem istam spiritibus erroris. Ab his adulteria huiusmodi salutaris disciplinae subornata, ab his quaedam etiam fabulae immissae, quae de similitudine

---

33 aut intulit quid aut 36 variis quibusdam suis Φ 38*sq.* exciderunt .. suggerimus 40*sq.* aequare .. ex varietate defectionem vindicet veritatis 44 commentatores deprehenduntur

---

28 *cf.* Schol. Lucan. I 639 (Nigidius Figulus) regressus a Graecia dixit se didicisse orbem ad celeritatem rotae figuli torqueri 29*sq.* *cf.* Plat. Phaedr. p. 246 C. Salv. Gub. I 1, 3 Stoici (deum) gubernatoris vice intra id quod regat semper manere testantur 31 *sqq.* *cf.* Anim. 3 p. 303, 3*sqq.* 45*sq.* *cf.* Adv. Prax. 1 *in.* varie diabolus aemulatus est veritatem

---

29 id] illud (Φ) *det. edd.* (*sed cf.* Salv. Gub. I 1, 3) 30 quod (Φ) *det. edd.*, quos *SΠ* 34 instrumentum *i.e. testamentum* 35 etiam] et (Φ) *det. edd.* 38 tramites *post* multos (Φ) *det. edd.* exciderunt (exsciderunt *Rauschen*) Φ*VL*, sciderunt *rel.* Ω (*cf.* Adv. Marc. IV 6 p. 433, 4; V 19 p. 643, 17) 40 et] ut *Gel.* 41 vindicet *det.* 47 iis (Φ) *det. edd.*

Ω fidem infirmarent veritatis, vel eam sibi potius evincerent, ut quis ideo non putet Christianis credendum, quia nec poëtis nec philosophis, vel ideo magis poëtis et philosophis existimet credendum, quia non Christianis. **12.** Itaque ridemur praedicantes deum iudicaturum. Sic enim et poëtae et philosophi tribunal apud inferos ponunt. Et gehennam si comminemur, quae est ignis arcani subterraneus ad poenam thesaurus, proinde decachinnamur. Sic enim et Pyriphlegethon apud mortuos amnis est. **13.** Et si paradisum nominemus, locum divinae amoenitatis recipiendis sanctorum spiritibus destinatum, maceria quadam igneae illius zonae a notitia orbis communis segregatum, Elysii campi fidem occupaverunt. **14.** Unde haec, oro vos, philosophis aut poëtis tam consimilia? non nisi de nostris sacramentis. Si de nostris sacramentis, ut de prioribus, ergo fideliora sunt nostra magisque credenda, quorum imagines quoque fidem inveniunt. Si de suis sensibus, iam ergo sacramenta nostra imagines posteriorum habebuntur, quod rerum forma non sustinet; numquam enim corpus umbra aut veritatem imago praecedit.

XLVIII. **1.** Age iam, si qui philosophus adfirmet, ut ait Laberius de sententia Pythagorae, hominem fieri ex mulo,

---

Φ 49 ea⟨n⟩dem sibi potius fidem raperent 57 ad (*cf.* Cast. 11) mortuos 65 invenerunt

---

55 *cf.* Anim. 55 p. 388, 6 regionem inferum subterraneam 67 *sq.* *cf.* Praescr. 29 veritas imaginem antecedit
XLVIII. 1 *cf.* Min. Fel. 34, 7

---

49 eadem Φ (*similitudine*), eandem *Thörnell*, eam Ω fidem raperent Φ (*i.e. fideles allicerent*), evincerent Ω 52 *sq.* ridemur] et ridemur (Φ) *det.* 53 praedicantes Ω (*i.e. praedicentes*), praeiudicantes Φ (*errore*) 54 gehennam Ω, gehennae Φ (*errore*) 55 subterraneus (Φ) X^2 *edd.*, subterranea *SΠ*, subterraneam *det.*, subterranei *Urs.*, subterraneo (*i.e. in s. coll.* Anim. 28 p. 347, 10) *Martin* 56 sic $S\Pi^2$, si Π^1 56 *sq.* pyriflegeton *S*, pyriflegethon *Π* 57 paradysum *SΠ* 60 helysii *SΠ* 61 occuparunt (Φ) *edd.* 63 prioribus Ω, proprioribus Φ (*errore*)
XLVIII. 1 qui *SΠ*, quis (Φ) *det. edd.* 2 phithagorae *S*, phitagorae *Π*

Ω

colubram ex muliere, et in eam opinionem omnia argumenta eloquii virtute distorserit, nonne consensum movebit et fidem infiget? Etiam ab animalibus abstinend*um* propterea persuasum quis habeat, ne forte bubulam de aliquo proavo suo obsonet? At enim Christianus si de homine hominem ipsumque de Gaio Gaium reducem repromittat, lapidibus magis nec saltim coetibus a populo exigetur. **2.** Si quaecumque ratio praeest animarum humanarum reciprocandarum in corpora, cur non in eandem substantiam redeant, cum hoc sit restitui: id esse, quod fuerat? Iam non ipsae sunt, quae fuerant, quia non potuerunt esse quod non erant, nisi desinant esse quod fuerant. **3.** Multis etiam locis ex otio opus erit, si velimus ad hanc partem lascivire, quis in quam bestiam reformari videretur. Sed de nostra magis defensione, qui proponimus multo utique dignius credi hominem ex homine rediturum, quemlibet pro quolibet, dum

---

Φ

4 eloquii sui 5 infiget, ut etiam ab animalibus [sit] abstinendum 8*sqq.* repromittat, statim illic vesica quaeritur et lapidibus magis nec saltim copiis (*?*) . . exigetur, quasi non, quaecunque ratio praeest animarum humanarum in corpora reciprocandarum, ipsa exigat illas in eadem corpora revocari, quia hoc sit revocari, id [est] esse quod fuerant! Nam si non id sunt quod fuerant, id est humanum et id ipsum corpus indutae, iam non ipsae erunt quae fuerant. Porro (*i.e.* ***atenim***) quae iam non erunt ipsae, quomodo redisse dicentur? Aut aliud factae non erunt ipsae aut manentes ipsae non erunt aliu[n]d[e].

---

4 consensu *S* 5 ut etiam Φ, etiam Ω abstinendum (***subaudi***: ***esse***) ***Wa.***, sit abstinendum Φ, abstinendi Ω, abstinendi? ***vulgo*** proptereaque ***Rig.*** 9 statim illic vesica quaeritur et Φ (***i.e. commingitur***), ***om.*** Ω copiis Φ, coetibus *S Π* (*cf.* Adv. Marc. IV 39 p. 553, 20. Scorp. 15 p. 178, 5), caedibus ***det. edd.***, caestibus ***Rig.***, calcibus ***Urs.***, scopis ***Esser*** (*cf.* Pud. 9 ***in.***), clamoribus ***Wa.*** caepibus ***Kroymann*** 10***sqq. ad*** Φ: est ***del. Wa.***, aliud ***Thörnell***, aliunde Φ 13 ***ad*** Ω: poterunt ***Kroymann*** 14 ex] et ***Kroymann*** 18 quemlibet Ω, qui et Φ (***errore***)

Ω hominem, ut eadem qualitas animae in eandem restau[ra]retur condicionem, etsi non effigiem. **4.** Certe quia ratio restitutionis destinatio iudicii est, necessario idem ipse, qui fuerat, exhibebitur, ut boni seu contrarii meriti iudicium a deo referat. Ideoque repraesentabuntur et corpora, quia neque pati quicquam potest anima sola sine materia stabili, id est carne, et, quod omnino de iudicio dei pati debent animae, non sine carne meruerunt, intra quam omnia egerunt. **5.** 'Sed quomodo', inquis, 'dissoluta materia exhiberi potest?' Considera temetipsum, o homo, et fidem rei invenies. Recogita, quid fueris antequam esses. Utique nihil; meminisses enim, si quid fuisses. Qui ergo nihil fueras priusquam esses, idem nihil factus cum esse desieris, cur non possis rursus esse de nihilo eiusdem ipsius auctoris voluntate, qui te voluit esse de nihilo? **6.** Quid novi tibi eveniet? Qui non eras, factus es; cum iterum non eris, fies. Redde, si potes, rationem, qua factus es, et tunc require, qua fies! Et tamen facilius utique fies quod fuisti aliquando, quia aeque non difficile factus es, quod numquam fuisti aliquando. **7.** Dubitabitur, credo, de dei viribus, qui tantum corpus hoc mundi de eo, quod non fuerat, non minus quam de morte vacationis et inanitatis imposuit, animatum spiritu omnium animarum animatore, signatum et ipsum humanae resurrectionis

Φ 19*sq.* restauretur, etsi non effigiem, certe condicionem. 20 Sed quia 28 homo es 33 Nihil (*cf.* c. 1, 12) ergo novi 34 factus es: et iterum, cum non eris, fies. 40*sq.* omnium animatore 41 et per ipsum

24 *cf.* Test. anim. 4 p. 138, 16*sq.* 39*sq.* *cf.* Gen. 1, 2 inanis et vacua

19 in eandem Ω, in eadem Φ 19*sq.* restauretur Φ *det. edd.*, restauraretur *SΠ* 25 quod Ω, *om.* Φ (*errore*), *ad* et *supple*: *quia, id* 28 homo es Φ, o homo et Ω (*cf.* Adv. Marc. II 2 p. 334, 12. Theoph. Ad Autol. 1, 13 p. 40 ὦ ἄνθρωπε) 31*sq.* esse rursus (Φ) *det. edd.* 32 ex nihilo (Φ) *det.* ipsius *om.* (Φ) *det. edd.* 34*sq.* redde rationem, si potes (Φ) *det. edd.* 40 imposuit *i.e. condidit* (*cf.* Pall. 1 p. 917 *Oehler*) spiritum *Π*[2] *det. edd.* 41 ipsum Ω, per ipsum (*i.e. deum*) Φ

Ω

exemplum in testimonium vobis. **8.** Lux cottidie interfecta resplendet et tenebrae pari vice decedendo succedunt, sidera defuncta vivescunt, tempora ubi finiuntur, incipiunt; fructus consummantur et redeunt, certe semina non nisi corrupta et dissoluta fecundius surgunt; omnia pereundo servantur, omnia de interitu reformantur. **9.** Tu homo, tantum nomen, si intellegas te, vel de titulo Pythiae discens, dominus omnium morientium et resurgentium, ad hoc morieris, ut pereas? Ubicumque resolutus fueris, quaecumque te materia destruxerit, hauserit, aboleverit, in nihilum prodegerit, reddet te. Eius est nihilum ipsum, cuius et totum. **10.** 'Ergo', inquitis, 'semper moriendum erit et semper resurgendum?' Si ita rerum dominus destinasset, ingratis experireris conditionis tuae legem. At nunc non aliter destinavit quam praedicavit. **11.** Quae ratio universitatem ex diversitate composuit, ut omnia aemulis substantiis sub unitate constarent, ex vacuo et solido, ex animali et inanimali, ex comprehensibili et incomprehensibili, ex luce et tenebris, ex ipsa vita et morte, eadem aevum quoque ita destinata et distincta conditione conseruit, ut prima haec pars, ab exordio rerum quam incolimus, temporali aetate ad finem de-

---

Φ

50 pereas? Resurges, ubicunque . . fueris: quaecumque 51 absorpserit (*cf.* Coron. 10 p. 441, 5) 51*sq.* redegerit, reddet. Eius 57 ex aemulis 60*sq.* ita distincta conditione

---

42*sqq.* *cf.* Res. 12. Sen. Epist. 36, 10.11. Min. Fel. 34, 11. Theoph. Ad Autol. 1, 13 50 *cf.* Tatian. Ad Graec. 6

---

42 nobis (Φ) *det. edd.* (*fort. recte*) 48 pithiae *SΠ* discens (dicens *det.*) Ω, disces deum Φ (*falso*) 49 resurgentiumve (Φ) *det. edd.* 50 resurgas Φ, resurges *Iun.*, *om.* Ω (*errore censet Kroymann*) 51 absorpserit Φ, aboleverit (adoleverit *SΠ*) Ω 51*sq.* redegerit Φ*V* (redigerit *L*), prodegerit (*vel* prodigerit) *rel.* Ω (Res. 11 p. 40, 18 *c. Trecensis*) 52 reddet te Ω, reddet Φ 54 ⟨et⟩ ingratis *Kroymann* 58 constarent Φ *det. edd.*, cum (con *S*) constarent *SΠ* 60*sq.* distincta Φ, destinata (⟨et⟩ $Π^2X^2$) distincta Ω 61 condicione *Wa.* conseruit Ω, conservatur Φ (*falso*) haec Ω, autem Φ (*falso*)

Ω fluat, sequens vero, quam exspectamus, in infinitam aeternitatem propagetur. **12.** Cum ergo finis et limes, medius qui interhiat, adfuerit, ut etiam ipsius mundi species transferatur aeque temporalis, quae illi dispositioni aeternitatis aulaei vice oppansa est, tunc restituetur omne humanum genus ad expungendum, quod in isto aevo boni seu mali meruit, et exinde pendendum in immensam aeternitatis perpetuitatem. **13.** Ideoque nec mors iam, nec rursus ac rursus resurrectio, sed erimus idem qui nunc, nec alii post, dei quidem cultores apud deum semper, superinduti substantia propria aeternitatis; profani vero et qui non integre ad deum, in poena aeque iugis ignis, habentes ex ipsa natura eius, divina[m] scilicet, subministrationem incorruptibilitatis. **14.** Noverunt et philosophi diversitatem arcani et publici ignis. Ita longe alius est, qui usui humano, alius qui iudicio dei apparet, sive de caelo fulmina stringens, sive de terra per vertices montium eructans; non enim absumit quod exurit, sed dum erogat, reparat. **15.** Adeo manent montes semper ardentes, et qui de caelo tangitur, salvus est, ut nullo iam igni decinerescat. Et hoc erit testimonium ignis aeterni, hoc exemplum iugis iudicii poenam nutrient*i*s: montes uruntur et durant. Quid nocentes et dei hostes?

Φ 67 *sq.* omnium hominum genus 70 nec mors iam rursus, ac rursus 72 deum, superinduti 77 est ignis, qui 79 eructuans 82 decinerescat. Hoc

76 *cf.* Isid. Orig. XIX 6, 2 78 *sqq.* *cf.* Min. Fel. 35, 3

63 exspectavimus *Π corr.* 65 mundi ipsius (Φ) *det. edd.* 67 aulla ei *S*, aulaei *Π*[1], aulae *Π*[2] omnium hominum Φ (*lege* omne hominum *cf.* Nat. I 16 p. 87, 1. Adv. Marc. IV 16 p. 471, 19), omne humanum Ω 70 *sq. ad* Φ: nec mors iam rursus ac rursus ⟨nec⟩ resurrectio *Kroymann* 71 iidem (Φ) *det. edd.* (*cf.* c. 6, 7) 73 integri (Φ) *R*[3] (*sed cf.* c. 1, 1. 19, 3) 74 poena Ω, poenam Φ (*errore*) 75 divina scilicet subministratione Φ, divinam (-a *Hav.*) scilicet subministrationem Ω 76 archani *SΠ* 79 eructuans Φ (Isid. Orig. XIX 6, 2; *cf.* c. 9, 11. 23, 5), eructans Ω 83 nutrientis (Φ) *det.*, nutrientes *SΠ*

Ω

IL. **1.** Hae⟨c⟩ sunt, quae in nobis solis praesumptiones vocantur, in philosophis et poëtis summae scientiae et insignia ingenia. Illi prudentes, nos inepti; illi honorandi, nos irridendi, immo eo amplius et puniendi. **2.** Falsa nunc sint quae tue*m*ur et merito praesumptio, attamen necessaria; inepta, attamen utilia, siquidem meliores fieri coguntur qui eis credunt, metu aeterni supplicii et spe aeterni refrigerii. Itaque non expedit falsa dici nec inepta haberi quae expedit vera praesumi. Nullo titulo damnari licet omnino quae prosunt. In vobis itaque praesumptio est haec ipsa, quae damnat utilia. Proinde nec inepta esse possunt. **3.** Certe, etsi falsa et inepta, nulli tamen noxia. Nam et multis aliis similia, quibus nullas poenas inrogatis, vanis et fabulosis, inaccusatis et impunitis, ut innoxiis. Sed in eiusmodi enim, si utique, inrisui iudicandum est, non gladiis et ignibus et crucibus et bestiis. **4.** De qua iniquitate saevitiae non modo caecum hoc vulgus exsultat et insultat, sed et quidam vestrum, quibus favor vulgi de iniquitate captatur, gloriantur, quasi non totum, quod in nos potestis, nostrum sit arbitrium. **5.** Certe, si velim, Christianus sum. Tunc ergo me damnabis, si damnari velim. Cum vero quod in me potes, nisi velim, non potes, iam meae voluntatis est quod potes, non tuae potestatis. **6.** Proinde et vulgus vane de nostra vexatione gaudet. Proinde enim nostrum est gaudium, quod

---

Φ

9 praesumi. Proinde nullo 13*sq*. irrogatis in eiusmodi[s] accusatis et impunitis ut ⟨in⟩noxiis 14 Aeque enim 22 posses, iam

---

1 haec (Φ) *det.edd.*, hae *SΠ* 2 poetis (Φ) *det.edd.*, in poetis *SΠ* (*sed cf.* c. 1, 1. 15, 1. 40, 15. 46, 17) 5 tuemur (Φ) R^1, tuentur Ω (*errore*)
9*sq*. quae prosunt omnino (Φ) *det. edd.* 12 falla *SΠ* et aliis (Φ) 13 inrogatis Φ, inrogatis vanis et fabulosis Ω 13*sq*. in eius modis (*lege* eiusmodi) accusatis et impunitis (imponitis *Rauschen*) ut noxiis Φ, inaccusatis et inpunitis ut innoxiis Ω 14 sed in eiusmodi enim Ω, aeque enim Φ (*fort. interpol.*), atque in eiusmodi enim *Löfstedt*
15 inrisui (-u *det. probat Kroymann*) Ω, inrisum Φ (*errore*) 18 captatus *SΠ* 22 posses Φ, potes Ω, possis *Martin*

Ω sibi vindicat, qui malumus damnari quam a deo excidere. Contra illi, qui nos oderunt, dolere, non gaudere debebant, consecutis nobis quod elegimus.

L. **1.** 'Ergo', inquitis, 'cur querimini, quod vos insequamur, si pati vultis, cum diligere debeatis per quos patimini quod vultis?' Plane volumus pati, verum eo more, quo et bellum miles. Nemo quidem libens patitur, cum et trepidare et periclitari sit necesse; **2.** tamen et proeliatur omnibus viribus et vincens in proelio gaudet qui de proelio querebatur, quia et gloriam consequitur et praedam. Proelium est nobis, quod provocamur ad tribunalia, ut illic sub discrimine capitis pro veritate certemus. Victoria est autem, pro quo certaveris, obtinere. Ea victoria habet et gloriam placendi deo et praedam vivendi in aeternum. **3.** Sed obducimur. Certe, cum obtinuimus. Ergo vicimus, cum occidimur; denique evadimus, cum obducimur. Licet nunc sarmenticios et semaxios appelletis, quia ad stipitem dimidii axis revincti sarmentorum ambitu exurimur, hic est habitus victoriae nostrae, haec palmata vestis, tali curru triumphamus. **4.** Merito itaque victis non placemus; propterea enim desperati et perditi existimamur. Sed haec desperatio atque perditio penes vos in causa gloriae et famae vexillum vir-

Φ L. 3 volumus, verum 4 bellum. Nemo 11*sq.* Sed occidimur. 12 vincimus 13*sq.* et sarmentarios et semiaxios 17*sq.* placemus; merito desperati 19 in causam (*cf.* Idol. 15 *in.* Anim. 54 *ex.* Adv. Marc. I 28 *in.*)

25 *cf.* Spect. 8 p. 10, 17 a deo excidimus
L. 9*sq.* *cf.* Min. Fel. 37, 1

25 malumus *ex* malum *Π* 27 eligimus (Φ) *det. edd.*
L. 4 quidem] quippe (Φ) *det. edd.* *ad* Φ: bellum nemo *Wa.* 10 optinere pro quo certaveris *Π*[2] 12 certe *Ω* (*cf.* c. 12, 4), certo Φ (*errore*) vincimus Φ*X* (*cf.* νικῶμεν), vicimus *rel.* *Ω* 14 dimedii *SΠ*[1], *corr.* *Π*[2] 15 exurimus *SΠ*[1], *corr.* *Π*[2] 18*sq.* atque perditio *SΠ* et perditio (Φ) *det. edd.*

tutis extollunt. **5.** Mucius dexteram suam libens in ara reliquit: o sublimitas animi! Empedocles totum sese [Atheniensium] Aetnaeis incendiis donavit: o vigor mentis! Aliqua Carthaginis conditrix rogo [se] secundum matrimonium dedit: o praeconium castitatis! **6.** Regulus, ne unus pro multis hostibus viveret, toto corpore cruces patitur: o virum fortem et in captivitate victorem! Anaxarchus cum in exitum ptisanae pilo contunderetur: 'Tunde, tunde', aiebat, 'Anaxarchi follem; Anaxarchum enim non tundis!' O philosophi magnanimitatem, qui de tali exitu suo etiam iocabatur! **7.** Omitto eos, qui cum gladio proprio vel alio genere mortis mitiore de laude pepigerunt. Ecce enim et tormentorum certamina coronantur a vobis. **8.** Attica meretrix carnifice iam fatigato postremo linguam suam comesam in faciem tyranni saevientis exspuit, ut exspueret et vocem, ne coniuratos confiteri posset, si etiam victa voluisset. **9.** Zeno Eleates consultus a Dionysio, quidnam philosophia praestaret, cum respondisset: 'contemptum mortis', impassi- Ω

22*sqq.* donat . . . rogo . . evadit . . castitatis et pudicitiae! 26*sq.* fortem, etiam in . . . . in exemplum ptisanae 32 Attica quaedam meretrix 34 expelleret 35 etiam si victa 37*sq.* respondisset 'impassibilem fieri', flagellis Φ

20 *cf.* Ad mart. 4. Sen. Prov. 3, 4. Min. Fel. 37, 3*sqq.* 23 *cf.* Ad mart. 4. Cast. 13. Monog. 17. Nat. I 18 24*sq.* *cf.* Nat. *ibid.* p. 90, 5. Sen. Prov. 3, 9. Min. Fel. 37, 5 26*sq.* *cf.* Diog. Laert. IX 10, 2 32*sq.* *cf.* Nat. *ibid.* p. 90, 9. Ad mart. 4

21*sq.* sese Aetnaeis Φ, sese atheniensium atheneis (aethneis Π²) Ω, sese Catanensium Aetneis *ed.* 1509 23 rogo ΦXZ, rogo se *rel.* Ω secundum (ob secundum Π²) ΦΩ 24 castitatis et pudicitiae Φ (*cf.* Pud. 10 p. 240, 1), castitatis Ω 25 truces SΠ 26*sq.* in exemplum Φ, in exitum (-u *det.*) Ω 27 ptissanae Φ, ptisane Γ, tisanae *rel.* Ω agebat SΠ *corr.* 29 tali de suo exitu (Φ) *det. edd.* 30 vel alio] aliove (Φ) *det. edd.* 33 comesam SΠ, comestam (Φ) *det. edd.* 34 expuit (Φ) *det. edd.* (*cf.* Nat. I 18 p. 90, 9. Ad mart. 4 p. 12 *Oehler*), expellit SΠ 36 cleates SΠ dyonisio SΠ 37*sq.* impassibilem fieri Φ, contemptum (-u S) mortis inpassibilis Ω, contemptu mortis inpassibilem fieri *Hav.*

Ω bilis flagellis tyranni obiectus sententiam suam ad mortem usque signabat. Certe Laconum flagella sub oculis etiam hortantium propinquorum acerbata tantum honorem tolerantiae domui conferunt, quantum sanguinis fuderint. **10.** O gloriam licitam, quia humanam, cui nec praesumptio perdita nec persuasio desperata reputatur in contemptu mortis et atrocitatis omnimodae, cui tantum pro patria, pro imperio, pro amicitia pati permissum est, quantum pro deo non licet! **11.** Et tamen illis omnibus et statuas defunditis et imagines inscribitis et titulos inciditis in aeternitatem. Quantum de monumentis potestis scilicet, praestatis et ipsi quodammodo mortuis resurrectionem. Hanc qui veram a deo sperat, si pro deo patiatur, insanus est! **12.** Sed hoc agite, boni praesides, meliores multo apud populum, si illis Christianos immolaveritis, cruciate, torquete, damnate, atterite nos: probatio est enim innocentiae nostrae iniquitas vestra. Ideo nos haec pati deus patitur. Nam et proxime ad lenonem damnando Christianam potius quam ad leonem, confessi estis labem pudicitiae apud nos atrociorem omni poena et omni morte reputari. **13.** Nec quicquam tamen proficit exquisitior quaeque crudelitas vestra; illecebra est magis sectae. Plures efficimur, quotiens metimur a vobis: semen est sanguis Christianorum. **14.** Multi apud vos ad

---

Φ 38 subiectus 40 honoris 44 *sq.* pro patria, pro agro, pro imperio 46 decernitis 55 *sq.* damnandam . . . . leonem, putastis et confessi 59 Etiam plures

---

39 *sq.* *cf.* Ad mart. 4. Sen. Prov. 4, 11

---

38 fagellis *Π* subiectus Φ, obiectus (abiectus *det.*) Ω (*cf.* Adv. Marc. I 24 *ex.* II 27 p. 373, 10) 40 acerbata Ω, acerba Φ (*errore*) 42 humanam Ω (*cf.* c. 30, 4) humana Φ (*errore*) cui cui *Π* *corr.* 44 omnimodae Ω (*cf.* Anim. 35 *in.*), omni modo Φ (*errore*) 45 pati Ω, *om.* Φ (*errore*) 46 decernitis Φ, defunditis (diffunditis *Γ* *edd.*) Ω (*cf.* Scorp. 3 p. 151, 9. Nat. I 12 p. 82, 10) 47 inscribitis Ω, scribitis Φ (*errore*) 48 ipsis (Φ) *R*[1] 59 magnis *Π* *corr.* efficimur Φ *det.* *edd.*, efficimus *SΠ*

tolerantiam doloris et mortis hortantur, ut Cicero in Tusculanis, ut Seneca in Fortuitis, ut Diogenes, ut Pyrrhon, ut Callinicus; nec tamen tantos inveniunt verba discipulos, quantos Christiani factis docendo. **15.** Illa ipsa obstinatio, quam exprobratis, magistra est. Quis enim non contemplatione eius concutitur ad requirendum, quid intus in re sit? Quis non, ubi requisivit, accedit, ubi accessit, pati exoptat, ut totam dei gratiam redimat, ut omnem veniam ab eo compensatione sanguinis sui expediat? **16.** Omnia enim huic operi delicta donantur. Inde est, quod ibidem sententiis vestris gratias agimus. Ut est aemulatio divinae rei et humanae, cum damnamur a vobis, a deo absolvimur. Ω

---

64 Ipsa illa Φ

---

61 tollerantiam *SΠ* 62 diogenis *SΠ* 63 callinicus λ², Calinicus (Φ) *R*¹, Gallinicus (*vel* Galinicus) *rel. Ω* verbis *Hav.* 72 absolvimur. APOLOGYTICVM (APOLLOGYTICVM *Π*, Apologeticum *det.*) QVINTI TERTVLLIANI EXPLICIT *SΠ*